基于核心素养下的高中数学微专题教学案例设计

吴爱明 ◎主编

沈阳出版发行集团
沈阳出版社

图书在版编目（CIP）数据

基于核心素养下的高中数学微专题教学案例设计 /
吴爱明主编. — 沈阳：沈阳出版社，2020.7
ISBN 978-7-5716-1027-2

Ⅰ.①基… Ⅱ.①吴… Ⅲ.①中学数学课—教学设计
—高中 Ⅳ.①G633.602

中国版本图书馆CIP数据核字（2020）第123270号

出版发行：沈阳出版发行集团|沈阳出版社
　　　　　（地址：沈阳市沈河区南翰林路10号　邮编：110011）
网　　　址：http://www.sycbs.com
印　　　刷：北京政采印刷服务有限公司
幅面尺寸：170mm×240mm
印　　　张：18.5
字　　　数：333千字
出版时间：2022年6月第1版
印刷时间：2022年6月第1次印刷
责任编辑：马　驰
封面设计：姜　龙
版式设计：李　娜
责任校对：王玉位
责任监印：杨　旭
书　　　号：ISBN 978-7-5716-1027-2
定　　　价：45.00元

联系电话：024-24112447
E－mail：sy24112447@163.com

本书若有印装质量问题，影响阅读，请与出版社联系调换。

编 委 会

目 录
CONTENTS

专题一

选择题解法

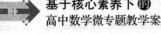
考点情况分析

1. 2013—2019 年新课标全国卷Ⅰ试题分析（见表 1-1）

表 1-1

题号	2013	2014	2015	2016	2017	2018	2019
1	集合概念	集合交集	复数运算、模	集合运算	集合运算	复数运算、模	集合交集
2	复数概念	复数运算	三角变换求值	复数概念计算	几何概型	集合运算	复数几何意义
3	抽样方法	函数奇偶性	命题的否定	等差数列通项	复数、共轭	统计饼图	指对数比大小
4	双曲线性质	双曲线性质	独立事件概率	几何概型	等差数列	等差数列	数学审美文化
5	程序框图	排列组合概率	双曲线、向量	双曲线性质	解抽象不等式	函数切线方程	函数图像
6	球接、切问题	函数图像	圆锥性质体积	三视图	二项式定理	向量代数运算	数学文化概率
7	等差数列	程序框图	向量线性运算	函数图像	三视图、面积	三视图	平面向量
8	三视图体积	三角恒等变换	三角函数图像	指、对数性质	程序框图	抛物线数量积	程序框图
9	二项式定理	线性规划	程序框图	程序框图	函数图像变换	函数的零点	等差数列
10	椭圆中点弦	抛物线定义	二项式定理	抛物线性质	抛物线焦点弦	几何概型	直线和椭圆

题号	2013	2014	2015	2016	2017	2018	2019
11	不等式恒成立	函数导数零点	三视图	截面问题	指、对数综合	双曲线渐近线	三角函数
12	数列、解三角形	三视图	函数图像性质	三角函数性质	数列综合应用	几何体截面图	立几外接球

2. 考题特点

高考数学选择题在高考试题中所占题量比例大,分值比重高.在全国卷Ⅰ中,选择题文理科都是 12 道,每道题的分值都是 5 分,共 60 分,在总分 150 分中,占 40%.

选择题考查的范围很广,遍布所有知识点,包括复数、集合、基本初等函数、函数图像、导数、统计、三角函数、解三角形、平面向量、框图、数列、立体几何、圆锥曲线等.选择题对知识点的覆盖面广,突出对基础知识、基本技能、基本方法的考查,同时又渗透了数学基本思想方法和数学核心素养.

从 2016 年广东省开始使用全国卷以来,选择题的难度也明显地加大,低档题少了很多,中档题变多了,难题也多了.再加上知识覆盖面宽、题型灵活多变等特点,这使选择题成为拉开考生时间差、分数差、加大区分度的重要题型.因此,选择题得分的成败,直接影响到高考数学成绩的高低,选择题做得好,才能拿高分,选择题失分多,很难取得高分.

做好选择题的关键是"准确、迅速".要做到这一点,就需要结合选择题的结构特点,掌握好常用的方法和技巧.目前高考数学选择题是"四选一"型的单项选择题,即在所给出的四个选项中,只有一项是正确的.下面根据选择题的特点,结合例题介绍几种常见的解题方法.

3. 学科素养考查分析

本专题考查知识点全面,各知识板块均有涉及.因此可对数学抽象、逻辑推理、直观想象、数学运算、数学建模、数据处理这六种核心素养全面考查.

考点方法剖析

（一）直接法

直接从题设条件出发，运用有关的概念、性质、公理、定理、公式、法则等知识，选用恰当的解题方法，经过推理及合理简捷的运算得出结论，再对照各个选项做出判断，从中选出正确答案的方法叫"直接法".

直接法虽然和解答题的基本思想和方法一致，但由于选择题不要求书写解题过程，所以在求解过程中，在保证严谨、准确的前提下，适当加大跨度、简缩步骤、简化计算就是用直接法解选择题的要诀. 同时，所用的解题方法是否简捷，又会对解题能否做到"准确、迅速"产生重要影响. 所以在解题时，一定要深入分析，争取找到较简便的解法.

【例1】（2019年全国I卷）已知 $a = \log_2 0.2$，$b = 2^{0.2}$，$c = 0.2^{0.3}$，则（　　）

A. $a < b < c$　　　　B. $a < c < b$　　　　C. $c < a < b$　　　　D. $b < c < a$

解：由对数函数 $y = \log_2 x$ 的性质可知，当 $0 < x < 1$ 时，$\log_2 x < 0$，故得 $\log_2 0.2 < 0$；由指数函数性质，在 $y = a^x$ 中，当 $a > 1$，$x > 0$ 时，$a^x > 1$，故得 $2^{0.2} > 1$；而由幂函数 $y = x^{0.3}$ 在 $(0，+\infty)$ 是单调递增的，且 $0 < 0.2 < 1$，故 $0 < 0.2^{0.3} < 1$，所以有 $a < c < b$.

【跟踪训练】（2019年全国I卷）S_n 为等差数列 $\{a_n\}$ 的前 n 项和. 已知 $S_4 = 0$，$a_5 = 5$，则（　　）

A. $a_n = 2n - 5$　　B. $a_n = 3n - 10$　　C. $S_n = 2n^2 - 8n$　　D. $S_n = \frac{1}{2}n^2 - 2n$

解：本题属于基础题，将 S_4，a_5 化成 a_1 和 d 的形式，通过解方程，将 a_1 和 d 解出来，再代入通项公式 a_n 与求和公式 S_n，马上就得到答案了，简便快捷. 当然，前提条件是对等差数列的通项公式与求和公式非常熟悉.

直接法是解答高考数学选择题使用最多的方法，而提高用直接法解题能力的根本途径是熟练掌握基本知识和基本方法.

（二）排除法

从题设出发，通过推理或运算，利用"四选一"的指令和各选项提供的信息，逐步排除错误选项，从而得出正确判断的方法叫排除法，也叫筛选法.

【例2】（2017年全国Ⅲ卷）函数 $y = 1 + x + \dfrac{\sin x}{x^2}$ 的部分图像大致为（　　）

A. 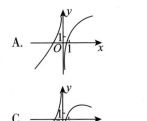　　　　B.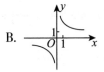

C. 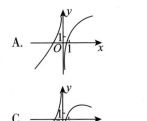　　　　D.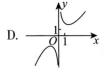

解：通过验证特殊值进行排除，排除法.

当 $x = 1$ 时，$f(1) = 1 + 1 + \sin 1 = 2 + \sin 1 > 2$，排除 A，C. 又当 $x \to +\infty$ 时，$y \to +\infty$，B 项不满足，D 满足. 故选 D.

【名师方法点拨】

选择函数的图像，需要找准不同答案的区分点，再利用函数的性质（奇偶性、周期性、单调性、极值等），结合特殊值法逐一进行排除.

排除法适用于不易直接求解或定性型选择题.

【跟踪训练】（2019年全国Ⅰ卷）函数 $f(x) = \dfrac{\sin x + x}{\cos x + x^2}$ 在 $[-\pi, \pi]$ 的图像大致为（　　）

A. 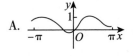　　　　B.

C. 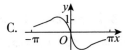　　　　D.

解（排除法）：先分析函数为奇函数，排除 A，然后通过验证特殊值进行排除，当 $x = \pi$ 时，发现 $f(\pi) = \dfrac{\pi}{\pi^2 - 1} > 0$，排除 B，C. 故选 D.

也可直接通过 $x = -\pi$ 时，$f(-\pi) = \dfrac{-\pi}{\pi^2 - 1} < 0$，排除 A，B，C. 故选 D.

2. 若函数 $f(x) = x + a\sin x - \dfrac{1}{3}\sin 2x$ 在 **R** 上单调递增，则 a 的取值范围是

（　　）

A. $[-1, 1]$　　　B. $\left[-1, \dfrac{1}{3}\right]$　　　C. $\left[-\dfrac{1}{3}, \dfrac{1}{3}\right]$　　　D. $\left[-1, \dfrac{1}{3}\right]$

解：根据选项特点验证 $a = 1$，$a = -1$ 是否符合题意.

当 $a = 1$ 时，$f(x) = x + \sin x - \dfrac{1}{3}\sin 2x$，

则 $f'(x) = 1 + \cos x - \dfrac{2}{3}\cos 2x$，

当 $x = \pi$ 时，$f'(\pi) = -\dfrac{2}{3} < 0$，不符合题意，排除选项 A.

当 $a = -1$ 时，$f(x) = x - \sin x - \dfrac{1}{3}\sin 2x$，

则 $f'(x) = 1 - \cos x - \dfrac{2}{3}\cos 2x$，

当 $x = 0$ 时，$f'(0) = -\dfrac{2}{3} < 0$，不符合题意，排除选项 B，D. 只有选项 C 满足题意.

（三）特殊值法

选取满足题设条件的特殊值、特殊点、特殊图形、特殊位置关系和特殊集合对各个选项进行检验，得出正确判断的方法叫"特殊值法"，即通过对特殊情况的研究，判断一般规律的方法. 它往往是准确快速解答选择题的行之有效的方法.

【例3】（2019 全国Ⅱ卷）若 $a > b$，则（　　　）

A. $\ln(a - b) > 0$　　　　　　　　B. $3^a < 3^b$

C. $a^3 - b^3 > 0$　　　　　　　　D. $|a| > |b|$

解：简短的题设，就能推出结论，说明无论 a，b 各取什么值，只要满足 $a > b$ 就能推出正确的结论，可以使用特殊值法加以排除. 取 $a = 2$，$b = 1$ 就可以排除 A 和 B 选项，再取 $a = -1$，$b = -2$ 就可以排除 D 选项，故选 C.

特殊值法常与排除法联合使用，当一个特殊值所排除的选项少于 3 个时，可再取另外的特殊值继续排除.

【跟踪训练】设椭圆 $C: \dfrac{x^2}{4} + \dfrac{y^2}{3} = 1$ 的长轴的两端点分别是 M，N，P 是 C 上异于 M，N 的任意一点，则 PM 与 PN 的斜率之积等于（　　　）

A. $\dfrac{3}{4}$　　　　　　B. $-\dfrac{3}{4}$　　　　　　C. $\dfrac{4}{3}$　　　　　　D. $-\dfrac{4}{3}$

解（特殊值法）：取特殊点，设 P 为椭圆的短轴的一个端点 $(0, \sqrt{3})$，又取 $M(-2, 0)$，$N(2, 0)$，所以 $k_{PM} \cdot k_{PN} = \dfrac{\sqrt{3}}{2} \cdot (-\dfrac{\sqrt{3}}{2}) = -\dfrac{3}{4}$，故选 B.

（四）代入法

将各个选项所提供的答案，根据题意确定一个顺序后，逐一代入题设中检验，从而得出正确判断的方法叫代入法.

【例 4】（2014 年新课标 I 卷）已知函数 $f(x) = ax^3 - 3x^2 + 1$，若 $f(x)$ 存在唯一的零点 x_0，且 $x_0 > 0$，则 a 的取值范围为（　　）

A. $(2, +\infty)$ 　　　　　　B. $(-\infty, -2)$

C. $(1, +\infty)$ 　　　　　　D. $(-\infty, -1)$

解（直接法）：由已知 $a \neq 0$，$f'(x) = 3ax^2 - 6x$，令 $f'(x) = 0$，得 $x = 0$ 或 $x = \dfrac{2}{a}$.

当 $a > 0$ 时，$x \in (0, \dfrac{2}{a})$，$f'(x) < 0$；$x \in (-\infty, 0)$，$x \in (\dfrac{2}{a}, +\infty)$，$f'(x) > 0$；且 $f(0) = 1 > 0$，$f(x)$ 有小于零的零点，不符合题意.

当 $a < 0$ 时，$x \in (-\infty, \dfrac{2}{a})$，$f'(x) < 0$；$x \in (\dfrac{2}{a}, 0)$，$f'(x) > 0$；$x \in (0, +\infty)$，$f'(x) < 0$.

要使 $f(x)$ 有唯一的零点 x_0 且 $x_0 > 0$，只需 $f(\dfrac{2}{a}) > 0$，即 $a^2 > 4$，所以 $a < -2$. 选 B.

解（转化法）：由已知 $a \neq 0$，$f(x) = ax^3 - 3x^2 + 1$ 有唯一的正零点，等价于 $a = \dfrac{3}{x} - \dfrac{1}{x^3}$ 有唯一的正零根，令 $t = \dfrac{1}{x}$，则问题又等价于 $a = -t^3 + 3t$ 有唯一的正零根，即 $y = a$ 与 $y = -t^3 + 3t$ 有唯一的交点且交点在 y 轴右侧，记 $f(t) = -t^3 + 3t$，$f'(t) = -3t^2 + 3$，由 $f'(t) = 0$，$t = \pm 1$，$t \in (-\infty, -1)$，$f'(t) < 0$；$t \in (-1, 1)$，$f'(t) > 0$；$t \in (1, +\infty)$，$f'(t) < 0$. 要使 $a = -t^3 + 3t$ 有唯一的正零根，只需 $a < f(-1) = -2$，选 B.

解（代入法）：取 $a = 3$ 代入函数，得 $f(x) = 3x^3 - 3x^2 + 1$，$f'(x) = 9x^2 - 6x$，令导函数为零，得 $x = 0$ 或 $x = \dfrac{2}{3}$. 当 $x \in (-\infty, 0)$，$f'(x) > 0$；

$x \in \left(0, \dfrac{2}{3}\right)$, $f'(x) < 0$; $x \in \left(\dfrac{2}{3}, +\infty\right)$, $f'(x) > 0$, 且 $f(0) = 1 > 0$,

则 $f(x)$ 有小于零的零点，不符合题意，排除选项 A 和 C.

再取 $a = -2$ 代入函数，得 $f(x) = -2x^3 - 3x^2 + 1$, $f'(x) = -6x^2 - 6x$,
令导函数为零，得 $x = 0$ 或 $x = -1$.

当 $x \in (-\infty, -1)$, $f'(x) < 0$; $x \in (-1, 0)$, $f'(x) > 0$; $x \in (0, +\infty)$, $f'(x) < 0$, 且 $f(-1) = 0$, $f(0) = 1 > 0$, $f(x)$ 有两个零点，一个小于零，一个大于零，不符合题意，从而排除选项 D.

这道题是选择题倒数第 2 道，难度加大了，直接法和转化法对学生能力的要求更高一些. 解题能力弱的同学无法使用直接法和转化法时，可以考虑使用代入法，首先寻找选项间的区别，使用代入法检验 a 的值有没有推出矛盾，如果推出矛盾就排除该选项. 虽然代入法步骤多，稍微繁琐，但是不需要讨论 a 的范围，直接求解三次函数的极值和图像，对于能力稍弱的学生来说，也是一个好办法.

代入法常适用于选项中得数较少或题设复杂而结论简单的选择题.

【跟踪训练】（2012 年全国新课标卷）已知 $\omega > 0$, 函数 $f(x) = \sin\left(\omega x + \dfrac{\pi}{4}\right)$ 在 $\left(\dfrac{\pi}{2}, \pi\right)$ 上单调递减，则 ω 的取值范围是（　　　）

A. $\left[\dfrac{1}{2}, \dfrac{5}{4}\right]$　　　B. $\left[\dfrac{1}{2}, \dfrac{3}{4}\right]$　　　C. $\left(0, \dfrac{1}{2}\right)$　　　D. $(0, 2]$

解（代入法）：根据三角函数的性质利用排除法逐项判断.

∵ $\omega = 2$ 时，$\omega x + \dfrac{\pi}{4} \in \left(\dfrac{5\pi}{4}, \dfrac{9\pi}{4}\right)$, 不合题意，

∴ 排除 D.

∵ $\omega = 1$ 时，$\omega x + \dfrac{\pi}{4} \in \left(\dfrac{3\pi}{4}, \dfrac{5\pi}{4}\right)$, 符合题意，

∴ 排除 B, C. 故选 A.

（五）图形法

将所研究的问题利用函数的图像或方程的图形或其他有关图形，以形示数，转化为直观的几何图形问题，借助图形作出正确判断的方法叫图形法. 图形法是数形结合思想的具体体现.

【例5】（2016 年山东卷）若变量 x，y 满足 $\begin{cases} x+y \leq 2, \\ 2x-3y \leq 9, \\ x \geq 0, \end{cases}$ 则 x^2+y^2 的最大值

是（　　）

A. 4　　　　　　B. 9　　　　　　C. 10　　　　　　D. 12

解：不等式组表示的可行域是以 A（0，-3），B（0，2），C（3，-1）为顶点的三角形区域，x^2+y^2 表示点（x，y）到原点距离的平方，最大值必在顶点处取到，经验证可知最大值为 $|OC|^2=10$，故选 C.

本题主要考查简单线性规划的应用，是一道基础题目．从历年高考题目看，简单线性规划问题是不等式中的基本问题，往往围绕目标函数最值的确定命题，涉及直线的斜率、两点间距离等知识点，综合考查考生的绘图、用图以及应用数学解决实际问题的能力．

【跟踪训练】（2018 年全国Ⅰ卷）已知函数 $f(x) = \begin{cases} e^x, x \leq 0, \\ \ln x, x > 0, \end{cases}$ $g(x)$

$=f(x)+x+a$. 若 $g(x)$ 存在 2 个零点，则 a 的取值范围是（　　）

A. $[-1, 0)$　　B. $[0, +\infty)$　　C. $[-1, +\infty)$　　D. $[1, +\infty)$

解（图示法）：令 $h(x)=-x-a$，则 $g(x)=f(x)-h(x)$.

在同一坐标系中画出 $y=f(x)$，$y=h(x)$ 图像的示意图，如图 1-1.

若 $g(x)$ 存在 2 个零点，则 $y=f(x)$ 的图像与 $y=h(x)$ 的图像有 2 个交点，平移 $y=h(x)$ 的图像，可知当直线 $y=-x-a$ 过点（0，1）时，有 2 个交点，此时 $1=-0-a$，$a=-1$. 当 $y=-x-a$ 在 $y=-x+1$ 上方，即 $a<-1$ 时，仅有 1 个交点，不符合题意. 当 $y=-x-a$ 在 $y=-x+1$ 下方，即 $a>-1$ 时，有 2 个交点，符合题意. 综上，a 的取值范围为 $[-1, +\infty)$. 故选 C.

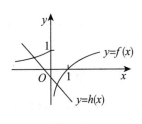

图 1-1

以上五种方法是解答选择题的常用方法，此外，还有逻辑分析法，变换法、构造法等方法，但直接法仍为主要方法．在实际解题时，常常需要具体问题具体分析，灵活地综合使用多种方法，才能达到准确快速求解的目的．要做到这一点，还必须在熟练掌握基础知识和基本方法的前提下，加强解题训练，并在解题实践中不断总结经验，从而逐步提高解题能力．

课后目标检测

1. （2014年陕西卷）设集合 $M = \{x \mid x \geqslant 0, x \in \mathbf{R}\}$，$N = \{x \mid x^2 < 1, x \in \mathbf{R}\}$，则 $M \cap N$ 等于（　　）

    A. $[0, 1]$　　　　B. $[0, 1)$　　　　C. $(0, 1]$　　　　D. $(0, 1)$

    解（直接法）：$\because x^2 < 1$，$\therefore -1 < x < 1$，$\therefore M \cap N = \{x \mid 0 \leqslant x < 1\}$．故选 B．

    解（代入排除法）：当 $x = 1$ 时，不满足集合 N，排除选项 A，C，当 $x = 0$ 时，满足集合 M，N，排除选项 D．故选 B．

2. （2014年湖南卷）满足 $\dfrac{z+i}{z} = i$（i 为虚数单位）的复数 z 等于（　　）

    A. $\dfrac{1}{2} + \dfrac{1}{2}i$　　　　B. $\dfrac{1}{2} - \dfrac{1}{2}i$　　　　C. $-\dfrac{1}{2} + \dfrac{1}{2}i$　　　　D. $-\dfrac{1}{2} - \dfrac{1}{2}i$

    解（直接法）：去分母，得 $z + i = zi$，所以 $(1 - i)z = -i$，解得 $z = \dfrac{-i}{1-i} = \dfrac{1}{2} - \dfrac{1}{2}i$，故选 B．

3. 要得到函数 $y = \cos(2x + 1)$ 的图像，只要将函数 $y = \cos 2x$ 的图像（　　）

    A. 向左平移 1 个单位　　　　　　B. 向右平移 1 个单位

    C. 向左平移 $\dfrac{1}{2}$ 个单位　　　　D. 向右平移 $\dfrac{1}{2}$ 个单位

    解（直接法）：$\because y = \cos(2x + 1) = \cos\left[2\left(x + \dfrac{1}{2}\right)\right]$，$\therefore$ 只要将函数 $y = \cos 2x$ 的图像向左平移 $\dfrac{1}{2}$ 个单位即可得到函数 $y = \cos(2x + 1)$ 的图像．故选 C．

4. （2012年全国课标卷）平面 α 截球 O 的球面所得圆的半径为 1，球心 O 到平面 α 的距离为 $\sqrt{2}$，则此球的体积为（　　）

    A. $\sqrt{6}\pi$　　　　B. $4\sqrt{3}\pi$　　　　C. $4\sqrt{6}\pi$　　　　D. $6\sqrt{3}\pi$

解（图示法）：由勾股定理可得球的半径为 $\sqrt{3}$，从而根据球的体积公式可求得该球的体积为：$V = \dfrac{4}{3} \times \pi \times (\sqrt{3})^3 = 4\sqrt{3}\pi$. 故选 B.

5. 已知定义在区间 $[0,4]$ 上的函数 $y = f(x)$ 的图像如图 $1-2$，则 $y = -f(2-x)$ 的图像为（　　）

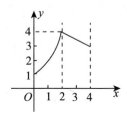

图 $1-2$

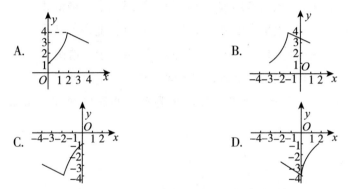

解（特殊值法）：当 $x = 0$ 时，$y = -f(2-0) = -f(2) = -4$. 故符合以上结果的只有选项 D.

6. 在直角三角形 ABC 中，点 D 是斜边 AB 的中点，点 P 为线段 CD 的中点，则 $\dfrac{|PA|^2 + |PB|^2}{|PC|^2} = $（　　）

A. 2　　　　　　　B. 4　　　　　　　C. 5　　　　　　　D. 10

解（特殊值法）：对于非特殊的一般图形求解长度问题的选择题，不妨将图形特殊化，用特殊元素法以方便求解各长度：不妨令 $|AC| = |BC| = 4$，则 $|AB| = 4\sqrt{2}$，$|CD| = \dfrac{1}{2}|AB| = 2\sqrt{2}$，$|PC| = |PD| = \dfrac{1}{2}|CD| = \sqrt{2}$，$|PA| = |PB| = \sqrt{|AD|^2 + |PD|^2} = \sqrt{(2\sqrt{2})^2 + (\sqrt{2})^2} = \sqrt{10}$.

$\therefore \dfrac{|PA|^2 + |PB|^2}{|PC|^2} = \dfrac{10 + 10}{2} = 10$. 故选 D.

7. 函数 $f(x) = x^{\frac{1}{2}} - \left(\frac{1}{2}\right)^x$ 的零点个数为（　　）

A. 0　　　　　　　B. 1　　　　　　　C. 2　　　　　　　D. 3

解（图示法）：函数 $f(x) = x^{\frac{1}{2}} - \left(\frac{1}{2}\right)^x$ 的零点个数就是 $x^{\frac{1}{2}} - \left(\frac{1}{2}\right)^x = 0$，即

$x^{\frac{1}{2}} = \left(\frac{1}{2}\right)^x$ 解的个数，即函数 $g(x) = x^{\frac{1}{2}}$ 和 $h(x) = \left(\frac{1}{2}\right)^x$ 的交点个数，作出

图像，即可得到二者交点只有 1 个，所以函数 $f(x) = x^{\frac{1}{2}} - \left(\frac{1}{2}\right)^x$ 的零点个数为

1. 故选 B.

8. 在 **R** 上定义的函数 $f(x)$ 是偶函数，且 $f(x) = f(2-x)$. 若 $f(x)$
在区间 $[1, 2]$ 上是减函数，则 $f(x)$（　　）

A. 在区间 $[-2, -1]$ 上是增函数，在区间 $[3, 4]$ 上是增函数

B. 在区间 $[-2, -1]$ 上是增函数，在区间 $[3, 4]$ 上是减函数

C. 在区间 $[-2, -1]$ 上是减函数，在区间 $[3, 4]$ 上是增函数

D. 在区间 $[-2, -1]$ 上是减函数，在区间 $[3, 4]$ 上是减函数

解（图示法）：$f(x)$ 是抽象函数，因此简要画出其图像即可得出结论，
由图 1-3 知选 B.

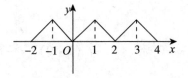

图 1-3

9. 过点 $P(1, 1)$ 的直线，将圆形区域 $\{(x, y) \mid x^2 + y^2 \le 4\}$ 分成两部
分，要使这两部分的面积之差最大，则该直线的方程为（　　）

A. $x + y - 2 = 0$　　　　　　　　　B. $y - 1 = 0$

C. $x - y = 0$　　　　　　　　　　　D. $x + 3y - 4 = 0$

解（图示法）：要使直线将圆形区域分成两部分的面积之差最大，必须使
过点 P 的圆的弦长达到最小，所以只需使该直线与直线 OP 垂直即可.

又已知点 $P(1, 1)$，则 $k_{OP} = 1$. 故所求直线的斜率为 -1.

又所求直线过点 $P(1, 1)$，故由点斜式得，所求直线的方程为 $y - 1 = -(x-1)$，即 $x + y - 2 = 0$. 故选 A.

10. 函数 $y = \dfrac{\sin 2x}{1 - \cos x}$ 的部分图像大致为（　　）

A.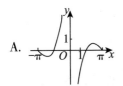

B.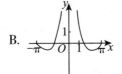

C.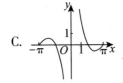

D.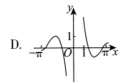

解（排除法）：由题意知，函数 $y = \dfrac{\sin 2x}{1 - \cos x}$ 为奇函数，故排除 B；当 $x = \pi$

时，$y = 0$，排除 D；当 $x = 1$ 时，$y = \dfrac{\sin 2}{1 - \cos 2} > 0$，排除 A. 故选 C.

11. 若一个四面体的各棱长都为 $\sqrt{2}$，四个顶点在同一球面上，则此球的表面积为（　　）

A. 3π　　　　　　B. 4π　　　　　　C. $3\sqrt{3}\pi$　　　　　　D. 6π

解（图示法）：将正四面体补为正方体，二者有相同的外接球，易知正方体的棱长为 1，所以正方体的对角线的长度为 $\sqrt{3}$，所以外接球的直径为 $\sqrt{3}$，所以球的半径为 $\dfrac{\sqrt{3}}{2}$，所以球的表面积为 $4\pi \times \left(\dfrac{\sqrt{3}}{2}\right)^2 = 3\pi$. 选 A.

12. 已知函数 $f(x)$ 是定义在 **R** 上的可导函数，且对于 $\forall x \in \mathbf{R}$，均有 $f(x) > f'(x)$，则有（　　）

A. $e^{2016}f(-2016) < f(0)$，$f(2016) > e^{2016}f(0)$

B. $e^{2016}f(-2016) < f(0)$，$f(2016) < e^{2016}f(0)$

C. $e^{2016}f(-2016) > f(0)$，$f(2016) > e^{2016}f(0)$

D. $e^{2016}f(-2016) > f(0)$，$f(2016) < e^{2016}f(0)$

解（构造法）：构造函数 $g(x) = \dfrac{f(x)}{e^x}$，

则 $g'(x) = \dfrac{f'(x)e^x - f(x)e^x}{(e^x)^2} = \dfrac{f'(x) - f(x)}{e^x}$.

因为 $\forall x \in \mathbf{R}$，均有 $f(x) > f'(x)$，并且 $e^x > 0$，

所以 $g'(x) < 0$，故函数 $g(x) = \dfrac{f(x)}{\mathrm{e}^x}$ 在 **R** 上单调递减，

所以 $g(-2016) > g(0)$，$g(2016) < g(0)$，

即 $\dfrac{f(-2016)}{\mathrm{e}^{-2006}} > f(0)$，$\dfrac{f(2016)}{\mathrm{e}^{2006}} < f(0)$，

也就是 $\mathrm{e}^{2016}f(-2016) > f(0)$，$f(2016) < \mathrm{e}^{2016}f(0)$．故选 D.

填空题解法

考点情况分析

1. 2013—2019 年新课标全国卷 I 试题分析（见表 2-1）

表 2-1

题号	2013	2014	2015	2016	2017	2018	2019
1	平面向量	二项式定理	函数奇偶性	平面向量运算	平面向量的模	线性规划	导数几何意义
2	数列通项	推理与证明	圆的方程	二项式系数	线性规划	数列求和	等比数列计算
3	三角函数最值	平面向量	线性规划	等比数列运算	双曲线离心率	排列组合	独立事件概率
4	函数最值	解三角形	解三角形	线性规划应用	立几折叠最值	三角函数最值	双曲线离心率

2. 考题特点

数学试卷题目类型主要有三种：选择题、填空题、解答题．文理科填空题都是 4 道，每道题的分值都是 5 分，共 20 分，在总分 150 分中，占 13%．

填空题虽然题型简单，但覆盖的知识点全面，形式上也比较灵活．填空题比选择题难，因为选择题相当于已经告诉你答案，只需从 4 个选项中辨析出正确答案而已．但是填空题完全没有任何提示，如果没有头绪就会造成无法动笔的局面，连猜都很难；另外，填空题不设中间分，一步失误，全题零分，所以很多学生都比较"害怕"填空题，这种心理上的畏惧也是导致失分的一个重要因素．当然更重要的是知识点掌握不牢固、解题技巧不娴熟导致失分，因此提高学生解题技巧非常重要．下面根据填空题的特点，结合例题介绍几种常见的解题方法．

3. **学科素养考查分析**

本专题考查知识点较全面，主要包括三角函数、向量、数列、线性规划、解析几何、立体几何、排列组合、二项式定理、概率、函数与导数等知识．同时也对数学抽象、逻辑推理、直观想象、数学运算、数学建模、数据处理这六种核心素养全面考查．

考点方法剖析

（一）直接法

直接从题设条件出发，选用有关定义、定理、公式等直接进行求解而得出结论．这是解答填空题最常用的方法．在求解过程中，应注意准确计算，讲究技巧．

【例1】（2019 年天津卷）曲线 $y = \cos x - \dfrac{x}{2}$ 在点（0，1）处的切线方程为

_____．

解：本题属于基础题，按照常规步骤：（1）求导：$y' = -\sin x - \dfrac{1}{2}$；

（2）将横坐标 $x = 0$ 代入导函数即得切线的斜率 $k = -\dfrac{1}{2}$；（3）再将点（0，1）

和斜率代入直线的点斜式方程 $y - y_0 = k（x - x_0）$，化简就得到 $y - 1 = -\dfrac{1}{2}$

$（x - 0）$，即 $x + 2y - 2 = 0$.

【名师方法点拨】

1. 直接法是解答客观题最常用的方法．直接法适用的范围广，只要运算正确必能得出正确的答案，解题时要多角度思考问题，灵活简化计算过程，快速准确得到结果．

2. 用简便的方法巧解填空题是建立在扎实掌握"三基"的基础上的，否则一味求快则会快中出错．

【跟踪训练】（2019 年全国 I 卷）记 S_n 为等比数列 $\{a_n\}$ 的前 n 项和．若

$a_1 = \dfrac{1}{3}$，$a_4^2 = a_6$，则 $S_5 = $ _____.

解：本题属于基础题，由于已知数列 $\{a_n\}$ 是等比数列，且已知 a_1，将另一个已知条件化成 $\left(\dfrac{1}{3}q^3\right)^2 = \dfrac{1}{3}q^5$，即可求出 $q = 3$，再求 $S_5 = \dfrac{121}{3}$.

（二）特例法

当填空题已知条件中含有某些不确定的量，但题目暗示答案可能是一个定值时，可以将变量取一些特殊数值、特殊位置或者一种特殊情况来求出这个定值，这样可简化推理与论证的过程.

【例 2】（2014 年湖南卷）若函数 $f(x) = \ln(e^{3x} + 1) + ax$ 是偶函数，则 $a = $ _____.

解：由题意知，函数 $f(x)$ 的定义域为 $\mathbf{R}$，且为偶函数，所以 $f\left(-\dfrac{1}{3}\right) - f\left(\dfrac{1}{3}\right) = 0$，即 $\ln(e^{-1} + 1) - \dfrac{a}{3} - \ln(e + 1) - \dfrac{a}{3} = 0$，化简得 $\ln e^{-1} - \dfrac{2}{3}a = 0$，解得 $a = -\dfrac{3}{2}$.

本题使用特例法，轻而易举地解出来了. 如果使用偶函数的定义来解答，化简计算过程肯定会难倒很多学生.

【名师方法点拨】

1. 特例法具有简化运算和推理的功效，填空题的结论唯一或题设条件暗示答案为定值是利用该法的前提.

2. 特例法解填空题时，要注意以下两点：第一，取特例尽可能简单，有利于计算和推理. 第二，若在不同的特殊情况下，有两个或两个以上的结论相符，则应选另一特例情况再检验，或改用其他方法求解.

【跟踪训练】（1）AD，BE 分别是 $\triangle ABC$ 的中线，$|\overrightarrow{AD}| = |\overrightarrow{BE}| = 1$，且 $\overrightarrow{AD}$ 与 $\overrightarrow{BE}$ 的夹角为 $120°$，则 $\overrightarrow{AB} \cdot \overrightarrow{AC} = $ _____.

解：等边三角形为符合题意的 $\triangle ABC$ 的一个特例，则 $AB = \dfrac{2\sqrt{3}}{3}$，

$\therefore \overrightarrow{AB} \cdot \overrightarrow{AC} = |\overrightarrow{AB}| \, |\overrightarrow{AC}| \cos 60° = \dfrac{2}{3}$.

（三）图像法

对一些含有几何背景的填空题，若能数中思形，以形助数，将问题（解方

程、解不等式、求最值、求取值范围）与某些图形结合起来，使代数问题以几何的形式直观地呈现出来，使抽象思维和形象思维有机结合，利用图形进行直观分析，再辅以必要的计算，则可以简捷地解决问题，得出正确的结果.

【例3】（2015年新课标 I 卷）如图2-1，若 x，y 满足约束条件 $\begin{cases} x-1 \geqslant 0, \\ x-y \leqslant 0, \\ x+y-4 \leqslant 0, \end{cases}$ 则 $\dfrac{y}{x}$ 的最大值为_____.

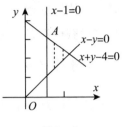

图2-1

解：作出可行域如图中阴影部分所示，由斜率的意义知，$\dfrac{y}{x}$ 是可行域内一点与原点连线的斜率，由图可知，点 A（1，3）与原点连线的斜率最大，故 $\dfrac{y}{x}$ 的最大值为3.

【名师方法点拨】

1. 本例的求解转化为研究函数图像的位置关系，利用几何直观，再辅以简单的计算，可有效提高解题速度和准确性.

2. 运用数形结合（图解法）的关键是正确把握各种式子与几何图形中的变量之间的对应关系，利用几何图形中的相关结论求出结果. 运用图解法解题一定要对有关的函数图像、几何图形较熟悉，否则错误的图像将导致错误的选择.

【跟踪训练】（2018年武汉模拟改编）若函数 $y=f(x)$ 图像上不同两点 M，N 关于原点对称，则称点对 $[M,N]$ 是函数 $y=f(x)$ 的一对"和谐点对"（点对 $[M,N]$ 与 $[N,M]$ 看作同一对"和谐点对"）. 已知函数 $f(x)$ $=\begin{cases} \mathrm{e}^x, x<0, \\ x^2-4x, x>0, \end{cases}$ 则此函数的"和谐点对"有_____对.

解：作出 $f(x)=\begin{cases} \mathrm{e}^x, x<0, \\ x^2-4x, x>0 \end{cases}$ 的图像，$f(x)$ 的"和谐点对"数可转化为 $y=\mathrm{e}^x$（$x<0$）和 $y=-x^2-4x$（$x<0$）的图像的交点个数，见图2-2.

由图像知，函数 $f(x)$ 有两对"和谐点对".

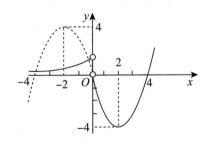

图2-2

（四）估算法

估算法就是不需要计算出代数式的准确数值，通过估算其大致取值范围从而解决相应问题的方法．该种方法主要适用于比较大小的有关问题，尤其是在选择题或填空题中，解答不需要详细的过程，因此可以通过猜测、合情推理、估算而获得答案，从而减少运算量．

【例4】在区间 $[0，1]$ 上随机取两个数 $x，y$，记 p_1 为事件 " $x+y \geqslant \dfrac{1}{2}$ " 的概率，p_2 为事件 " $|x-y| \leqslant \dfrac{1}{2}$ " 的概率，p_3 为事件 " $xy \leqslant \dfrac{1}{2}$ " 的概率，则 $p_1，p_2，p_3$ 的大小关系为_____．

解：满足条件的 $x，y$ 构成的点 $(x，y)$ 在正方形 $OBCA$ 及其边界上．事件 " $x+y \geqslant \dfrac{1}{2}$ " 对应的图形见图 2-3 中的阴影部分；事件 " $|x-y| \leqslant \dfrac{1}{2}$ " 对应的图形为图 2-4 所示的阴影部分；事件 " $xy \leqslant \dfrac{1}{2}$ " 对应的图形为图 2-5 所示的阴影部分．对三者的面积进行比较，可得 $p_2 < p_3 < p_1$．

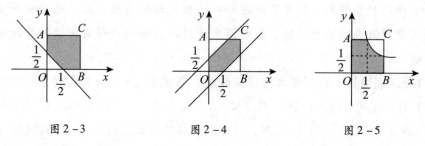

图 2-3　　　　　　图 2-4　　　　　　图 2-5

【名师方法点拨】

1. "估算法" 的关键是确定结果所在的大致范围，否则 "估算" 就没有意义．

2. 在不需要精确计算结果时，可根据题干提供的信息，估算出结果的大致取值范围，合理的估算往往比盲目的精确计算和严谨推理更为有效，可谓 "一叶知秋"．

【跟踪训练】若 $a = 2^{0.5}$，$b = \log_\pi^3$，$c = \log_2^{\sin \frac{2\pi}{5}}$，则 $a，b，c$ 的大小关系是_____．

解：由 $y = 2^x$ 在 $\mathbf{R}$ 上单调递增，知 $1 < a < 2$．由 $0 < \sin \dfrac{2\pi}{5} < 1$，知 $c = \log_2 \sin$

$\dfrac{2\pi}{5} < 0$，又 $0 < b < 1$，故 $a > b > c$．

（五）构造法

在解决某些数学问题时，可以通过对条件和结论充分细致的分析，抓住问题的特征，联想熟知的数学模型，然后变换命题，恰当地构造辅助元素，它可以是一个图形、一个函数、一个方程、一个等价命题等，以此架起一座连接条件和结论的桥梁，从而使问题得以解决，这种解题的方法叫作构造法．

【例5】 不等式 $x^2 - 3 > ax - a$ 对一切 $3 \leqslant x \leqslant 4$ 恒成立，则实数 a 的取值范围是_____．

解：由题意得，原不等式可以转化为 $a < \dfrac{x^2 - 3}{x - 1}$ 对一切 $3 \leqslant x \leqslant 4$ 恒成立．

设 $f(x) = \dfrac{x^2 - 3}{x - 1}$，则 $f'(x) = \dfrac{x^2 - 2x + 3}{(x - 1)^2} = \dfrac{(x - 1)^2 + 2}{(x - 1)^2} > 0$，

所以 $f(x) = \dfrac{x^2 - 3}{x - 1}$ 在 $[3, 4]$ 上是增函数，故 $f(x)$ 的最小值为 $f(3) = 3$，所以 $a < f(x)_{\min} = 3$，故 a 的取值范围是 $(-\infty, 3)$．

【名师方法点拨】

构造法实质上是化归与转化思想在解题中的应用，需要根据已知条件和所要解决的问题确定构造的方向，然后通过构造新的函数、不等式或数列等模型转化为自己熟悉的问题．

【跟踪训练】（2017年全国Ⅲ卷）已知函数 $f(x) = x^2 - 2x + a(e^{x-1} + e^{-x+1})$ 有唯一零点，则 $a = $（　　　）

A. $-\dfrac{1}{2}$ 　　　　　B. $\dfrac{1}{3}$ 　　　　　C. $\dfrac{1}{2}$ 　　　　　D. 1

解（方法一）：构造函数 $g(x) = e^x + e^{-x}$，可知该函数为偶函数，其图像关于 y 轴对称．把 $g(x)$ 的图像向右平移一个单位长度，得到函数 $h(x) = e^{x-1} + e^{-x+1}$ 的图像，该函数图像关于直线 $x = 1$ 对称．

函数 $y = x^2 - 2x$ 的图像也关于直线 $x = 1$ 对称，所以函数 $f(x)$ 的图像关于直线 $x = 1$ 对称．函数 $f(x)$ 有唯一零点，则该零点只能是 $x = 1$．

由 $f(1) = 1^2 - 2 \times 1 + a(e^{1-1} + e^{-1+1}) = 0$，解得 $a = \dfrac{1}{2}$．

解（方法二）：构造函数 $g(x) = f(x+1) = x^2 - 1 + a(e^x + e^{-x})$，易知函数 $g(x)$ 的图像是由函数 $f(x)$ 的图像向左平移一个单位长度得到的，所以函数 $f(x)$ 有唯一的零点等价于函数 $g(x)$ 有唯一零点.

显然函数 $g(x)$ 为偶函数，如果其有唯一零点，则该零点只能是 $x = 0$，由 $g(0) = -1 + 2a = 0$，解得 $a = \dfrac{1}{2}$.

对于一些思路、思维扩展较简单的、理论知识容易理解的数学题，可以直接套用公式，采用直接法，将理论与公式结合，通过对数据的计算，得出正确结果. 直接法是最常用、最普遍的学习方法；特殊值法适用于解决一些已知条件中含有某些不确定的量，但题目暗示答案可能是一个定值时的题目；图像法也经常使用等.

填空题是高考必考题，掌握多种解题技巧并灵活运用，不但可以降低题目的难度，还可以快速准确地获取答案. 在解题中我们要胆大心细，从多种的解题方法中选择一种最快而且最有效的方法.

课后目标检测

1. 已知 $y = f(x) + x^2$ 是奇函数，且 $f(1) = 1$，若 $g(x) = f(x) + 2$，则 $g(-1) =$ _____.

解：根据函数的奇偶性.

∵ 函数 $y = f(x) + x^2$ 为奇函数，∴ $f(-x) + (-x)^2 = -[f(x) + x^2]$，即 $f(-x) = -f(x) - 2x^2$，故 $g(-1) = -1$.

2. 已知 P，Q 为抛物线 $x^2 = 2y$ 上两点，点 P，Q 的横坐标分别为 4，-2，过 P，Q 分别作抛物线的切线，两切线交于 A，则点 A 的纵坐标为_____.

解：利用导数求切线方程的方法，直线的方程与两条直线的交点的求法.

∵ 点 P，Q 的横坐标分别为 4，-2，

∴ 代入抛物线方程得 P，Q 的纵坐标分别为 8，2.

由 $x^2 = 2y$ 得 $y = \dfrac{1}{2}x^2$，∴ $y' = x$，

∴ 过点 P，Q 的抛物线的切线的斜率分别为 4，-2.

∴ 过点 P，Q 的抛物线的切线方程分别为 $y = 4x - 8$，$y = -2x - 2$，

联立方程组解得 $x = 1$，$y = -4$，∴ 点 A 的纵坐标为 -4.

3. （2016 年全国 I 卷）设向量 $\boldsymbol{a} = (m, 1)$，$\boldsymbol{b} = (1, 2)$，且 $|\boldsymbol{a} + \boldsymbol{b}|^2 = |\boldsymbol{a}|^2 + |\boldsymbol{b}|^2$，则 $m = $＿＿＿＿＿＿＿.

解：根据向量的数量积及坐标运算.

由 $|\boldsymbol{a} + \boldsymbol{b}|^2 = |\boldsymbol{a}|^2 + |\boldsymbol{b}|^2$，得 $\boldsymbol{a} \perp \boldsymbol{b}$，所以 $m \times 1 + 1 \times 2 = 0$，解得 $m = -2$.

4. （2016 年全国 I 卷）$(2x + \sqrt{x})^5$ 的展开式中，x^3 的系数是＿＿＿＿＿＿＿.（用数字填写答案）

解：根据二项式定理得，

$(2x + \sqrt{x})^5$ 的展开式的通项为 $C_5^r (2x)^{5-r} (\sqrt{x})^r = 2^{5-r} C_5^r x^{5 - \frac{r}{2}}$（$r = 0$，$1$，$2$，…，$5$），令 $5 - \dfrac{r}{2} = 3$，得 $r = 4$，所以 x^3 的系数是 $2C_5^4 = 10$.

5. 若函数 $f(x)$ 满足 $f(x+1) = f(x-1)$，且当 $x \in [-1, 1]$ 时，有 $f(x) = x^2$，则函数 $F(x) = f(x) - |\log 4x|$ 的零点个数为＿＿＿＿＿＿＿.

解：根据函数的零点、性质和图像.

根据条件作出函数 $f(x)$，$y = |\log_4 x|$，$x > 0$ 的图像（图 2-6），由两个函数图像的交点个数确定函数零点个数. 因为 $f(x+1) = f(x-1)$，所以函数 $f(x)$ 的周期为 2，且 $x \in [-1, 1]$ 时，$f(x) = x^2$，在同一坐标系中作出函数 $f(x)$，$y = |\log_4 x|$，$x > 0$ 的图像如图 2-6，由图像可知，交点个数是 4，即 $F(x)$ 的零点个数为 4.

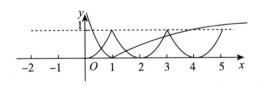

图 2-6

6. （2012 年天津卷）已知函数 $y = \dfrac{|x^2 - 1|}{x - 1}$ 的图像与函数 $y = kx$ 的图像恰有两个交点，则实数 k 的取值范围是＿＿＿＿＿＿＿.

解：分段表示函数，数形结合求解.

函数可表示为 $y = \begin{cases} x+1, & x>1 \text{ 或 } x<-1, \\ -x-1, & -1 \leqslant x < 1. \end{cases}$

图 2 – 7 实线部分为图像，数形结合可知，要使两函数图像有两个交点，则 $k \in (0,1) \cup (1,2)$.

7. 已知定义在 $\mathbf{R}$ 上的奇函数 $f(x)$ 满足 $f(x-4)$ $= -f(x)$，且在区间 $[0,2]$ 上是增函数，若方程 $f(x) = m$ $(m>0)$ 在区间 $[-8,8]$ 上有四个不同的根：x_1，x_2，x_3，x_4，则 $x_1 + x_2 + x_3 + x_4 =$ _____.

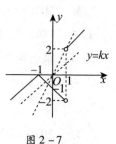

图 2 – 7

解：此题考查抽象函数的奇偶性，周期性，单调性和对称轴方程，条件较多，将各种特殊条件结合的最有效方法是把抽象函数具体化，根据函数特点取 $f(x) = \sin \dfrac{\pi}{4} x$，再根据图 2 – 8 可得 $(x_1 + x_2) + (x_3 + x_4) = (-6 \times 2) + (2 \times 2) = -8$.

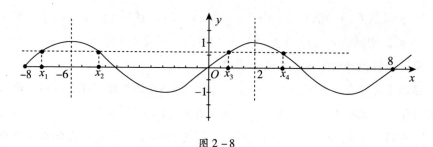

图 2 – 8

8. （2012 年湖南卷）见图 2 – 9，在平行四边形 $ABCD$ 中，$AP \perp BD$，垂足为 P，且 $AP = 3$，则 $\overrightarrow{AP} \cdot \overrightarrow{AC} =$ _____.

解（方法一）：$\because \overrightarrow{AP} \cdot \overrightarrow{AC} = \overrightarrow{AP} \cdot (\overrightarrow{AB} + \overrightarrow{BC}) = \overrightarrow{AP} \cdot \overrightarrow{AB} + \overrightarrow{AP} \cdot \overrightarrow{BC}$,

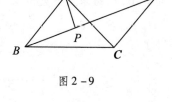

图 2 – 9

$= \overrightarrow{AP} \cdot \overrightarrow{AB} + \overrightarrow{AP} \cdot (\overrightarrow{BD} + \overrightarrow{DC})$

$= \overrightarrow{AP} \cdot \overrightarrow{BD} + 2\overrightarrow{AP} \cdot \overrightarrow{AB}$,

$\because AP \perp BD$，$\therefore \overrightarrow{AP} \cdot \overrightarrow{BD} = 0$.

又 $\because \overrightarrow{AP} \cdot \overrightarrow{AB} = |\overrightarrow{AP}| \cdot |\overrightarrow{AB}| \cos \angle BAP = |\overrightarrow{AP}|^2$,

$\therefore \overrightarrow{AP} \cdot \overrightarrow{AC} = 2|\overrightarrow{AP}|^2 = 2 \times 9 = 18$.

解（方法二）：把平行四边形 $ABCD$ 看成正方形，则 P 点为对角线的交点，

$AC=6$，则 $\overrightarrow{AP}\cdot\overrightarrow{AC}=18$.

所以答案为 18.

9. 见图 2-10，在 $\triangle ABC$ 中，点 M 是 BC 的中点，过点 M 的直线与直线 AB，AC 分别交于不同的两点 P，Q，若 $\overrightarrow{AP}=\lambda\overrightarrow{AB}$，$\overrightarrow{AQ}=\mu\overrightarrow{AC}$，则 $\dfrac{1}{\lambda}+\dfrac{1}{\mu}=$ ___.

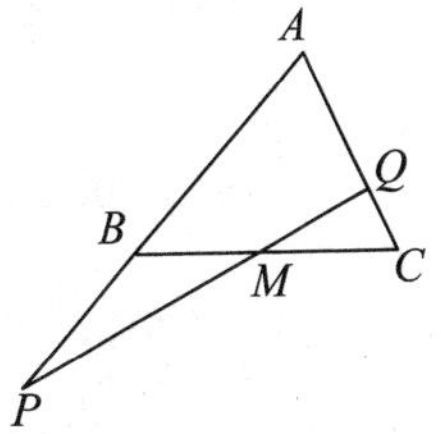

图 2-10

解：由题意可知，$\dfrac{1}{\lambda}+\dfrac{1}{\mu}$ 的值与点 P，Q 的位置无关，而当直线 PQ 与直线 BC 重合时，则有 $\lambda=\mu=1$，所以 $\dfrac{1}{\lambda}+\dfrac{1}{\mu}=2$.

10. 在面积为 2 的 $\triangle ABC$ 中，E，F 分别是 AB，AC 的中点，点 P 在直线 EF 上，$\overrightarrow{PC}\cdot\overrightarrow{PB}+\overrightarrow{BC}^2$ 的最小值是 ___.

解（方法一）：问题可转化为已知 $\triangle PBC$ 的面积为 1，求 $\overrightarrow{PC}\cdot\overrightarrow{PB}+\overrightarrow{BC}^2$ 的最小值. 设 $\triangle PBC$ 中点 P，B，C 所对的边分别为 p，b，c，由题设知 $bc\sin P=2$，

$\therefore\overrightarrow{PC}\cdot\overrightarrow{PB}+\overrightarrow{BC}^2=bc\cos P+(b^2+c^2-2bc\cos P)$

$=b^2+c^2-bc\cos P\geqslant 2bc-bc\cos P=\dfrac{2(2-\cos P)}{\sin P}$，

从而进一步转化为求 $\dfrac{2-\cos P}{\sin P}$ 的最小值.（可数形结合，可引入辅助角化为一个三角函数的形式，可用万能公式转化后换元等方法解决，下略）

解（方法二）：建立坐标系，立即得目标函数. 由题设知，$\triangle PBC$ 的面积为 1.

以 B 为原点，BC 所在直线为 x 轴，过点 B 与直线 BC 垂直的直线为 y 轴建立平面直角坐标系，设 $C(a, 0)$，$P\left(t, \dfrac{2}{a}\right)$ $(a>0)$，则 $\overrightarrow{PB}=\left(-t, -\dfrac{2}{a}\right)$，

$\overrightarrow{PC}=\left(a-t, -\dfrac{2}{a}\right)$，

$\therefore\overrightarrow{PC}\cdot\overrightarrow{PB}+\overrightarrow{BC}^2=-t(a-t)+\dfrac{4}{a^2}+a^2=\left(t-\dfrac{a}{2}\right)^2+\dfrac{4}{a^2}+\dfrac{3a^2}{4}\geqslant 0+2\sqrt{3}$，

当且仅当 $t=\dfrac{a}{2}$，$a=\sqrt[4]{\dfrac{16}{3}}$ 时取等号，$\therefore\overrightarrow{PC}\cdot\overrightarrow{PB}+\overrightarrow{BC}^2$ 的最小值是 $2\sqrt{3}$.

解（方法三）：设 BC 的中点为 D，由

$$\overrightarrow{PB} \cdot \overrightarrow{PC} + \overrightarrow{BC}^2 = (\overrightarrow{PD} + \overrightarrow{DB}) \cdot (\overrightarrow{PD} + \overrightarrow{DC}) + \overrightarrow{BC}^2$$

$$= \overrightarrow{PD}^2 - (\frac{1}{2}\overrightarrow{BC})^2 + \overrightarrow{BC}^2 = \overrightarrow{PD}^2 + \frac{3}{4}\overrightarrow{BC}^2, \because \frac{1}{2}PD \cdot BC \cdot \sin\angle PDC = 1,$$

$$\therefore \overrightarrow{PC} \cdot \overrightarrow{PB} + \overrightarrow{BC}^2 \geq 2\sqrt{PD^2 \cdot \frac{3}{4}BC^2} = \sqrt{3}PD \cdot BC = \frac{2\sqrt{3}}{\sin\angle PDC} \geq 2\sqrt{3}.$$

11. （2014年湖南卷）在平面直角坐标系中，O 为原点，$A(-1, 0)$，$B(0, \sqrt{3})$，$C(3, 0)$，动点 D 满足 $|\overrightarrow{CD}| = 1$，则 $|\overrightarrow{OA} + \overrightarrow{OB} + \overrightarrow{OD}|$ 的最大值是_____.

解：设 $D(x, y)$，由 $|\overrightarrow{CD}| = 1$，得 $(x-3)^2 + y^2 = 1$，向量 $\overrightarrow{OA} + \overrightarrow{OB} + \overrightarrow{OD}$ $= (x-1, y+\sqrt{3})$，故 $|\overrightarrow{OA} + \overrightarrow{OB} + \overrightarrow{OD}| = \sqrt{(x-1)^2 + (y+\sqrt{3})^2}$，其最大值为圆 $(x-3)^2 + y^2 = 1$ 上的动点到点 $(1, -\sqrt{3})$ 距离的最大值，其最大值为圆 $(x-3)^2 + y^2 = 1$ 的圆心 $(3, 0)$ 到点 $(1, -\sqrt{3})$ 的距离加上圆的半径，即 $\sqrt{(3-1)^2 + (0+\sqrt{3})^2} + 1 = 1 + \sqrt{7}.$

$\therefore$ 答案是 $1 + \sqrt{7}.$

12. （2015年全国Ⅰ卷）在平面四边形 $ABCD$ 中，$BC = 2$，$\angle A = \angle B = \angle C = 75°$，则 AB 的取值范围是_____.

解：见图 2-11，作 $\triangle PBC$，使 $\angle B = \angle C = 75°$，$BC = 2$，作直线 AD 分别交线段 PB，PC 于 A，D 两点（不与端点重合），且使 $\angle BAD = 75°$，则四边形 $ABCD$ 就是符合题意的四边形. 过 C 作 AD 的平行线交 PB 于点 Q，在 $\triangle PBC$ 中，由正弦定理可求得 $BP = \sqrt{6} + \sqrt{2}$，在 $\triangle QBC$ 中，由正弦定理可求得 $BQ = \sqrt{6} - \sqrt{2}$，所以 AB 的取值范围是 $(\sqrt{6} - \sqrt{2}, \sqrt{6} + \sqrt{2}).$

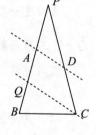
图 2-11

$\therefore$ 答案是 $(\sqrt{6} - \sqrt{2}, \sqrt{6} + \sqrt{2}).$

专题三

三角函数和解三角形

考点情况分析

1. 2013—2019 年新课标全国卷 I 试题分析（见表 3 – 1）

表 3 – 1

考　点	2013	2014	2015	2016	2017	2018	2019
三角函数图像与性质		6	8	12	9	16	11
三角恒等变换	15	8	2				
解三角形	17	16	16	17	17	17	17

2. 考题特点

（1）高考在本专题一般命制 2 ~ 3 道题，1 道选填 + 1 道解答题或者 3 道选填，分值占 15 ~ 17 分.

（2）基础小题主要考查三角函数的图像性质、三角恒等变换和解三角形等.

（3）利用综合性较强的小题考查三角函数的概念、同角三角函数的关系、诱导公式、三角函数图像与性质以及三角恒等变换.

（4）解答题一般都是两问的题目，第一问考查求角或者角的三角函数，第二问求边或者周长. 试题多与三角恒等变换等结合，并考查正弦定理、余弦定理的运用.

3. 学科素养考查分析

本专题主要考查数学抽象、直观想象、数学运算三种核心素养.

微专题1　三角函数图像与性质

核心知识归纳

1. 三角函数：设 α 是一个任意角，它的终边与单位圆交于点 P（x，y），则 $\sin\alpha = y$，$\cos\alpha = x$，$\tan\alpha = \dfrac{y}{x}$（$x \neq 0$）. 各象限角的三角函数值的符号：一全正，二正弦，三正切，四余弦.

2. 同角基本关系式：$\sin^2\alpha + \cos^2\alpha = 1$，$\dfrac{\sin\alpha}{\cos\alpha} = \tan\alpha$（$\alpha \neq k\pi + \dfrac{\pi}{2}$，$k \in \mathbf{Z}$）.

3. 诱导公式：在 $\dfrac{k\pi}{2} + \alpha$，$k \in \mathbf{Z}$ 的诱导公式中"奇变偶不变，符号看象限".

4. 函数 $y = A\sin(\omega x + \varphi)$（$A > 0$，$\omega > 0$）的图像：

（1）"五点法"作图：设 $z = \omega x + \varphi$，令 $z = 0$，$\dfrac{\pi}{2}$，π，$\dfrac{3\pi}{2}$，2π，求出 x 的值与相应的 y 的值，描点连线可得.

（2）图像变换：

（先平移后伸缩）$y = \sin x \xrightarrow[\text{平移}|\varphi|\text{个单位长度}]{\text{向左}\varphi>0\text{或向右}\varphi<0} y = \sin(x + \varphi)$

$\xrightarrow[\text{纵坐标不变}]{\text{横坐标变为原来的}\frac{1}{\omega}(\omega>0)\text{倍}} y = \sin(\omega x + \varphi)$

$\xrightarrow[\text{横坐标不变}]{\text{纵坐标变为原来的}A(A>0)\text{倍}} y = A\sin(\omega x + \varphi)$.

（先伸缩后平移）$y = \sin x \xrightarrow[\text{纵坐标不变}]{\text{横坐标变为原来的}\frac{1}{\omega}(\omega>0)\text{倍}} y = \sin\omega x$

$\xrightarrow[\text{平移}\frac{|\varphi|}{\omega}\text{个单位长度}]{\text{向左}\varphi>0\text{或右}\varphi<0} y = \sin(\omega x + \varphi)$

$$\xrightarrow[\text{横坐标不变}]{\text{纵坐标变为原来的 } A\ (A>0)\ \text{倍}} y = A\sin\ (\omega x + \varphi)\ .$$

5. 三角函数的性质：

（1）三角函数的性质（见表 3 – 2）.

表 3 – 2

三角函数	正弦函数 $y = \sin x$	余弦函数 $y = \cos x$	正切函数 $y = \tan x$
图像			
定义域	**R**	**R**	$x \in \mathbf{R}$，且 $x \neq k\pi + \dfrac{\pi}{2}$，$k \in \mathbf{Z}$
值域	$[-1, 1]$	$[-1, 1]$	**R**
最值	当且仅当 $x = \dfrac{\pi}{2} + 2k\pi$（$k \in$ **Z**）时，取得最大值 1；当且仅当 $x = -\dfrac{\pi}{2} + 2k\pi$（$k \in$ **Z**）时，取得最小值 -1	当且仅当 $x = 2k\pi$（$k \in$ **Z**）时，取得最大值 1；当且仅当 $x = \pi + 2k\pi$（$k \in$ **Z**）时，取得最小值 -1	
最小正周期	2π	2π	π
奇偶性	奇函数	偶函数	奇函数
单调性	$\left[2k\pi - \dfrac{\pi}{2},\ 2k\pi + \dfrac{\pi}{2}\right]$ 为增；$\left[2k\pi + \dfrac{\pi}{2},\ 2k\pi + \dfrac{3\pi}{2}\right]$ 为减，$k \in$ **Z**	$[2k\pi,\ 2k\pi + \pi]$ 为减；$[2k\pi - \pi,\ 2k\pi]$ 为增，$k \in$ **Z**	$\left(k\pi - \dfrac{\pi}{2},\ k\pi + \dfrac{\pi}{2}\right)$ 为增，$k \in$ **Z**
对称中心	$(k\pi,\ 0)$，$k \in$ **Z**	$\left(k\pi + \dfrac{\pi}{2},\ 0\right)$，$k \in$ **Z**	$\left(\dfrac{k\pi}{2},\ 0\right)$，$k \in$ **Z**
对称轴	$x = k\pi + \dfrac{\pi}{2}$，$k \in$ **Z**	$x = k\pi$，$k \in$ **Z**	

（2）$y = A\sin(\omega x + \varphi)$，$y = A\cos(\omega x + \varphi)$，$y = A\tan(\omega x + \varphi)$（$A > 0$，$\omega > 0$）的性质：

① $y = A\sin(\omega x + \varphi)$：当 $\varphi = k\pi$（$k \in \mathbf{Z}$）时为奇函数；当 $\varphi = k\pi + \dfrac{\pi}{2}$（$k \in \mathbf{Z}$）时为偶函数；对称轴方程可由 $\omega x + \varphi = k\pi + \dfrac{\pi}{2}$（$k \in \mathbf{Z}$）求得．

② $y = A\cos(\omega x + \varphi)$：当 $\varphi = k\pi + \dfrac{\pi}{2}$（$k \in \mathbf{Z}$）时为奇函数；当 $\varphi = k\pi$（$k \in \mathbf{Z}$）时为偶函数；对称轴方程可由 $\omega x + \varphi = k\pi$（$k \in \mathbf{Z}$）求得．

③ $y = A\tan(\omega x + \varphi)$，当 $\varphi = k\pi$（$k \in \mathbf{Z}$）时为奇函数．

考点题型剖析

考点一：三角函数的概念、诱导公式及同角关系式

【例1】（2016年全国Ⅱ卷）已知 θ 是第四象限角，且 $\sin\left(\theta + \dfrac{\pi}{4}\right) = \dfrac{3}{5}$，则 $\tan\left(\theta - \dfrac{\pi}{4}\right) = $ _____ ．

解：由题意知 $\sin\left(\theta + \dfrac{\pi}{4}\right) = \dfrac{3}{5}$，$\theta$ 是第四象限角，

所以 $\cos\left(\theta + \dfrac{\pi}{4}\right) > 0$，

所以 $\cos\left(\theta + \dfrac{\pi}{4}\right) = \sqrt{1 - \sin^2\left(\theta + \dfrac{\pi}{4}\right)} = \dfrac{4}{5}$．

则 $\tan\left(\theta - \dfrac{\pi}{4}\right) = \tan\left(\theta + \dfrac{\pi}{4} - \dfrac{\pi}{2}\right)$

$= -\dfrac{\sin\left[\dfrac{\pi}{2} - \left(\theta + \dfrac{\pi}{4}\right)\right]}{\cos\left[\dfrac{\pi}{2} - \left(\theta + \dfrac{\pi}{4}\right)\right]}$

$= -\dfrac{\cos\left(\theta + \dfrac{\pi}{4}\right)}{\sin\left(\theta + \dfrac{\pi}{4}\right)}$

$$= -\frac{4}{5} \times \frac{5}{3} = -\frac{4}{3}.$$

【跟踪训练】已知 $f(x) = \sin x - \cos x$，$x \in (-\pi, 0)$，若 $f'(x) = \frac{1}{5}$.

(1) 求 $\sin x - \cos x$ 的值；

(2) 求 $\dfrac{\sin 2x + 2\sin^2 x}{1 - \tan x}$ 的值.

解：(1) $f'(x) = \sin x + \cos x = \frac{1}{5}$，

平方得 $\sin^2 x + 2\sin x \cos x + \cos^2 x = \frac{1}{25}$，

整理得 $2\sin x \cos x = -\frac{24}{25}$，

$\therefore (\sin x - \cos x)^2 = 1 - 2\sin x \cos x = \frac{49}{25}$.

由 $x \in (-\pi, 0)$，知 $\sin x < 0$.

又 $\sin x + \cos x > 0$，

$\therefore \cos x > 0$，则 $\sin x - \cos x < 0$，

故 $\sin x - \cos x = -\frac{7}{5}$.

(2) $\dfrac{\sin 2x + 2\sin^2 x}{1 - \tan x} = \dfrac{2\sin x(\cos x + \sin x)}{1 - \dfrac{\sin x}{\cos x}}$

$= \dfrac{2\sin x \cos x(\cos x + \sin x)}{\cos x - \sin x} = \dfrac{-\dfrac{24}{25} \times \dfrac{1}{5}}{\dfrac{7}{5}} = -\dfrac{24}{175}$.

【名师方法点拨】

1. 利用同角三角函数的关系解题的关键是要掌握好公式的正用、逆用以及变形.

2. 利用诱导公式要观察角以及函数名称，建立已知与所求之间的关系，把握好"奇变偶不变的原则".

3. 对于同一个角，经常需要切化弦，但是已知正切值，求关于正弦与余弦的齐次式的值时应弦化切.

考点二：三角函数的图像

【例 2】1. 已知函数 $f(x) = \cos\omega x$ $(\omega > 0)$ 的最小正周期为 π，$g(x) =$ $\sin(\omega x + \frac{\pi}{3})$. 为了得到函数 $g(x)$ 的图像，只要将 $y = f(x)$ 的图像（　　）

A. 向左平移 $\frac{\pi}{12}$ 个单位长度　　　　B. 向右平移 $\frac{\pi}{12}$ 个单位长度

C. 向左平移 $\frac{5\pi}{12}$ 个单位长度　　　　D. 向右平移 $\frac{5\pi}{12}$ 个单位长度

解：由题意知，函数 $f(x)$ 的最小正周期 $T = \pi$，所以 $\omega = 2$，

即 $f(x) = \cos 2x$，$g(x) = \sin\left(2x + \frac{\pi}{3}\right)$，

把 $f(x) = \cos 2x$ 变形得 $f(x) = \sin(2x + \frac{\pi}{2}) = \sin\left[2\left(x + \frac{\pi}{12}\right) + \frac{\pi}{3}\right]$，所以只要将 $f(x)$ 的图像向右平移 $\frac{\pi}{12}$ 个单位长度，即可得到 $g(x)$ 的图像，故选 B.

2.（2015 年全国 I 卷）函数 $f(x) = \cos(\omega x + \varphi)$ 的部分图像见图 3 - 1，则 $f(x)$ 的单调递减区间为（　　）

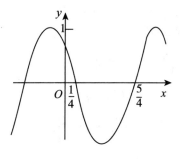

图 3 - 1

A. $\left(k\pi - \frac{1}{4}, k\pi + \frac{3}{4}\right)$，$(k \in \mathbf{Z})$　　　B. $\left(2k\pi - \frac{1}{4}, 2k\pi + \frac{3}{4}\right)$，$(k \in \mathbf{Z})$

C. $\left(k - \frac{1}{4}, k + \frac{3}{4}\right)$，$(k \in \mathbf{Z})$　　　D. $\left(2k - \frac{1}{4}, 2k + \frac{3}{4}\right)$，$(k \in \mathbf{Z})$

解：由图得 $\frac{5}{4} - \frac{1}{4} = 1 = \frac{T}{2} = \frac{\pi}{\omega}$，所以 $\omega = \pi$，

则 $f(x) = \cos(\pi x + \varphi)$.

由图知 $f(x) = \cos(\pi x + \varphi)$ 过点 $\left(\dfrac{3}{4}, 1\right)$,

所以 $f\left(\dfrac{3}{4}\right) = \cos\left(\dfrac{3}{4}\pi + \varphi\right) = -1$,

所以 $\varphi = \dfrac{\pi}{4} + 2k\pi$, $k \in \mathbf{Z}$, 取 $k = 0$, 则 $\varphi = \dfrac{\pi}{4}$,

所以 $f(x) = \cos\left(\pi x + \dfrac{\pi}{4}\right)$,

由 $2k\pi < \pi x + \dfrac{\pi}{4} < 2k\pi + \pi$, $k \in \mathbf{Z}$, 即 $2k - \dfrac{1}{4} < x < 2k + \dfrac{3}{4}$, $k \in \mathbf{Z}$,

所以 $f(x)$ 的递减区间为 $\left(2k - \dfrac{1}{4},\ 2k + \dfrac{3}{4}\right)$, $(k \in \mathbf{Z})$, 故选 D.

【跟踪训练】 函数 $f(x) = A\sin(\omega x + \varphi)$ $(\omega > 0, \ |\varphi| < \pi)$ 的部分图像见图 3-2, 将函数 $f(x)$ 的图像向右平移 $\dfrac{5\pi}{12}$ 个单位长度后得到函数 $g(x)$ 的图像, 若函数 $g(x)$ 在区间 $\left[-\dfrac{\pi}{6}, \theta\right]$ 上的值域为 $[-1, 2]$, 则 $\theta = $ _____.

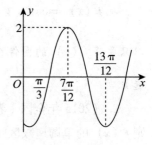

图 3-2

解: 函数 $f(x) = A\sin(\omega x + \varphi)$ $(\omega > 0,$ $|\varphi| < \pi)$ 的部分图像见上图,

则 $A = 2$, $\dfrac{T}{2} = \dfrac{13\pi}{12} - \dfrac{7\pi}{12} = \dfrac{\pi}{2}$, 解得 $T = \pi$,

所以 $\omega = 2$, 即 $f(x) = 2\sin(2x - \varphi)$.

当 $x = \dfrac{\pi}{3}$ 时, $f\left(\dfrac{\pi}{3}\right) = 2\sin\left(2 \times \dfrac{\pi}{3} + \varphi\right) = 0$,

又 $|\varphi| < \pi$, 解得 $\varphi = -\dfrac{2\pi}{3}$,

所以 $f(x) = 2\sin\left(2x - \dfrac{2\pi}{3}\right)$.

因为函数 $f(x)$ 的图像向右平移 $\dfrac{5\pi}{12}$ 个单位长度后得到函数 $g(x)$ 的图像,

所以 $g(x) = 2\sin\left[2\left(x - \dfrac{5\pi}{12}\right) - \dfrac{2\pi}{3}\right] = 2\cos 2x$,

若函数 $g(x)$ 在区间 $\left[-\dfrac{\pi}{6}, \theta\right]$ 上的值域为 $[-1, 2]$,

则 $2\cos2\theta = -1$,

则 $\theta = k\pi + \dfrac{\pi}{3}$, $k \in \mathbf{Z}$, 或 $\theta = k\pi + \dfrac{2\pi}{3}$, $k \in \mathbf{Z}$,

所以 $\theta = \dfrac{\pi}{3}$.

【名师方法点拨】

1. 在三角函数图像变换过程中,首先必须明确初始函数与目标函数,当两者名称不同时必须先将名称统一,其次务必分清是先平移变换,还是先伸缩变换. 变换只是相对于其中的自变量 x 而言的,如果 x 的系数不是1,就要把这个系数提取后再确定变换的单位长度数和方向.

2. 由函数 $y = A\sin(\omega x + \varphi)$ $(A > 0,\ \omega > 0)$ 的图像确定函数解析式常用待定系数法,一般步骤:先确定振幅和周期,利用周期求出 ω,再利用峰点、谷点或零点列出关于 φ 的方程,从而求得 φ,其中零点必须区分是升零点(图像上升时与 x 轴的交点)还是降零点(图像下降时与 x 轴的交点).

考点三:三角函数的性质

【例3】 设函数 $f(x) = \sin\omega x\cos\omega x + \sqrt{3}\sin^2\omega x - \dfrac{\sqrt{3}}{2}$ $(\omega > 0)$ 的图像上最高点与相邻的对称中心点的距离为 $\dfrac{\sqrt{\pi^2 + 4}}{2}$.

(1) 求 ω 的值;

(2) 若函数 $y = f(x + \varphi)$ $\left(0 < \varphi < \dfrac{\pi}{2}\right)$ 是奇函数,求函数 $g(x) = \cos(2x - \varphi)$ 在 $[0, 2\pi]$ 上的单调递减区间.

解:(1) $f(x) = \sin\omega x\cos\omega x + \sqrt{3}\sin^2\omega x - \dfrac{\sqrt{3}}{2} = \dfrac{1}{2}\sin2\omega x + \sqrt{3} \times \dfrac{1 - \cos2\omega x}{2} - \dfrac{\sqrt{3}}{2}$

$= \dfrac{1}{2}\sin2\omega x - \dfrac{\sqrt{3}}{2}\cos2\omega x = \sin\left(2\omega x - \dfrac{\pi}{3}\right)$,

设 T 为 $f(x)$ 的最小正周期,

由 $f(x)$ 的图像上相邻最高点与相邻的对称中心点的距离为 $\dfrac{\sqrt{\pi^2 + 4}}{2}$ 得

$4\left[\left(\dfrac{T}{4}\right)^2 + f(x)_{\max}^2\right] = \pi^2 + 4$,

$\because f\left(x\right)^{2}_{\max}=1,\ \therefore T=2\pi.$

又 $\omega>0,\ T=\dfrac{2\pi}{2\omega}=2\pi,\ \therefore\omega=\dfrac{1}{2}.$

(2) 由（1）可知$f\left(x\right)=\sin\left(x-\dfrac{\pi}{3}\right),\ \therefore f\left(x+\varphi\right)=\sin\left(x+\varphi-\dfrac{\pi}{3}\right).$

$\because y=f\left(x+\varphi\right)$ 是奇函数，$\therefore\sin\left(\varphi-\dfrac{\pi}{3}\right)=0,$

$\therefore\varphi=\dfrac{\pi}{3}+k\pi,\ k\in\mathbf{Z}.$

又 $0<\varphi<\dfrac{\pi}{2},\ \therefore\varphi=\dfrac{\pi}{3},$

$\therefore g\left(x\right)=\cos\left(2x-\varphi\right)=\cos\left(2x-\dfrac{\pi}{3}\right).$

令 $2k\pi\leqslant2x-\dfrac{\pi}{3}\leqslant2k\pi+\pi,\ k\in\mathbf{Z},$

得 $k\pi+\dfrac{\pi}{6}\leqslant x\leqslant k\pi+\dfrac{2\pi}{3},\ k\in\mathbf{Z},$

$\therefore$ 函数 $g\left(x\right)$ 的单调递减区间是 $\left[k\pi+\dfrac{\pi}{6},\ k\pi+\dfrac{2\pi}{3}\right],\ k\in\mathbf{Z}.$

又 $\because x\in\left[0,\ 2\pi\right],$

$\therefore$ 当 $k=0$ 时，函数 $g\left(x\right)$ 的单调递减区间是 $\left[\dfrac{\pi}{6},\ \dfrac{2\pi}{3}\right]$；

当 $k=1$ 时，函数 $g\left(x\right)$ 的单调递减区间是 $\left[\dfrac{7\pi}{6},\ \dfrac{5\pi}{3}\right].$

$\therefore$ 函数 $g\left(x\right)$ 在 $\left[0,\ 2\pi\right]$ 上的单调递减区间是 $\left[\dfrac{\pi}{6},\ \dfrac{2\pi}{3}\right]$，$\left[\dfrac{7\pi}{6},\ \dfrac{5\pi}{3}\right].$

【跟踪训练】（2018 年全国Ⅰ卷）已知函数 $f\left(x\right)=2\sin x+\sin 2x$，则 $f\left(x\right)$ 的最小值是_____.

解：$f'\left(x\right)=2\cos x+2\cos 2x=2\cos x+2\left(2\cos^{2}x-1\right)$

$=2\left(2\cos^{2}x+\cos x-1\right)=2\left(2\cos x-1\right)\left(\cos x+1\right).$

$\because\cos x+1\geqslant0,$

$\therefore$ 当 $-1\leqslant\cos x<\dfrac{1}{2}$ 时，$f'\left(x\right)<0,\ f\left(x\right)$ 单调递减；

当 $\dfrac{1}{2}<\cos x\leqslant1$ 时，$f'\left(x\right)>0,\ f\left(x\right)$ 单调递增，

$\therefore$ 当 $\cos x = \dfrac{1}{2}$ 时，$f(x)$ 有最小值.

又 $f(x) = 2\sin x + \sin 2x = 2\sin x(1 + \cos x)$，

$\therefore$ 当 $\sin x = -\dfrac{\sqrt{3}}{2}$ 时，$f(x)$ 有最小值，

即 $f(x)_{\min} = 2 \times \left(-\dfrac{\sqrt{3}}{2}\right) \times \left(1 + \dfrac{1}{2}\right) = -\dfrac{3\sqrt{3}}{2}$.

【名师方法点拨】

1. 三角函数周期的求法包括：定义法、公式法（$y = \sin x$，$y = \cos x$，$y = \tan x$ 的最小正周期分别为 2π，2π，π；②$y = A\sin(\omega x + \varphi)$ 和 $y = A\cos(\omega x + \varphi)$ 的最小正周期为 $\dfrac{2\pi}{|\omega|}$，$y = \tan(\omega x + \varphi)$ 的最小正周期为 $\dfrac{\pi}{|\omega|}$）以及图像法.

2. 对于复杂的三角函数式，先通过恒等变形，把函数转化为 $y = A\sin(\omega x + \varphi) + B$，$\omega > 0$ [或者 $y = A\cos(\omega x + \varphi) + B$，$y = A\tan(\omega x + \varphi) + B$] 的形式，再把"$\omega x + \varphi$"视为一个整体，借助复合函数性质求解 $y = A\sin(\omega x + \varphi) + B$ 的单调性及奇偶性、最值、对称性等问题.

3. 与三角函数奇偶性相关的一些结论：①若 $y = A\sin(\omega x + \varphi)$ 为偶函数，则有 $\varphi = k\pi + \dfrac{\pi}{2}$（$k \in \mathbf{Z}$）；若为奇函数，则有 $\varphi = k\pi$（$k \in \mathbf{Z}$）；②若 $y = A\cos(\omega x + \varphi)$ 为偶函数，则有 $\varphi = k\pi$（$k \in \mathbf{Z}$）；若为奇函数，则有 $\varphi = k\pi + \dfrac{\pi}{2}$（$k \in \mathbf{Z}$）；若 $y = A\tan(\omega x + \varphi)$ 为奇函数，则有 $\varphi = k\pi$（$k \in \mathbf{Z}$）.

课后目标检测

（一）选择题

1. 把函数 $y = \dfrac{\sqrt{2}}{2}(\cos 3x - \sin 3x)$ 的图像适当变动，就可得到 $y = -\sin 3x$ 的图像，这种变动可以是（　　）

A. 沿 x 轴向右平移 $\dfrac{\pi}{4}$　　　　B. 沿 x 轴向左平移 $\dfrac{\pi}{4}$

C. 沿 x 轴向右平移 $\dfrac{\pi}{12}$ D. 沿 x 轴向左平移 $\dfrac{\pi}{12}$

解: $y = -\sin\left(3x - \dfrac{\pi}{4}\right) = -\sin\left[3\left(x - \dfrac{\pi}{12}\right)\right]$，故此题答案为 D.

2. (2017 年全国Ⅲ卷) 设函数 $f(x) = \cos\left(x + \dfrac{\pi}{3}\right)$，则下列结论错误的是（   ）

A. $f(x)$ 的一个周期为 -2π

B. $y = f(x)$ 的图像关于直线 $x = \dfrac{8\pi}{3}$ 对称

C. $f(x + \pi)$ 的一个零点为 $x = \dfrac{\pi}{6}$

D. $f(x)$ 在 $\left(\dfrac{\pi}{2}, \pi\right)$ 上单调递减

解: 函数 $f(x) = \cos\left(x + \dfrac{\pi}{3}\right)$ 的图像可由 $y = \cos x$ 向左平移 $\dfrac{\pi}{3}$ 个单位得到，见图 3 - 3 可知，$f(x)$ 在 $\left(\dfrac{\pi}{2}, \pi\right)$ 上先递减后递增，D 选项错误，故选 D.

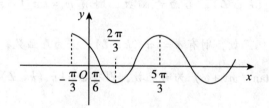

图 3 - 3

3. (2014 年全国Ⅰ卷) 见图 3 - 4，圆 O 的半径为 1，A 是圆上的定点，P 是圆上的动点，角 x 的始边为射线 OA，终边为射线 OP，过点 P 作直线 OA 的垂线，垂足为 M，将点 M 到直线 OP 的距离表示为 x 的函数 $f(x)$，则 $y = f(x)$ 在 $[0, \pi]$ 上的图像大致为（   ）

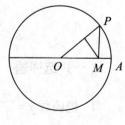

图 3 - 4

A.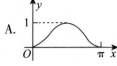

B.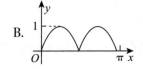

C.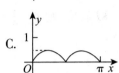

D.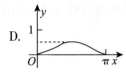

解：在直角三角形 OMP 中，$OP=1$，$\angle POM=x$，则 $OM=|\cos x|$，点 M 到直线 OP 的距离表示为 x 的函数 $f(x)=OM|\sin x|=|\cos x|\cdot|\sin x|=\dfrac{1}{2}|\sin 2x|$.

其周期为 $T=\dfrac{\pi}{2}$，最大值 $\dfrac{1}{2}$，最小值为 0，故答案为 C.

（二）填空题

4. 若函数 $y=\cos\left(\omega x+\dfrac{\pi}{6}\right)$（$\omega\in\mathbf{N}^{*}$）图像的一个对称中心是 $\left(\dfrac{\pi}{6},0\right)$，则 ω 的最小值为 _____.

解：由题可知，$\dfrac{\pi\omega}{6}+\dfrac{\pi}{6}=k\pi+\dfrac{\pi}{2}$（$k\in\mathbf{Z}$），所以 $\omega=6k+2$（$k\in\mathbf{Z}$）.

又 $\omega\in\mathbf{N}^{*}$，则 $\omega_{\min}=2$.

5.（2018 年河北省衡水金卷模拟）已知 $\tan\alpha=2$，则 $\dfrac{\sin^{2}2\alpha-2\cos^{2}2\alpha}{\sin 4\alpha}$

= _____.

解：$\because \tan 2\alpha=\dfrac{2\tan\alpha}{1-\tan^{2}\alpha}=-\dfrac{4}{3}$，

$\therefore \dfrac{\sin^{2}2\alpha-2\cos^{2}2\alpha}{\sin 4\alpha}$

$=\dfrac{\sin^{2}2\alpha-2\cos^{2}2\alpha}{2\sin 2\alpha\cos 2\alpha}$

$=\dfrac{\tan^{2}2\alpha-2}{2\tan 2\alpha}$

$=\dfrac{\dfrac{16}{9}-2}{2\times\left(-\dfrac{4}{3}\right)}=\dfrac{1}{12}$.

故答案为 $\dfrac{1}{12}$.

6. 设偶函数 $f(x) = A\sin(\omega x + \varphi)$ $(A > 0,\ \omega > 0,\ 0 < \varphi < \pi)$ 的部分图像见图 3 - 5，$\triangle KLM$ 为等腰直角三角形，$\angle KML = 90°$，$KL = 1$，则 $f\left(\dfrac{1}{6}\right)$ 的值为 _____.

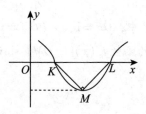

图 3 - 5

解：由题意知，点 M 到 x 轴的距离是 $\dfrac{1}{2}$，根据题意可设 $f(x) = \dfrac{1}{2}\cos\omega x$，

又由题图知 $\dfrac{1}{2} \cdot \dfrac{2\pi}{\omega} = 1$，所以 $\omega = \pi$，

所以 $f(x) = \dfrac{1}{2}\cos\pi x$，故 $f\left(\dfrac{1}{6}\right) = \dfrac{1}{2}\cos\dfrac{\pi}{6} = \dfrac{\sqrt{3}}{4}$.

7. （2018 年潍坊模拟）设函数 $f(x)$ $(x \in \mathbf{R})$ 满足 $f(x - \pi) = f(x) - \sin x$，当 $-\pi < x \leqslant 0$ 时，$f(x) = 0$，则 $f\left(\dfrac{2018\pi}{3}\right) = $ _____.

解：$\because f(x - \pi) = f(x) - \sin x$，

$\therefore f(x) = f(x - \pi) + \sin x$，

则 $f(x + \pi) = f(x) + \sin(x + \pi) = f(x) - \sin x$，

$\therefore f(x + \pi) = f(x - \pi)$，即 $f(x + 2\pi) = f(x)$，

$\therefore$ 函数 $f(x)$ 的周期为 2π，

$\therefore f\left(\dfrac{2018\pi}{3}\right) = f\left(672\pi + \dfrac{2\pi}{3}\right) = f\left(\dfrac{2\pi}{3}\right) = f\left(-\dfrac{\pi}{3}\right) + \sin\dfrac{2\pi}{3}$.

$\because$ 当 $-\pi < x \leqslant 0$ 时，$f(x) = 0$，

$\therefore f\left(\dfrac{2018\pi}{3}\right) = 0 + \sin\dfrac{2\pi}{3} = \dfrac{\sqrt{3}}{2}$.

所以答案为 $\dfrac{\sqrt{3}}{2}$.

（三）解答题

8. 已知向量 $\boldsymbol{m} = (\sqrt{3}\sin\omega x, 1)$，$\boldsymbol{n} = (\cos\omega x, \cos^2\omega x + 1)$，设函数 $f(x) = \boldsymbol{m} \cdot \boldsymbol{n} + b$.

（1）若函数 $f(x)$ 的图像关于直线 $x = \dfrac{\pi}{6}$ 对称，且当 $\omega \in [0, 3]$ 时，求函数 $f(x)$ 的单调递增区间；

（2）在（1）的条件下，当 $x \in \left[0, \dfrac{7\pi}{12}\right]$ 时，函数 $f(x)$ 有且只有一个零点，求实数 b 的取值范围.

解：$\boldsymbol{m} = (\sqrt{3}\sin\omega x, 1)$，$\boldsymbol{n} = (\cos\omega x, \cos^2\omega x + 1)$，

$f(x) = \boldsymbol{m} \cdot \boldsymbol{n} + b = \sqrt{3}\sin\omega x\cos\omega x + \cos^2\omega x + 1 + b$

$= \dfrac{\sqrt{3}}{2}\sin 2\omega x + \dfrac{1}{2}\cos 2\omega x + \dfrac{3}{2} + b$

$= \sin\left(2\omega x + \dfrac{\pi}{6}\right) + \dfrac{3}{2} + b.$

（1）∵ 函数 $f(x)$ 的图像关于直线 $x = \dfrac{\pi}{6}$ 对称，

∴ $2\omega \dfrac{\pi}{6} + \dfrac{\pi}{6} = k\pi + \dfrac{\pi}{2}$ $(k \in \mathbf{Z})$，

解得 $\omega = 3k + 1$ $(k \in \mathbf{Z})$，∵ $\omega \in [0, 3]$，∴ $\omega = 1$，

∴ $f(x) = \sin\left(2x + \dfrac{\pi}{6}\right) + \dfrac{3}{2} + b$，

由 $2k\pi - \dfrac{\pi}{2} \leqslant 2x + \dfrac{\pi}{6} \leqslant 2k\pi + \dfrac{\pi}{2}$ $(k \in \mathbf{Z})$，

解得 $k\pi - \dfrac{\pi}{3} \leqslant x \leqslant k\pi + \dfrac{\pi}{6}$ $(k \in \mathbf{Z})$，

∴ 函数 $f(x)$ 的单调递增区间为 $\left[k\pi - \dfrac{\pi}{3}, k\pi + \dfrac{\pi}{6}\right]$ $(k \in \mathbf{Z})$.

（2）由（1）知 $f(x) = \sin\left(2x + \dfrac{\pi}{6}\right) + \dfrac{3}{2} + b$，

∵ $x \in \left[0, \dfrac{7\pi}{12}\right]$，∴ $2x + \dfrac{\pi}{6} \in \left[\dfrac{\pi}{6}, \dfrac{4\pi}{3}\right]$，

∴ 当 $2x + \dfrac{\pi}{6} \in \left[\dfrac{\pi}{6}, \dfrac{\pi}{2}\right]$，即 $x \in \left[0, \dfrac{\pi}{6}\right]$ 时，函数 $f(x)$ 单调递增；

当 $2x + \dfrac{\pi}{6} \in \left[\dfrac{\pi}{2}, \dfrac{4\pi}{3}\right]$，即 $x \in \left[\dfrac{\pi}{6}, \dfrac{7\pi}{12}\right]$ 时，函数 $f(x)$ 单调递减.

又 $f(0) = f\left(\dfrac{\pi}{3}\right)$，

∴ 当 $f\left(\dfrac{\pi}{3}\right) > 0 \geqslant f\left(\dfrac{7\pi}{12}\right)$ 或 $f\left(\dfrac{\pi}{6}\right) = 0$ 时，函数 $f(x)$ 有且只有一个零点，

即 $\sin\dfrac{4\pi}{3} \leqslant -b - \dfrac{3}{2} < \sin\dfrac{5\pi}{6}$ 或 $1 + \dfrac{3}{2} + b = 0$.

∴ $-\dfrac{\sqrt{3}}{2} \leqslant -b - \dfrac{3}{2} < \dfrac{1}{2}$ 或 $b = -\dfrac{5}{2}$

∴ $-2 < b \leqslant \dfrac{\sqrt{3}-3}{2}$ 或 $b = -\dfrac{5}{2}$

所以满足条件的 $b \in \left(-2, \dfrac{\sqrt{3}-3}{2}\right] \cup \left\{-\dfrac{5}{2}\right\}$.

微专题2 三角恒等变换与解三角形

核心知识归纳

1. 三角恒等变换

（1）两角和与差的余弦、正弦、正切公式：

$\cos(\alpha-\beta) = \cos\alpha\cos\beta + \sin\alpha\sin\beta$ （$C_{\alpha-\beta}$）；

$\cos(\alpha+\beta) = \cos\alpha\cos\beta - \sin\alpha\sin\beta$ （$C_{\alpha+\beta}$）．

$\sin(\alpha-\beta) = \sin\alpha\cos\beta - \cos\alpha\sin\beta$ （$S_{\alpha-\beta}$）；

$\sin(\alpha+\beta) = \sin\alpha\cos\beta + \cos\alpha\sin\beta$ （$S_{\alpha+\beta}$）．

$\tan(\alpha-\beta) = \dfrac{\tan\alpha - \tan\beta}{1 + \tan\alpha\tan\beta}$ （$T_{\alpha-\beta}$）；

$\tan(\alpha+\beta) = \dfrac{\tan\alpha + \tan\beta}{1 - \tan\alpha\tan\beta}$ （$T_{\alpha+\beta}$）．

（2）二倍角公式：

$\sin2\alpha = 2\sin\alpha\cos\alpha$；

$\cos2\alpha = \cos^2\alpha - \sin^2\alpha = 2\cos^2\alpha - 1 = 1 - 2\sin^2\alpha$；

$\tan2\alpha = \dfrac{2\tan\alpha}{1 - \tan^2\alpha}$．

（3）辅助角公式：

$a\sin x + b\cos x = \sqrt{a^2+b^2} \cdot \sin(x+\varphi)$ （其中 $\tan\varphi = \dfrac{b}{a}$）．

（4）降幂公式：

$\sin^2 x = \dfrac{1-\cos2x}{2}$, $\cos^2 x = \dfrac{1+\cos2x}{2}$．

2. 解三角形

（1）正弦定理、余弦定理

在 $\triangle ABC$ 中，若角 A，B，C 所对的边分别是 a，b，c，R 为 $\triangle ABC$ 外接圆半径，则见表 3 – 3：

表 3 – 3

定理	正弦定理	余弦定理
内容	(1) $\dfrac{a}{\sin A} = \dfrac{b}{\sin B} = \dfrac{c}{\sin C} = 2R$	(2) $a^2 = b^2 + c^2 - 2bc \cdot \cos A$; $b^2 = c^2 + a^2 - 2ca \cdot \cos B$; $c^2 = a^2 + b^2 - 2ab \cdot \cos C$
变形	(3) $a = 2R\sin A$，$b = 2R\sin B$，$c = 2R\sin C$; (4) $\sin A = \dfrac{a}{2R}$，$\sin B = \dfrac{b}{2R}$，$\sin C = \dfrac{c}{2R}$; (5) $a : b : c = \sin A : \sin B : \sin C$; (6) $a\sin B = b\sin A$; $b\sin C = c\sin B$; $a\sin C = c\sin A$	(7) $\cos A = \dfrac{b^2 + c^2 - a^2}{2bc}$; $\cos B = \dfrac{c^2 + a^2 - b^2}{2ac}$; $\cos C = \dfrac{a^2 + b^2 - c^2}{2ab}$

(2) 在 $\triangle ABC$ 中，已知 a，b 和 A 时，解的情况（见表 3 – 4）

表 3 – 4

	A 为锐角			A 为钝角或直角
图形				
关系式	$a = b\sin A$	$b\sin A < a < b$	$a \geq b$	$a > b$
解的个数	一解	两解	一解	一解

(3) 三角形常用面积公式

① $S = \dfrac{1}{2}a \cdot h_a$（$h_a$ 表示边 a 上的高）；

② $S = \dfrac{1}{2}ab \cdot \sin C = \dfrac{1}{2}ac \cdot \sin B = \dfrac{1}{2}bc \cdot \sin A$；

③ $S = \dfrac{1}{2}r\,(a + b + c)$（$r$ 为三角形内切圆半径）．

考点题型剖析

考点一：三角恒等变换

【例1】（2016年全国Ⅱ卷）若 $\cos\left(\frac{\pi}{4}-\alpha\right)=\frac{3}{5}$，则 $\sin2\alpha=$（ ）

A. $\frac{7}{25}$　　　　B. $\frac{1}{5}$　　　　C. $-\frac{1}{5}$　　　　D. $-\frac{7}{25}$

解（方法一）：$\cos\left[2\left(\frac{\pi}{4}-\alpha\right)\right]=2\cos^2\left(\frac{\pi}{4}-\alpha\right)-1=2\left(\frac{3}{5}\right)^2-1=-\frac{7}{25}$，且

$\cos\left[2\left(\frac{\pi}{4}-\alpha\right)\right]=\cos\left[\frac{\pi}{2}-2\alpha\right]=\sin2\alpha$.

解（方法二）：$\cos\left(\frac{\pi}{4}-\alpha\right)=\cos\frac{\pi}{4}\cos\alpha+\sin\frac{\pi}{4}\sin\alpha=\frac{\sqrt{2}}{2}(\cos\alpha+\sin\alpha)=$

$\frac{3}{5}$，$\cos\alpha+\sin\alpha=\frac{3\sqrt{2}}{5}$，$(\cos\alpha+\sin\alpha)^2=1+\sin2\alpha=\frac{18}{25}$，$\sin2\alpha=-\frac{7}{25}$.

【跟踪训练】 已知 $\sin\left(\frac{\pi}{3}+\alpha\right)+\sin\alpha=\frac{4\sqrt{3}}{5}$，则 $\sin\left(\alpha+\frac{7\pi}{6}\right)$ 的值是_____.

解：$\because \sin\left(\frac{\pi}{3}+\alpha\right)+\sin\alpha=\frac{4\sqrt{3}}{5}$，

$\therefore \sin\frac{\pi}{3}\cos\alpha+\cos\frac{\pi}{3}\sin\alpha+\sin\alpha=\frac{4\sqrt{3}}{5}$，

$\therefore \frac{3}{2}\sin\alpha+\frac{\sqrt{3}}{2}\cos\alpha=\frac{4\sqrt{3}}{5}$，即 $\frac{\sqrt{3}}{2}\sin\alpha+\frac{1}{2}\cos\alpha=\frac{4}{5}$，

故 $\sin\left(\alpha+\frac{7\pi}{6}\right)=\sin\alpha\cos\frac{7\pi}{6}+\cos\alpha\sin\frac{7\pi}{6}=-\left(\frac{\sqrt{3}}{2}\sin\alpha+\frac{1}{2}\cos\alpha\right)=-\frac{4}{5}$.

【名师方法点拨】

1. 利用三角恒等变换求值与化简时，首先关注角之间的差别与联系，进行拆角与凑角，其次关注函数名称间的差异，确定所用公式，最后关注结构特征，确定变形的方向，常用的基本变换方法有：异角化同角、异名化同名、异次化同次，降幂或升幂，"1"的代换，弦切互化等.

2. 利用辅助角公式 $a\sin x + b\cos x = \sqrt{a^2 + b^2} \cdot \sin (x + \varphi)$ （其中 $\tan\varphi = \dfrac{b}{a}$）可把形如 $a\sin x + b\cos x = k$ 的函数解析式化为只含有一个函数名称的一次式，从而可求该函数的单调区间、周期、值域、最值、对称轴以及对称中心，要牢记 $\dfrac{\pi}{6}$，$\dfrac{\pi}{4}$，$\dfrac{\pi}{3}$ 的三角函数值.

考点二：正弦定理与余弦定理

【例2】（2017 年全国Ⅰ卷）$\triangle ABC$ 的内角 A，B，C 的对边分别为 a，b，c，已知 $\triangle ABC$ 的面积为 $\dfrac{a^2}{3\sin A}$.

（1）求 $\sin B\sin C$；

（2）若 $6\cos B\cos C = 1$，$a = 3$，求 $\triangle ABC$ 的周长.

解：（1）$\because$ $\triangle ABC$ 面积 $S = \dfrac{a^2}{3\sin A}$，且 $S = \dfrac{1}{2}bc \cdot \sin A$，

$\therefore$ $\dfrac{a^2}{3\sin A} = \dfrac{1}{2}bc \cdot \sin A$，

$\therefore$ $a^2 = \dfrac{3}{2}bc \cdot \sin^2 A$.

$\because$ 由正弦定理得 $\sin^2 A = \dfrac{3}{2}\sin B\sin C\sin^2 A$，

由 $\sin A \neq 0$ 得 $\sin B\sin C = \dfrac{2}{3}$.

（2）由（1）得 $\sin B\sin C = \dfrac{2}{3}$，$\cos B\cos C = \dfrac{1}{6}$，

$\because$ $A + B + C = \pi$，

$\therefore$ $\cos A = \cos (\pi - B - C) = -\cos (B + C) = \sin B\sin C - \cos B\cos C = \dfrac{1}{2}$.

又 $\because$ $A \in (0, \pi)$，

$\therefore$ $A = 60°$，$\sin A = \dfrac{\sqrt{3}}{2}$，$\cos A = \dfrac{1}{2}$.

由余弦定理得 $a^2 = b^2 + c^2 - bc = 9$，　　　　　　　　　　　　　　①

由正弦定理得 $b = \dfrac{a}{\sin A} \cdot \sin B$，$c = \dfrac{a}{\sin A} \cdot \sin C$，

$\therefore$ $bc = \dfrac{a^2}{\sin^2 A} \cdot \sin B\sin C = 8$，　　　　　　　　　　　　②

由①②得 $b+c=\sqrt{33}$,

$\therefore a+b+c=3+\sqrt{33}$, 即 $\triangle ABC$ 周长为 $3+\sqrt{33}$.

【跟踪训练】（2017年全国Ⅲ卷）$\triangle ABC$ 的内角 A，B，C 的对边分别为 a，b，c，已知 $\sin A+\sqrt{3}\cos A=0$，$a=2\sqrt{7}$，$b=2$.

（1）求 c；

（2）设 D 为 BC 边上一点，且 $AD\perp AC$，求 $\triangle ABC$ 的面积.

解：（1）由 $\sin A+\sqrt{3}\cos A=0$ 得 $2\sin\left(A+\dfrac{\pi}{3}\right)=0$,

即 $A+\dfrac{\pi}{3}=k\pi$（$k\in\mathbf{Z}$），又 $A\in(0,\pi)$,

$\therefore A+\dfrac{\pi}{3}=\pi$，得 $A=\dfrac{2\pi}{3}$.

由余弦定理 $a^2=b^2+c^2-2bc\cdot\cos A$,

又 $\because a=2\sqrt{7}$，$b=2$，$\cos A=-\dfrac{1}{2}$，代入并整理得 $(c+1)^2=25$，故 $c=4$.

（2）$\because AC=2$，$BC=2\sqrt{7}$，$AB=4$,

由余弦定理 $\cos C=\dfrac{a^2+b^2-c^2}{2ab}=\dfrac{2\sqrt{7}}{7}$.

$\because AC\perp AD$，即 $\triangle ACD$ 为直角三角形,

则 $AC=CD\cdot\cos C$，得 $CD=\sqrt{7}$.

由勾股定理 $AD=\sqrt{|CD|^2-|AC|^2}=\sqrt{3}$,

又 $A=\dfrac{2\pi}{3}$，则 $\angle DAB=\dfrac{2\pi}{3}-\dfrac{\pi}{2}=\dfrac{\pi}{6}$,

$S_{\triangle ABD}=\dfrac{1}{2}|AD|\cdot|AB|\cdot\sin\dfrac{\pi}{6}=\sqrt{3}$.

【名师方法点拨】

1. 解三角形时，应该有意识地选取恰当的定理. 一般地，如果式子中有角的余弦或者边的二次式考虑用余弦定理，如果式子中含有角的正弦或者边的一次式，则考虑用正弦定理，如果没有明显特征，则两个定理都应该考虑到.

2. 利用正余弦定理化边化角：化边之后一般需要因式分解或者配方，化角之后一般通过恒等变换得出三角形内角的关系，牢记 $A+B+C=\pi$.

3. 与三角形面积有关的问题主要有两种，一种是求三角形的面积，一种是给出三角形的面积利用三角形面积公式得出边角关系，应该综合应用正弦定理、余弦定理去解决问题.

考点三：解三角形与三角函数的综合运用

【例3】在$\triangle ABC$中，角A，B，C所对的边分别为a，b，c，

且满足$\cos 2C - \cos 2A = 2\cos\left(\dfrac{\pi}{6} - C\right)\cos\left(\dfrac{\pi}{6} + C\right)$.

（1）求角A的值；

（2）若$a = \sqrt{3}$，且$b \geq a$，求$2b - c$的取值范围.

解：（1）由已知得$2\sin^2 A - 2\sin^2 C = 2\left(\dfrac{3}{4}\cos^2 C - \dfrac{1}{4}\sin^2 C\right)$，

化简得$\sin A = \dfrac{\sqrt{3}}{2}$，故$A = \dfrac{\pi}{3}$或$\dfrac{2\pi}{3}$.

（2）由题知，若$b \geq a$，则$A = \dfrac{\pi}{3}$，又$a = \sqrt{3}$，

所以由正弦定理可得$\dfrac{b}{\sin B} = \dfrac{c}{\sin C} = \dfrac{a}{\sin A} = 2$，得$b = 2\sin B$，$c = 2\sin C$，

故$2b - c = 4\sin B - 2\sin C = 4\sin B - 2\sin\left(\dfrac{2\pi}{3} - B\right)$

$= 3\sin B - \sqrt{3}\cos B = 2\sqrt{3}\sin\left(B - \dfrac{\pi}{6}\right)$.

因为$b \geq a$，所以$\dfrac{\pi}{3} \leq B < \dfrac{2\pi}{3}$，$\dfrac{\pi}{6} \leq B - \dfrac{\pi}{6} < \dfrac{\pi}{2}$，

所以$2\sqrt{3}\sin\left(B - \dfrac{\pi}{6}\right) \in [\sqrt{3}, 2\sqrt{3})$，即$2b - c$的取值范围为$[\sqrt{3}, 2\sqrt{3})$.

【跟踪训练】已知函数$f(x) = 2\cos^2 x + \sin\left(\dfrac{7\pi}{6} - 2x\right) - 1$（$x \in \mathbf{R}$）.

（1）求函数$f(x)$的最小正周期及单调递增区间；

（2）在$\triangle ABC$中，内角A，B，C的对边分别为a，b，c，已知$f(A) = \dfrac{1}{2}$，若$b + c = 2a$，且$\overrightarrow{b} \cdot \overrightarrow{c} = 6$，求$a$的值.

解：（1）$f(x) = \sin\left(\dfrac{7\pi}{6} - 2x\right) + 2\cos^2 x - 1$

$$= -\frac{1}{2}\cos 2x + \frac{\sqrt{3}}{2}\sin 2x + \cos 2x$$

$$= \frac{1}{2}\cos 2x + \frac{\sqrt{3}}{2}\sin 2x = \sin\left(2x + \frac{\pi}{6}\right),$$

$\therefore$ 函数 $f(x)$ 的最小正周期 $T = \frac{2\pi}{2} = \pi$.

由 $2k\pi - \frac{\pi}{2} \leqslant 2x + \frac{\pi}{6} \leqslant 2k\pi + \frac{\pi}{2}$ $(k \in \mathbf{Z})$,

可解得 $k\pi - \frac{\pi}{3} \leqslant x \leqslant k\pi + \frac{\pi}{6}$ $(k \in \mathbf{Z})$,

$\therefore f(x)$ 的单调递增区间为 $\left[k\pi - \frac{\pi}{3},\ k\pi + \frac{\pi}{6}\right]$ $(k \in \mathbf{Z})$.

(2) 由 $f(A) = \sin\left(2A + \frac{\pi}{6}\right) = \frac{1}{2}$, 可得

$2A + \frac{\pi}{6} = \frac{\pi}{6} + 2k\pi$ 或 $2A + \frac{\pi}{6} = \frac{5\pi}{6} + 2k\pi$ $(k \in \mathbf{Z})$.

$\because A \in (0,\ \pi)$, $\therefore A = \frac{\pi}{3}$,

$\because \overrightarrow{b} \cdot \overrightarrow{c} = bc \cdot \cos A = \frac{1}{2}bc = 6$,

$\therefore bc = 12$,

又 $\because 2a = b + c$,

$\therefore \cos A = \frac{1}{2} = \frac{(b+c)^2 - a^2}{2bc} - 1 = \frac{4a^2 - a^2}{24} - 1 = \frac{a^2}{8} - 1$,

$\therefore a = 2\sqrt{3}$.

【名师方法点拨】

1. 三角函数和解三角形的交汇命题是近几年高考命题的趋势, 综合考查三角变换、余弦定理和三角函数的值域, 有时还会用到数列、基本不等式等知识.

2. 求与三角形边角有关的量的取值范围的时候, 主要利用已知条件将所求的量用三角形的某个内角或者边表示出来, 结合三角形边角的取值范围, 函数值域来求解范围, 注意隐含条件, 如 $A + B + C = \pi$, $0 < A$, B, $C < \pi$, 两边和大于第三边、两边差小于第三边、大边对大角等.

课后目标检测

（一）选择题

1. 已知 $\sin\left(\alpha-\dfrac{\pi}{4}\right)=\dfrac{7\sqrt{2}}{10}$，$\cos 2\alpha=\dfrac{7}{25}$，则 $\sin\alpha=$（　　）

A. $\dfrac{4}{5}$　　　　B. $-\dfrac{4}{5}$　　　　C. $\dfrac{3}{5}$　　　　D. $-\dfrac{3}{5}$

解：由 $\sin\left(\alpha-\dfrac{\pi}{4}\right)=\dfrac{7\sqrt{2}}{10}$，得 $\sin\alpha-\cos\alpha=\dfrac{7}{5}$，　　　①

由 $\cos 2\alpha=\dfrac{7}{25}$，得 $\cos^2\alpha-\sin^2\alpha=\dfrac{7}{25}$，

所以 $(\cos\alpha-\sin\alpha)(\cos\alpha+\sin\alpha)=\dfrac{7}{25}$，　　　②

由①②可得 $\cos\alpha+\sin\alpha=-\dfrac{1}{5}$，　　　③

由①③可得 $\sin\alpha=\dfrac{3}{5}$.

所以答案是 C.

2. 在 $\triangle ABC$ 中，角 A，B，C 的对边分别为 a，b，c，$a\cos B+b\cos A=2c\cos C$，$c=\sqrt{7}$，且 $\triangle ABC$ 的面积为 $\dfrac{3\sqrt{3}}{2}$，则 $\triangle ABC$ 的周长为（　　）

A. $1+\sqrt{7}$　　　　B. $2+\sqrt{7}$　　　　C. $4+\sqrt{7}$　　　　D. $5+\sqrt{7}$

解：在 $\triangle ABC$ 中，$a\cos B+b\cos A=2c\cos C$，

则 $\sin A\cos B+\sin B\cos A=2\sin C\cos C$，

即 $\sin(A+B)=2\sin C\cos C$，

$\because\sin(A+B)=\sin C\neq 0$，$\therefore\cos C=\dfrac{1}{2}$，$\therefore C=\dfrac{\pi}{3}$.

由余弦定理可得，$a^2+b^2-c^2=ab$，

即 $(a+b)^2-3ab=c^2=7$.

又 $S = \frac{1}{2}ab\sin C = \frac{\sqrt{3}}{4}ab = \frac{3\sqrt{3}}{2}$，$\therefore ab = 6$，

$\therefore (a+b)^2 = 7 + 3ab = 25$，$a + b = 5$，

$\therefore \triangle ABC$ 的周长为 $a + b + c = 5 + \sqrt{7}$.

故答案为 D.

（二）填空题

3. 见图 3 - 6，CD 是京九铁路线上的一条穿山隧道，开凿前，在 CD 所在水平面上的山体外取点 A，B，并测得四边形 $ABCD$ 中，$\angle ABC = \frac{\pi}{3}$，$\angle BAD = \frac{2\pi}{3}$，$AB = BC = 400$ 米，$AD = 250$ 米，则应开凿的隧道 CD 的长为 _____.

解：在 $\triangle ABC$ 中，$AB = BC = 400$，$\angle ABC = \frac{\pi}{3}$，

所以 $\triangle ABC$ 为等边三角形，所以 $AC = 400$，$\angle ACB = \frac{\pi}{3}$. 又因为 $\angle BAC = \frac{\pi}{3}$，$\angle BAD = \frac{2\pi}{3}$，所以 $\angle DAC =$

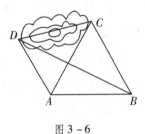

图 3 - 6

$\angle BAD - \angle BAC = \frac{\pi}{3}$. 在 $\triangle ADC$ 中，$AD = 250$，$AC = 400$，$\angle DAC = \frac{\pi}{3}$，由余弦定理可得 $CD^2 = AD^2 + AC^2 - 2AD \cdot AC \cdot \cos \angle DAC$，即 $CD^2 = 250^2 + 400^2 - 2 \times 250 \times 400 \times \cos \frac{\pi}{3}$，解得 $CD = 350$（米），所以答案为 350 米.

4. $\triangle ABC$ 的内角 A，B，C 的对边分别为 a，b，c，若 $\triangle ABC$ 的面积为 $\frac{a^2 + b^2 - c^2}{4}$，则 $C =$ _____.

解：$S = \frac{1}{2}ab\sin C = \frac{a^2 + b^2 - c^2}{4} = \frac{2ab\cos C}{4} = \frac{1}{2}ab\cos C$，

$\therefore \sin C = \cos C$，即 $\tan C = 1$.

又 $\because C \in (0, \pi)$，$\therefore C = \frac{\pi}{4}$.

所以答案为 $\frac{\pi}{4}$.

5. （2014 年全国 I 卷）已知 a，b，c 分别为 $\triangle ABC$ 的三个内角 A，B，C 的

对边，$a=2$，且 $(2+b)(\sin A-\sin B)=(c-b)\sin C$，则 $\triangle ABC$ 面积的最大值为 _____.

解：在 $\triangle ABC$ 中，$\because a=2$，且 $(2+b)(\sin A-\sin B)=(c-b)\sin C$，

$\therefore$ 由正弦定理可得 $4-b^2=(c-b)c$，即 $b^2+c^2-bc=4$.

再由基本不等式可得 $4\geqslant 2bc-bc=bc$，

$\therefore bc\leqslant 4$，当且仅当 $b=c=2$ 时，取等号，

此时，$\triangle ABC$ 为等边三角形，面积 $S=\dfrac{1}{2}bc\cdot\sin A=\dfrac{1}{2}\times 2\times 2\times\dfrac{\sqrt{3}}{2}=\sqrt{3}$.

所以答案为 $\sqrt{3}$.

（三）解答题

6. 在 $\triangle ABC$ 中，角 A，B，C 的对边分别为 a，b，c，$a^2-(b-c)^2=(2-\sqrt{3})bc$，且 $\sin B=1+\cos C$，BC 边上的中线 AM 的长为 $\sqrt{7}$.

(1) 求 $\angle A$ 和 $\angle B$ 的大小；

(2) 求 $\triangle ABC$ 的面积.

解：(1) 由 $a^2-(b-c)^2=(2-\sqrt{3})bc$，

得 $a^2-b^2-c^2=-\sqrt{3}bc$，即 $b^2+c^2-a^2=\sqrt{3}bc$，

$\therefore \cos A=\dfrac{b^2+c^2-a^2}{2bc}=\dfrac{\sqrt{3}}{2}$，

又 $0<A<\pi$，$\therefore A=\dfrac{\pi}{6}$.

又 $\sin B=1+\cos C$，$0<\sin B<1$，

$\therefore \cos C<0$，即 C 为钝角，

$\therefore B$ 为锐角，且 $B+C=\dfrac{5\pi}{6}$，

则 $\sin\left(\dfrac{5\pi}{6}-C\right)=1+\cos C$，化简得 $\cos\left(C+\dfrac{\pi}{3}\right)=-1$，

解得 $C=\dfrac{2\pi}{3}$，$\therefore B=\dfrac{\pi}{6}$.

(2) 由 (1) 知，$a=b$，$\sin C=\dfrac{\sqrt{3}}{2}$，$\cos C=-\dfrac{1}{2}$，

在 $\triangle ACM$ 中，由余弦定理得：

$AM^2 = b^2 + \left(\dfrac{a}{2}\right)^2 - 2b \cdot \dfrac{a}{2} \cdot \cos C = b^2 + \dfrac{b^2}{4} + \dfrac{b^2}{2} = (\sqrt{7})^2$，解得 $b = 2$，

故 $S_{\triangle ABC} = \dfrac{1}{2}ab\sin C = \dfrac{1}{2} \times 2 \times 2 \times \dfrac{\sqrt{3}}{2} = \sqrt{3}$.

7. (2018 年荆州质检) 已知向量 $\boldsymbol{a} = (\sqrt{2}\sin 2x, \sqrt{2}\cos 2x)$，$\boldsymbol{b} = (\cos\theta, \sin\theta)$

$\left(|\theta| < \dfrac{\pi}{2}\right)$，若 $f(x) = \boldsymbol{a} \cdot \boldsymbol{b}$，且函数 $f(x)$ 的图像关于直线 $x = \dfrac{\pi}{6}$ 对称.

(1) 求函数 $f(x)$ 的解析式，并求 $f(x)$ 的单调递减区间；

(2) 在 $\triangle ABC$ 中，角 A，B，C 的对边分别为 a，b，c，若 $f(A) = \sqrt{2}$，且 $b = 5$，$c = 2\sqrt{3}$，求 $\triangle ABC$ 外接圆的面积.

解：(1) $f(x) = \boldsymbol{a} \cdot \boldsymbol{b} = \sqrt{2}\sin 2x\cos\theta + \sqrt{2}\cos 2x\sin\theta = \sqrt{2}\sin(2x + \theta)$，

$\because$ 函数 $f(x)$ 的图像关于直线 $x = \dfrac{\pi}{6}$ 对称，

$\therefore 2 \times \dfrac{\pi}{6} + \theta = k\pi + \dfrac{\pi}{2}$，$k \in \mathbf{Z}$，

$\therefore \theta = k\pi + \dfrac{\pi}{6}$，$k \in \mathbf{Z}$.

又 $|\theta| < \dfrac{\pi}{2}$，$\therefore \theta = \dfrac{\pi}{6}$，$\therefore f(x) = \sqrt{2}\sin\left(2x + \dfrac{\pi}{6}\right)$，

由 $2k\pi + \dfrac{\pi}{2} \leqslant 2x + \dfrac{\pi}{6} \leqslant 2k\pi + \dfrac{3\pi}{2}$，$k \in \mathbf{Z}$，

得 $k\pi + \dfrac{\pi}{6} \leqslant x \leqslant k\pi + \dfrac{2\pi}{3}$，$k \in \mathbf{Z}$，

$\therefore f(x)$ 的单调递减区间为 $\left[k\pi + \dfrac{\pi}{6}, k\pi + \dfrac{2\pi}{3}\right]$，$k \in \mathbf{Z}$.

(2) $\because f(A) = \sqrt{2}\sin\left(2A + \dfrac{\pi}{6}\right) = \sqrt{2}$，

$\therefore \sin\left(2A + \dfrac{\pi}{6}\right) = 1$.

$\because A \in (0, \pi)$，

$\therefore 2A + \dfrac{\pi}{6} \in \left(\dfrac{\pi}{6}, \dfrac{13\pi}{6}\right)$，

$\therefore 2A + \dfrac{\pi}{6} = \dfrac{\pi}{2}$，

$\therefore A = \dfrac{\pi}{6}$.

在$\triangle ABC$中，由余弦定理得

$a^2 = b^2 + c^2 - 2bc\cos A = 25 + 12 - 2 \times 5 \times 2\sqrt{3}\cos\dfrac{\pi}{6} = 7$,

$\therefore a = \sqrt{7}$.

设$\triangle ABC$外接圆的半径为R,

由正弦定理得$\dfrac{a}{\sin A} = 2R = \dfrac{\sqrt{7}}{\dfrac{1}{2}} = 2\sqrt{7}$,

$\therefore R = \sqrt{7}$,

$\therefore \triangle ABC$外接圆的面积$S = \pi R^2 = 7\pi$.

8.（2017年全国Ⅱ卷）$\triangle ABC$的内角A，B，C的对边分别为a，b，c，已知$\sin(A+C) = 8\sin^2\dfrac{B}{2}$.

（1）求$\cos B$.

（2）若$a + c = 6$，$\triangle ABC$面积为2，求b.

解：（1）依题得：$\sin B = 8\sin^2\dfrac{B}{2} = 8 \cdot \dfrac{1 - \cos B}{2} = 4(1 - \cos B)$.

$\because \sin^2 B + \cos^2 B = 1$，$\therefore 16(1 - \cos B)^2 + \cos^2 B = 1$,

$\therefore (17\cos B - 15)(\cos B - 1) = 0$，$\therefore \cos B = \dfrac{15}{17}$.

（2）由（1）可知$\sin B = \dfrac{8}{17}$.

$\because S_{\triangle ABC} = 2$，$\therefore \dfrac{1}{2}ac \cdot \sin B = 2$，$\therefore \dfrac{1}{2}ac \cdot \dfrac{8}{17} = 2$，$\therefore ac = \dfrac{17}{2}$.

$\because \cos B = \dfrac{15}{17}$,

$\therefore \dfrac{a^2 + c^2 - b^2}{2ac} = \dfrac{15}{17}$,

$\therefore a^2 + c^2 - b^2 = 15$,

$\therefore (a + c)^2 - 2ac - b^2 = 15$,

$\therefore 36 - 17 - b^2 = 15$,

$\therefore b = 2$.

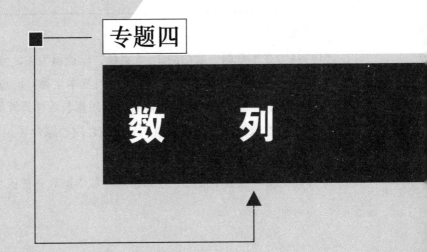

专题四

数　列

考点情况分析

1. 2013—2019 年新课标全国卷 I 试题分析

表 4 - 1

考　点	2013	2014	2015	2016	2017	2018	2019
等差、等比数列基本运算	7			3，5	4	4	9，14
a_n 与 S_n 关系求通项	14	17	17（1）			14	
数列的求和			17（2）				
数列综合	12				12		

2. 考题特点

（1）高考在本专题一般命制 2~3 道题，以选填为主，分值占 10~15 分.

（2）基础小题主要考查等差、等比数列基本运算，a_n 与 S_n 关系求通项等，熟练应用公式是解题的关键，同时渗透方程思想与数学计算等素养.

（3）综合性较强的小题考查数列与函数性质的综合等.

3. 学科素养考查分析

本专题主要考查数学抽象、逻辑推理、数学运算三种核心素养.

微专题1　等差、等比数列基本运算

核心知识归纳

表 4 - 2

	等差数列	等比数列
证明与判断	(1) $a_{n+1} - a_n = d$ (2) $a_{n+1} - a_n = a_{n+2} - a_{n+1}$ (3) $a_{n+1} = a_n + a_{n+2}$	(1) $\dfrac{a_{n+1}}{a_n} = q$ (2) $\dfrac{a_{n+1}}{a_n} = \dfrac{a_{n+2}}{a_{n+1}}$ (3) $a_{n+1}^2 = a_n \cdot a_{n+2}$
通项公式	$a_n = a_1 + (n-1)d$	$a_n = a_1 q^{n-1}$
求和公式	$S_n = \dfrac{n}{2}(a_1 + a_n) = na_1 + \dfrac{n(n-1)d}{2}$	$S_n = \begin{cases} na_1, & q=1 \\[2mm] \dfrac{a_1(1-q^n)}{1-q}, & q \neq 1 \end{cases}$
等差（比）中项性质	$a_m + a_n = a_p + a_q \ (m+n=p+q)$	$a_m \cdot a_n = a_p \cdot a_q \ (m+n=p+q)$
其他性质	(1) S_{10}，$S_{20} - S_{10}$，$S_{30} - S_{20}$ 仍为等差数列 (2) $a_n = \dfrac{S_{2n-1}}{2n-1}$	S_{10}，$S_{20} - S_{10}$，$S_{30} - S_{20}$ 仍为等比数列
设三个数	$a-d,\ a,\ a+d$	$\dfrac{a}{q},\ a,\ aq$
设四个数	$a-3d,\ a-d,\ a+d,\ a+3d$	$\dfrac{a}{q^3},\ \dfrac{a}{q},\ aq,\ aq^3$

（1）$S_{2n} = a_1 + a_2 + a_3 + \cdots + a_{2n-1} + a_{2n}$

其中：$\begin{cases} S_{奇} = a_1 + a_3 + a_5 + \cdots + a_{2n-1}, \\ S_{偶} = a_2 + a_4 + a_6 + \cdots + a_{2n}, \end{cases} \Rightarrow \begin{cases} S_{奇} + S_{偶} = S_{2n}, \\ S_{偶} - S_{奇} = nd. \end{cases}$

（2）$S_{2n+1} = a_1 + a_2 + a_3 + \cdots + a_{2n-1} + a_{2n} + a_{2n+1}$

其中：$\begin{cases} S_{奇} = a_1 + a_3 + a_5 + \cdots + a_{2n-1} + a_{2n+1}, \\ S_{偶} = a_2 + a_4 + a_6 + \cdots + a_{2n}, \end{cases}$

$\Rightarrow \begin{cases} S_{奇} + S_{偶} = S_{2n+1}, \\ S_{奇} - S_{偶} = a_1 + nd = a_{n+1} \quad （中间项）. \end{cases}$

考点题型剖析

考点一：等差、等比数列的基本运算问题

【例1】1. （2016年全国Ⅰ卷）已知等差数列 $\{a_n\}$ 前9项的和为27，$a_{10} = 8$，则 $a_{100} = ($ $)$

A. 100   B. 99   C. 98   D. 97

解：由已知，$\begin{cases} 9a_1 + 36d = 27, \\ a_1 + 9d = 8, \end{cases}$ 所以 $a_1 = -1$，$d = 1$，$a_{100} = a_1 + 99d = -1 + 99 = 98$，选 C.

2. （2019年全国Ⅰ卷）记 S_n 为等比数列 $\{a_n\}$ 的前 n 项和．若 $a_1 = \dfrac{1}{3}$，$a_4^2 = a_6$，则 $S_5 = $ _____．

解：设等比数列的公比为 q，由已知 $a_1 = \dfrac{1}{3}$，$a_4^2 = a_6$，所以 $\left(\dfrac{1}{3} q^3 \right)^2 = \dfrac{1}{3} q^5$，

又 $q \neq 0$，所以 $q = 3$，所以 $S_5 = \dfrac{a_1 (1 - q^5)}{1 - q} = \dfrac{\dfrac{1}{3} (1 - 3^5)}{1 - 3} = \dfrac{121}{3}$.

3. （2017年全国Ⅲ卷）等差数列 $\{a_n\}$ 的首项为1，公差不为0．若 a_2，a_3，a_6 成等比数列，则 $\{a_n\}$ 前6项的和为（   ）

A. -24 B. -3 C. 3   D. 8

解：∵ $\{a_n\}$ 为等差数列，且 a_2，a_3，a_6 成等比数列，设公差为 d. 则 $a_3^2 = a_2 a_6$，即 $(a_1 + 2d)^2 = (a_1 + d)(a_1 + 5d)$，又∵ $a_1 = 1$，代入上式可得 $d^2 + 2d = 0$，又∵ $d \neq 0$，则 $d = -2$.

∴ $S_6 = 6a_1 + \dfrac{6 \times 5}{2}d = 1 \times 6 + \dfrac{6 \times 5}{2} \times (-2) = -24$，故选 A.

【跟踪训练】1. （2019 年全国 I 卷）记 S_n 为等差数列 $\{a_n\}$ 的前 n 项和. 已知 $S_4 = 0$，$a_5 = 5$，则（   ）

A. $a_n = 2n - 5$ B. $a_n = 3n - 10$ C. $S_n = 2n^2 - 8n$ D. $S_n = \dfrac{1}{2}n^2 - 2n$

解（方法一）：由题知 $\begin{cases} S_4 = 4a_1 + \dfrac{d}{2} \times 4 \times 3 = 0, \\ a_5 = a_1 + 4d = 5, \end{cases}$ 解得 $\begin{cases} a_1 = -3, \\ d = 2, \end{cases}$ ∴ $a_n = 2n - 5$，故选 A.

解（方法二）：本题还可用排除法，对 B，$a_5 = 5$，$S_4 = \dfrac{4(-7+2)}{2} = -10 \neq 0$，排除 B. 对 C，$S_4 = 0$，$a_5 = S_5 - S_4 = 2 \times 5^2 - 8 \times 5 - 0 = 10 \neq 5$，排除 C. 对 D，$S_4 = 0$，$a_5 = S_5 - S_4 = \dfrac{1}{2} \times 5^2 - 2 \times 5 - 0 = \dfrac{5}{2} \neq 5$，排除 D，故选 A.

2. （2015 年全国 II 卷）等比数列 $\{a_n\}$ 满足 $a_1 = 3$，$a_1 + a_3 + a_5 = 21$，则 $a_3 + a_5 + a_7 = $（   ）

A. 21   B. 42   C. 63   D. 84

解：选 B. 设等比数列的公比为 q，则 $a_1 + a_1 q^2 + a_1 q^4 = 21$，又因为 $a_1 = 3$，所以 $q^4 + q^2 - 6 = 0$，解得 $q^2 = 2$，$a_3 + a_5 + a_7 = (a_1 + a_3 + a_5) q^2 = 42$.

3. 等差数列 $\{a_n\}$ 中，公差 $d \neq 0$，在此数列中依次取出部分项组成的数列：a_{k_1}，a_{k_2}，$\cdots$，a_{k_n} 恰为等比数列，其中 $k_1 = 1$，$k_2 = 5$，$k_3 = 17$，求数列 $\{k_n\}$ 的前 n 项和.

解：∵ a_1，a_5，a_{17} 成等比数列，∴ $a_5^2 = a_1 \cdot a_{17}$，

即 $(a_1 + 4d)^2 = a_1 \cdot (a_1 + 16d)$，∴ $d(a_1 - 2d) = 0$.

∵ $d \neq 0$，$a_1 = 2d$，

∴ 数列 $\{a_{k_n}\}$ 的公比 $q = \dfrac{a_5}{a_1} = \dfrac{a_1 + 4d}{a_1} = 3$，

∴ $a_{k_n} = a_1 \cdot 3^{n-1} = 2d \cdot 3^{n-1}$.   ①

而 $a_{k_n} = a_1 + (k_n - 1)d = 2d + (k_n - 1)d$，　　　　　　②

由①②得，$k_n = 2 \cdot 3^{n-1} - 1$，

$\{k_n\}$ 的前 n 项和 $S_n = 2 \times \dfrac{3^n - 1}{3 - 1} - n = 3^n - n - 1$.

【名师方法点拨】

等差、等比数列的基本运算问题（见表4-4）：

表4-4

解题思路及步骤	注意事项
列方程组	根据题目所给的两个已知条件列方程
统一未知数	利用数列的通项公式、前 n 项和公式、等距性质统一用两个未知数表示，等差数列一般统一为 a_1 和 d，等比数列一般统一为 a_1 和 q
解方程	等差数列一般用加减消元或代入消元，等比数列一般用整体代入或除法消元
回答问题	根据问题求出通项公式、前 n 项和公式等

考点二：等差、等比数列的性质运用

【例2】 1. （2017年全国Ⅰ卷）记 S_n 为等差数列 $\{a_n\}$ 的前 n 项和. 若 $a_4 + a_5 = 24$，$S_6 = 48$，则 $\{a_n\}$ 的公差为（　　　）

A. 1　　　　　　B. 2　　　　　　C. 4　　　　　　D. 8

解：$S_6 = \dfrac{6(a_1 + a_6)}{2} = 48 \Rightarrow a_1 + a_6 = 16$，$a_4 + a_5 = a_1 + a_8 = 24$，作差 $a_8 - a_6$

$= 8 = 2d \Rightarrow d = 4$，故而选C.

2. 三数成等比数列，若将第三项减去32，则成等差数列；再将此等差数列的第二项减去4，又成等比数列，求原来的三数.

解：设等差数列的三项分别为 $a-d$，a，$a+d$，则有：

$$\begin{cases} (a-d)(a+d+32) = a^2, \\ (a-4)^2 = (a-d)(a+d), \end{cases} \Rightarrow \begin{cases} d^2 + 32d - 32a = 0, \\ 8a = 16 + d^2, \end{cases}$$

$\Rightarrow 3d^2 - 32d + 64 = 0$，$\therefore d = 8$ 或 $\dfrac{8}{3}$，得 $a = 10$ 或 $\dfrac{26}{9}$，

$\therefore$ 原来三数为 2，10，50 或 $\dfrac{2}{9}$，$\dfrac{26}{9}$，$\dfrac{338}{9}$.

3. （1）已知等比数列 $\{a_n\}$，$a_1 + a_2 + a_3 = 7$，$a_1 a_2 a_3 = 8$，则 $a_n = $ _____.

（2）已知数列 $\{a_n\}$ 是等比数列，且 $S_m = 10$，$S_{2m} = 30$，则 $S_{3m} = $ _____.

（3）在等比数列 $\{a_n\}$ 中，若 $a_3 = 4$，$a_9 = 1$，则 $a_6 = $ _____；若 $a_3 = 4$，$a_{11} = 1$，则 $a_7 = $ _____.

解：（1）$a_1 a_2 a_3 = a_2^3 = 8$，$\therefore a_2 = 2$，$\therefore \begin{cases} a_1 + a_3 = 5, \\ a_1 \cdot a_3 = 4, \end{cases} \Rightarrow \begin{cases} a_1 = 1, \\ a_3 = 4, \end{cases}$ 或 $\begin{cases} a_1 = 4, \\ a_3 = 1, \end{cases}$

当 $a_1 = 1$，$a_2 = 2$，$a_3 = 4$ 时，$q = 2$，$a_n = 2^{n-1}$.

当 $a_1 = 4$，$a_2 = 2$，$a_3 = 1$ 时，$q = \dfrac{1}{2}$，$a_n = 4 \cdot \left(\dfrac{1}{2}\right)^{n-1}$.

（2）$(S_{2m} - S_m)^2 = S_m \cdot (S_{3m} - S_{2m}) \Rightarrow S_{3m} = 70$.

（3）$a_6^2 = a_3 \cdot a_9$，$a_6 = \pm 2$，$a_7^2 = a_3 \cdot a_{11}$，$a_7 = \pm 2$.

$\because a_7 = a_3 q^4 = 4q^4 > 0$，$\therefore -2$ 舍去，$a_7 = 2$.

【跟踪训练】已知等差数列 $\{a_n\}$ 的公差 $d \neq 0$，且 a_1，a_3，a_9 成等比数列，则 $\dfrac{a_1 + a_3 + a_9}{a_2 + a_4 + a_{10}}$ 的值为 _____.

解（直接法）：由题意得 $a_3^2 = a_1 a_9$，即 $(a_1 + 2d)^2 = a_1 (a_1 + 8d)$，

$\therefore a_1 = d$，则 $\dfrac{a_1 + a_3 + a_9}{a_2 + a_4 + a_{10}} = \dfrac{a_1 + 3a_1 + 9a_1}{2a_1 + 4a_1 + 10a_1} = \dfrac{13a_1}{16a_1} = \dfrac{13}{16}$.

解（特例法）：由题意得，只要满足题意中的两个条件的数列，所求的值不变. 因此可取特殊数列 $a_n = n$，则 $\dfrac{a_1 + a_3 + a_9}{a_2 + a_4 + a_{10}} = \dfrac{1 + 3 + 9}{2 + 4 + 10} = \dfrac{13}{16}$.

【名师方法点拨】

等差、等比数列等距性质的应用（见表 4-5）：

表 4-5

解题思路及步骤	注意事项
观察下标和关系	观察题目中所给条件和结论的下标和是否有相等或倍数关系
应用性质	若下标和相等，则应用性质简化运算. 在应用性质时，不但要求等式两边下标和相等，还要求项数相等. 等差数列常结合公式 $S_n = \dfrac{(a_1 + a_n) n}{2}$ 使用
计算求解	利用性质整体代入求解

考点三：可转化为等差、等比的其他数列

【例3】（2019年全国Ⅱ卷）已知数列 $\{a_n\}$ 和 $\{b_n\}$ 满足 $a_1 = 1$，$b_1 = 0$，$4a_{n+1} = 3a_n - b_n + 4$，$4b_{n+1} = 3b_n - a_n - 4$.

（1）证明：$\{a_n + b_n\}$ 是等比数列，$\{a_n - b_n\}$ 是等差数列；

（2）求 $\{a_n\}$ 和 $\{b_n\}$ 的通项公式.

解：（1）由题设得 $4(a_{n+1} + b_{n+1}) = 2(a_n + b_n)$，

即 $a_{n+1} + b_{n+1} = \dfrac{1}{2}(a_n + b_n)$.

又因为 $a_1 + b_1 = 1$，所以 $\{a_n + b_n\}$ 是首项为1，公比为 $\dfrac{1}{2}$ 的等比数列.

由题设得 $4(a_{n+1} - b_{n+1}) = 4(a_n - b_n) + 8$，即 $a_{n+1} - b_{n+1} = a_n - b_n + 2$.

又因为 $a_1 - b_1 = 1$，所以 $\{a_n - b_n\}$ 是首项为1，公差为2的等差数列.

（2）由（1）知，$a_n + b_n = \dfrac{1}{2^{n-1}}$，$a_n - b_n = 2n - 1$，

所以 $a_n = \dfrac{1}{2}\left[(a_n + b_n) + (a_n - b_n)\right] = \dfrac{1}{2^n} + n - \dfrac{1}{2}$，

$b_n = \dfrac{1}{2}\left[(a_n + b_n) - (a_n - b_n)\right] = \dfrac{1}{2^n} - n + \dfrac{1}{2}$.

【跟踪训练】（2016年全国Ⅲ卷）已知数列 $\{a_n\}$ 的前 n 项和 $S_n = 1 + \lambda a_n$，其中 $\lambda \neq 0$.

（1）证明 $\{a_n\}$ 是等比数列，并求其通项公式.

（2）若 $S_5 = \dfrac{31}{32}$，求 λ.

解：（1）由题意得 $a_1 = S_1 = 1 + \lambda a_1$，故 $a_1 = \dfrac{1}{1-\lambda}$，

由 $S_n = 1 + \lambda a_n$，$S_{n+1} = 1 + \lambda a_{n+1}$，得 $a_{n+1} = \lambda a_{n+1} - \lambda a_n$，所以 $\dfrac{a_{n+1}}{a_n} = \dfrac{\lambda}{\lambda - 1}$，

因此数列 $\{a_n\}$ 是以 $a_1 = \dfrac{1}{\lambda - 1}$ 为首项，以 $\dfrac{\lambda}{\lambda - 1}$ 为公比的等比数列，

$a_n = \dfrac{1}{\lambda - 1}\left(\dfrac{\lambda}{\lambda - 1}\right)^{n-1}$.

（2）由（1）得 $S_n = 1 - \left(\dfrac{\lambda}{\lambda - 1}\right)^n$，又因为 $S_5 = \dfrac{31}{32}$，

所以 $\dfrac{31}{32}=1-\left(\dfrac{\lambda}{\lambda-1}\right)^5$，即 $\left(\dfrac{\lambda}{\lambda-1}\right)^5=\dfrac{1}{32}$，解得 $\lambda=-1$。

课后目标检测

（一）选择题

1. 如果一个数列既是等差数列，又是等比数列，则此数列（　　）

A. 为常数数列　　　　　　　　B. 为非零的常数数列

C. 存在且唯一　　　　　　　　D. 不存在

解：$\because$ $\{a_n\}$ 既是等差数列，又是等比数列，则有 $a_2^2=a_1a_3$，

即 $(a_1+d)^2=a_1(a_1+2d)$，$\therefore d=0$，故 $\{a_n\}$ 为常数数列，又 $\because a_n\neq0$，

所以答案是 B。

2. （2018 年全国 I 卷）设 S_n 为等差数列 $\{a_n\}$ 的前 n 项和，若 $3S_3=S_2+S_4$，$a_1=2$，则 $a_5=$（　　）

A. -12　　　B. -10　　　C. 10　　　D. 12

解：设该等差数列的公差为 d，根据题中的条件可得 $3\left(3\times2+\dfrac{3\times2}{2}\cdot d\right)=2\times2+d+4\times2+\dfrac{4\times3}{2}\cdot d$，解得 $d=-3$，所以 $a_5=a_1+4d=2-12=-10$，故选 B。

3. （2019 年全国 Ⅲ 卷）已知各项均为正数的等比数列 $\{a_n\}$ 的前 4 项和为 15，且 $a_5=3a_3+4a_1$，则 $a_3=$（　　）

A. 16　　　B. 8　　　C. 4　　　D. 2

解：设正数的等比数列 $\{a_n\}$ 的公比为 q，则 $\begin{cases}a_1+a_1q+a_1q^2+a_1q^3=15,\\ a_1q^4=3a_1q^2+4a_1,\end{cases}$

解得 $\begin{cases}a_1=1,\\ q=2,\end{cases}$ $\therefore a_3=a_1q^2=4$，故选 C。

4. （2017 年全国 Ⅱ 卷）我国古代数学名著《算法统宗》中有如下问题：“远望巍巍塔七层，红光点点倍加增，共灯三百八十一，请问尖头几盏灯？”意

思是：一座 7 层塔共挂了 381 盏灯，且相邻两层中的下一层灯数是上一层灯数的 2 倍，则塔的顶层共有灯（　　）

A. 1 盏　　　　　　B. 3 盏　　　　　　C. 5 盏　　　　　　D. 9 盏

解：塔的顶层共有灯 x 盏，则各层的灯数构成一个公比为 2 的等比数列，由 $\dfrac{x(1-2^7)}{1-2}=381$，可得 $x=3$，故选 B.

5. 在等差数列 $\{a_n\}$ 中，$a_1=4$，且 a_1，a_5，a_{13} 成等比数列，则 $\{a_n\}$ 的通项公式为（　　）

A. $a_n=3n+1$　　　　　　　　　　B. $a_n=n+3$

C. $a_n=3n+1$ 或 $a_n=4$　　　　　D. $a_n=n+3$ 或 $a_n=4$

解：由 $a_1=4$，且 a_1，a_5，a_{13} 成等比数列得：$(4+4d)^2=4(4+12d)$，$\therefore d=0$，或 $d=1$，所以 $a_n=n+3$ 或 $a_n=4$，故答案为 D.

6. 已知数列 $\{a_n\}$ 的前 n 项和为 $S_n=n^2-5n+2$，则数列 $\{|a_n|\}$ 的前 10 项和为（　　）

A. 56　　　　　　B. 58　　　　　　C. 62　　　　　　D. 60

解：$a_1=S_1=-2$，当 $n\geq2$ 时，$a_n=S_n-S_{n-1}=2n-6$，故当 $n\leq2$ 时，$a_n\leq0$，所以 $|a_1|+|a_2|+|a_3|+\cdots+|a_{10}|=-a_1-a_2+a_3+\cdots+a_{10}=S_{10}-2S_2=60$，故答案为 D.

（二）填空题

7. （2017 年全国Ⅲ卷）设等比数列 $\{a_n\}$ 满足 $a_1+a_2=-1$，$a_1-a_3=-3$，则 $a_4=$ _____.

解：$\because$ $\{a_n\}$ 为等比数列，设公比为 q.

由题意，$\begin{cases} a_1+a_2=-1, \\ a_1-a_3=-3, \end{cases}$

即 $\begin{cases} a_1+a_1q=-1, & ① \\ a_1-a_1q^2=-3, & ② \end{cases}$

显然 $q\neq1$，$a_1\neq0$，$\dfrac{①}{②}$ 得 $1-q=3$，即 $q=-2$，代入①式可得 $a_1=1$，

$\therefore a_4=a_1q^3=1\times(-2)^3=-8$.

8. （2019 年全国Ⅲ卷）记 S_n 为等差数列 $\{a_n\}$ 的前 n 项和，$a_1\neq0$，$a_2=$

$3a_1$，则 $\dfrac{S_{10}}{S_5}=$ _____ .

解：因 $a_2=3a_1$，所以 $a_1+d=3a_1$，即 $2a_1=d$，

所以 $\dfrac{S_{10}}{S_5}=\dfrac{10a_1+\dfrac{10\times9}{2}d}{5a_1+\dfrac{5\times4}{2}d}=\dfrac{100a_1}{25a_1}=4.$

9.（2016 年全国 I 卷）设等比数列 $\{a_n\}$ 满足 $a_1+a_3=10$，$a_2+a_4=5$，则 $a_1a_2\cdots a_n$ 的最大值为 _____ .

解：设等比数列的公比为 q，由 $\begin{cases}a_1+a_3=10,\\a_2+a_4=5,\end{cases}$ 得 $\begin{cases}a_1\left(1+q^2\right)=10,\\a_1q\left(1+q^2\right)=5,\end{cases}$ 解得

$\begin{cases}a_1=8,\\q=\dfrac{1}{2},\end{cases}$ 所以 $a_1a_2\cdots a_n=a_1^nq^{1+2+\cdots+(n-1)}=8^n\times\left(\dfrac{1}{2}\right)^{\frac{n(n-1)}{2}}=2^{-\frac{1}{2}n^2+\frac{7}{2}n}$，于是当 n

$=3$ 或 4 时，$a_1a_2\cdots a_n$ 取得最大值 $2^6=64.$

（三）解答题

10.（2018 年全国 II 卷）记 S_n 为等差数列 $\{a_n\}$ 的前 n 项和，已知 $a_1=-7$，$S_3=-15$.

（1）求 $\{a_n\}$ 的通项公式；

（2）求 S_n，并求 S_n 的最小值.

解：（1）设 $\{a_n\}$ 的公差为 d，由题意得 $3a_1+3d=-15$. 由 $a_1=-7$ 得 $d=2$.

所以 $\{a_n\}$ 的通项公式为 $a_n=2n-9$.

（2）由（1）得 $S_n=n^2-8n=(n-4)^2-16$，所以当 $n=4$ 时，S_n 取得最小值，最小值为 -16.

11.（2018 年全国 III 卷）在等比数列 $\{a_n\}$ 中，$a_1=1$，$a_5=4a_3$.

（1）求 $\{a_n\}$ 的通项公式；

（2）记 S_n 为 $\{a_n\}$ 的前 n 项和. 若 $S_m=63$，求 m.

解：（1）设 $\{a_n\}$ 的公比为 q，由题设得 $a_n=q^{n-1}$. 由已知得 $q^4=4q^2$，解得 $q=0$（舍去），$q=-2$ 或 $q=2$，故 $a_n=(-2)^{n-1}$ 或 $a_n=2^{n-1}$.

（2）若 $a_n=(-2)^{n-1}$，则 $S_n=\dfrac{1-(-2)^n}{3}$. 由 $S_m=63$ 得 $(-2)^m=$

-188，此方程没有正整数解.

若 $a_n = 2^{n-1}$，则 $S_n = 2^n - 1$. 由 $S_m = 63$ 得 $2^m = 64$，解得 $m = 6$. 综上，$m = 6$.

12. （2016 年全国Ⅱ卷）S_n 为等差数列 $\{a_n\}$ 的前 n 项和，且 $a_1 = 1$，$S_7 = 28$. 记 $b_n = [\log a_n]$，其中 $[x]$ 表示不超过 x 的最大整数，如 $[0.9] = 0$，$[\lg 99] = 1$.

（1）求 b_1，b_{11}，b_{101}；

（2）求数列 $\{b_n\}$ 的前 1000 项和.

解：（1）设 $\{a_n\}$ 的公差为 d，$S_7 = 7a_4 = 28$，$\therefore a_4 = 4$，$\therefore d = \dfrac{a_4 - a_1}{3} = 1$，

$\therefore a_n = a_1 + (n-1)d = n$，$\therefore b_1 = [\lg a_1] = [\lg 1] = 0$，$b_{11} = [\lg a_{11}] = [\lg 11] = 1$，$b_{101} = [\lg a_{101}] = [\lg 101] = 2$.

（2）记 $\{b_n\}$ 的前 n 项和为 T_n，则 $T_{1000} = b_1 + b_2 + \cdots + b_{1000} = [\lg a_1] + [\lg a_2] + \cdots + [\lg a_{1000}]$.

当 $0 \leqslant \lg a_n < 1$ 时，$n = 1$，2，$\cdots$，9；

当 $1 \leqslant \lg a_n < 2$ 时，$n = 10$，11，$\cdots$，99；

当 $2 \leqslant \lg a_n < 3$ 时，$n = 100$，101，$\cdots$，999；

当 $\lg a_n = 3$ 时，$n = 1000$.

$\therefore T_{1000} = 0 \times 9 + 1 \times 90 + 2 \times 900 + 3 \times 1 = 1893$.

微专题 2 数列的通项公式求法

核心知识归纳

1. 公式法

$a_n = \begin{cases} S_1, & n=1, \\ S_n - S_{n-1}, & n \geq 2, \end{cases}$ 解题步骤如下：

（1）当 $n=1$ 时，$a_1 = S_1$

（2）当 $n \geq 2$ 时，$S_n = f(n)$ ①

               $S_{n-1} = f(n-1)$ ②

（3）①－②得 $a_n = f(n) - f(n-1) = \cdots$ ③

（4）检验当 $n=1$ 时，③式中的 a_1 与 S_1 是否相等.

（5）如果不等，则用分段函数表示 $a_n = \begin{cases} S_1, & n=1, \\ S_n - S_{n-1}, & n \geq 2. \end{cases}$

2. 累加法

递推关系形如：$a_{n+1} = a_n + f(n)$，其解题步骤如下：

当 $n \geq 2$ 时，

$a_2 - a_1 = f(1)$；$a_3 - a_2 = f(2)$；$a_4 - a_3 = f(3)$ $\cdots\cdots a_n - a_{n-1} = f(n-1)$.

把 $n-1$ 个式子相加得 $a_n - a_1 = f(1) + f(2) + f(3) + \cdots + f(n-1)$，

化简求出 a_n.

3. 累乘法

递推关系形如：$a_{n+1} = a_n \cdot f(n)$，其解题步骤如下：

当 $n \geq 2$ 时，$\dfrac{a_2}{a_1} = f(1)$；$\dfrac{a_3}{a_2} = f(2)$；$\dfrac{a_4}{a_3} = f(3)$ $\cdots\cdots \dfrac{a_n}{a_{n-1}} = f(n-1)$.

把 $n-1$ 个式子相乘得 $\dfrac{a_n}{a_1}=f(1)\times f(2)\times f(3)\times f(n-1)$,

化简求出 a_n.

4. 构造等比数列法

(1) $a_{n+1}=pa_n+q$ 型, 其解题步骤如下:

① 设 $a_{n+1}+\lambda=p(a_n+\lambda)$.

② $a_{n+1}=pa_n+\lambda p-\lambda$.

③ 令 $\lambda p-\lambda=q$, $\therefore \lambda=\dfrac{q}{p-1}$.

④ 数列 $\{a_n+\lambda\}$ 是以 $a_1+\lambda$ 为首项, 公比为 p 的等比数列.

⑤ $a_n+\lambda=(a_1+\lambda)p^{n-1}$,

$\therefore a_n=(a_1+\lambda)p^{n-1}-\lambda$.

【例】 $a_{n+1}=3a_n+2$.

解: ① 设 $a_{n+1}+\lambda=3(a_n+\lambda)$.

② $a_{n+1}=3a_n+3\lambda-\lambda$.

③ 令 $3\lambda-\lambda=2$, $\therefore \lambda=\dfrac{2}{3-1}=1$.

④ 数列 $\{a_n+\lambda\}$ 是以 $a_1+\lambda$ 为首项, 公比为 3 的等比数列.

⑤ $a_n+\lambda=(a_1+\lambda)3^{n-1}$,

$\therefore a_n=(a_1+\lambda)3^{n-1}-\lambda$.

(2) $a_{n+1}=sa_n+t^n$ 型, 其解题步骤如下:

① 两边同时除以 t^{n+1}, 得 $\dfrac{a_{n+1}}{t^{n+1}}=\dfrac{sa_n}{t^{n+1}}+\dfrac{t^n}{t^{n+1}}$, 即 $\dfrac{a_{n+1}}{t^{n+1}}=\dfrac{s}{t}\cdot\dfrac{a_n}{t^n}+\dfrac{1}{t}$.

② 设 $b_n=\dfrac{a_n}{t^n}$,

按 $b_{n+1}=pb_n+q$ 求出 b_n

③ 求出 $a_n=b_n\cdot t^n$.

【例】 $a_{n+1}=2a_n+3^n$.

解: ① 两边同时除以 3^{n+1}, 得 $\dfrac{a_{n+1}}{3^{n+1}}=\dfrac{2a_n}{3^{n+1}}+\dfrac{3^n}{3^{n+1}}$,

即 $\dfrac{a_{n+1}}{3^{n+1}}=\dfrac{2}{3}\cdot\dfrac{a_n}{3^n}+\dfrac{1}{3}$.

②设 $b_n = \dfrac{a_n}{3^n}$,

按 $b_{n+1} = pb_n + q$ 的方法求出 b_n.

③求出 $a_n = b_n \cdot 3^n$.

5. 倒数法

$a_{n+1} = \dfrac{ma_n}{pa_n + q}$（$mpq \neq 0$），其解题步骤如下：

① 两边取倒数，得 $\dfrac{1}{a_{n+1}} = \dfrac{q}{m} \cdot \dfrac{1}{a_n} + \dfrac{p}{m}$.

② 设 $b_n = \dfrac{1}{a_n}$,

按 $b_{n+1} = pb_n + q$ 的方法求出 b_n.

③ 求出 $a_n = \dfrac{1}{b_n}$.

【例】 $a_{n+1} = \dfrac{a_n}{a_n + 1}$.

解：①两边取倒数，得 $\dfrac{1}{a_{n+1}} = \dfrac{1}{a_n} + 1$.

②设 $b_n = \dfrac{1}{a_n}$,

按 $b_{n+1} = pb_n + q$ 的方法求出 b_n.

③求出 $a_n = \dfrac{1}{b_n}$.

考点题型剖析

考点一：由 S_n 与 a_n 的关系求通项

【例1】记 S_n 为数列 $\{a_n\}$ 的前 n 项和，若 $S_n = 2a_n + 1$，则 $S_6 = $ _____.

解：根据 $S_n = 2a_n + 1$，可得 $S_{n+1} = 2a_{n+1} + 1$，两式相减得 $a_{n+1} = 2a_{n+1} - 2a_n$，即 $a_{n+1} = 2a_n$,

当 $n = 1$ 时，$S_1 = a_1 = 2a_1 + 1$，解得 $a_1 = -1$，所以数列 $\{a_n\}$ 是以 -1 为首

项，以 2 为公比的等比数列，所以 $S_6 = \dfrac{-(1-2^6)}{1-2} = -63$，故答案是 -63.

【跟踪训练】（2015 年全国 Ⅱ 卷）设 S_n 是数列 $\{a_n\}$ 的前 n 项和，且 $a_1 = -1$，$a_{n+1} = S_n \cdot S_{n+1}$，则 $S_n =$ _____.

解：由已知得 $a_{n+1} = S_{n+1} - S_n = S_{n+1} \cdot S_n$，两边同时除以 $S_{n+1} \cdot S_n$，得 $\dfrac{1}{S_{n+1}} - \dfrac{1}{S_n} = -1$，故数列 $\left\{\dfrac{1}{S_n}\right\}$ 是以 -1 为首项，-1 为公差的等差数列，则 $\dfrac{1}{S_n} = -1 - (n-1) = -n$，所以 $S_n = -\dfrac{1}{n}$.

考点二：由递推公式求通项

类型 1：累加法，形如 $a_{n+1} = a_n + f(n)$

【例 2】已知数列 $\{a_n\}$ 满足 $a_1 = 1$，$a_{n+1} = a_n + \dfrac{1}{n^2+n}$，求 a_n.

解：$\because a_{n+1} - a_n = \dfrac{1}{n(n+1)} = \dfrac{1}{n} - \dfrac{1}{n+1}$，

$\therefore a_n - a_{n-1} = \dfrac{1}{n-1} - \dfrac{1}{n}$；

$a_{n-1} - a_{n-2} = \dfrac{1}{n-2} - \dfrac{1}{n-1}$；

$a_{n-2} - a_{n-3} = \dfrac{1}{n-3} - \dfrac{1}{n-2}$；

……

$a_3 - a_2 = \dfrac{1}{2} - \dfrac{1}{3}$；

$a_2 - a_1 = 1 - \dfrac{1}{2}$.

将这 $(n-1)$ 个式子求和得：$a_n - a_1 = 1 - \dfrac{1}{n}$，$\therefore a_n = 2 - \dfrac{1}{n}$.

【跟踪训练】已知 $\{a_n\}$ 的首项 $a_1 = 1$，$a_{n+1} = a_n + 2n$（$n \in \mathbf{N}^*$），求通项公式.

解：$\because a_n - a_{n-1} = 2(n-1)$，$a_{n-1} - a_{n-2} = 2(n-2)$，$a_{n-2} - a_{n-3} = 2(n-3) \cdots a_3 - a_2 = 2 \times 2$，$a_2 - a_1 = 2 \times 1$，

$\therefore a_n - a_1 = 2[1 + 2 + \cdots + (n-1)] = n^2 - n$，

$\therefore a_n = n^2 - n + 1.$

类型2：累乘法，形如：$a_{n+1} = f(n)a_n$

【例3】 已知：$a_1 = \dfrac{1}{3}$，$a_n = \dfrac{2n-1}{2n+1}a_{n-1}$（$n \geq 2$），求数列 $\{a_n\}$ 的通项．

解：$\because \dfrac{a_n}{a_{n-1}} \cdot \dfrac{a_{n-1}}{a_{n-2}} \cdot \dfrac{a_{n-2}}{a_{n-3}} \cdots \dfrac{a_3}{a_2} \cdot \dfrac{a_2}{a_1}$

$= \dfrac{2n-1}{2n+1} \cdot \dfrac{2n-3}{2n-1} \cdot \dfrac{2n-5}{2n-3} \cdots \dfrac{5}{7} \cdot \dfrac{3}{5} = \dfrac{3}{2n+1}$，

$\therefore a_n = a_1 \cdot \dfrac{3}{2n+1} = \dfrac{1}{2n+1}.$

【跟踪训练】 已知 $\{a_n\}$ 中，$a_{n+1} = \dfrac{n}{n+2}a_n$ 且 $a_1 = 2$，求数列 $\{a_n\}$ 通项公式．

解：$\because \dfrac{a_n}{a_{n-1}} \cdot \dfrac{a_{n-1}}{a_{n-2}} \cdot \dfrac{a_{n-2}}{a_{n-3}} \cdots \dfrac{a_3}{a_2} \cdot \dfrac{a_2}{a_1}$

$= \dfrac{n-1}{n+1} \cdot \dfrac{n-2}{n} \cdot \dfrac{n-3}{n-1} \cdot \dfrac{n-4}{n-2} \cdots \dfrac{2}{4} \cdot \dfrac{1}{3} = \dfrac{2}{n(n+1)}$，

$\therefore \dfrac{a_n}{a_1} = \dfrac{2}{n(n+1)}$，$\therefore a_n = \dfrac{4}{n(n+1)}.$

类型3：构造等比或等差数列法

（1）形如：$a_{n+1} = pa_n + q$（其中 p，q 均为常数，$[pq(p-1) \neq 0]$）．

【例4】 已知 $\{a_n\}$ 中，$a_1 = 1$，$a_n = 3a_{n-1} + 2$（$n \geq 2$），求 a_n.

解：由 $a_n = 3a_{n-1} + 2$，得 $a_n + 1 = 3(a_{n-1} + 1)$．

$\therefore \dfrac{a_n + 1}{a_{n-1} + 1} = 3$，即 $\{a_n + 1\}$ 是等比数列，

$a_n + 1 = (a_1 + 1) \cdot 3^{n-1}$，$\therefore a_n = (a_1 + 1) \cdot 3^{n-1} - 1 = 2 \cdot 3^{n-1} - 1.$

（2）形如：$a_{n+1} = pa_n + q^n$（其中 p，q 均为常数，$[pq(p-1)(q-1) \neq 0]$）．

【例5】 已知 $\{a_n\}$ 中，$a_1 = 1$，$a_n = 2a_{n-1} + 2^n$（$n \geq 2$），求 a_n.

解：由 $a_n = 2a_{n-1} + 2^n$，得 $\dfrac{a_n}{2^n} - \dfrac{a_{n-1}}{2^{n-1}} = 1$．

$\therefore \left\{\dfrac{a_n}{2^n}\right\}$ 成等差数列，$\dfrac{a_n}{2^n} = \dfrac{1}{2} + (n-1)$，$\therefore a_n = n \cdot 2^n - 2^{n-1}.$

（3）取倒数，形如：$a_{n+1} = \dfrac{f(n)a_n}{g(n)a_n + h(n)}$．

【例6】 数列 $\{a_n\}$ 中，$a_{n+1} = \dfrac{2^{n+1} a_n}{2^{n+1} + a_n}$，$a_1 = 2$，求 $\{a_n\}$ 的通项.

解：$\because \dfrac{1}{a_{n+1}} = \dfrac{2^{n+1} + a_n}{2^{n+1} a_n}$，$\therefore \dfrac{1}{a_{n+1}} = \dfrac{1}{a_n} + \dfrac{1}{2^{n+1}}$.

设 $b_n = \dfrac{1}{a_n}$，$\therefore b_{n+1} = b_n + \dfrac{1}{2^{n+1}}$，$\therefore b_n = b_{n-1} + \dfrac{1}{2^n}$，

$\therefore b_n - b_{n-1} = \dfrac{1}{2^n}$，$b_{n-1} - b_{n-2} = \dfrac{1}{2^{n-1}}$，$b_{n-2} - b_{n-3} = \dfrac{1}{2^{n-2}}$，$\cdots$，

$b_3 - b_2 = \dfrac{1}{2^3}$，$b_2 - b_1 = \dfrac{1}{2^2}$，

$\therefore b_n - b_1 = \dfrac{1}{2^2} + \dfrac{1}{2^3} + \cdots + \dfrac{1}{2^n} = \dfrac{\dfrac{1}{2^2}\left[1 - \left(\dfrac{1}{2}\right)^{n-1}\right]}{1 - \dfrac{1}{2}} = \dfrac{1}{2} - \dfrac{1}{2^n}$，

$\therefore b_n = \dfrac{1}{2} - \dfrac{1}{2^n} + \dfrac{1}{2} = \dfrac{2^n - 1}{2^n}$，$\therefore a_n = \dfrac{2^n}{2^n - 1}$.

类型4：周期型数列

【例7】 已知数列 $\{a_n\}$ 满足 $a_1 = 0$，$a_{n+1} = \dfrac{a_n - \sqrt{3}}{\sqrt{3} a_n + 1}$ （$n \in \mathbf{N}^*$），则 $a_{20} =$

（　　）

A. 0　　　　　　B. $-\sqrt{3}$　　　　　　C. $\sqrt{3}$　　　　　　D. $\dfrac{\sqrt{3}}{2}$

解：$\because a_1 = 0$，$a_2 = -\sqrt{3}$，$a_3 = \sqrt{3}$，$a_4 = 0$，

$\therefore$ 数列 $\{a_n\}$ 的周期 $T = 3$，$a_{20} = a_2 = -\sqrt{3}$，选 B.

课后目标检测

（一）选择题

1. 已知数列 $\{a_n\}$ 的前 n 项和为 S_n，满足 $S_n = 2a_n - 1$，则 $\{a_n\}$ 的通项公式 $a_n = $（　　）

A. $2n-1$ B. 2^{n-1} C. 2^n-1 D. $2n+1$

解：当 $n=1$ 时，$S_1=2a_1-1=a_1$，$\therefore a_1=1$.

当 $n\geq 2$ 时，$a_n=S_n-S_{n-1}=2a_n-2a_{n-1}$，$\therefore a_n=2a_{n-1}$，因此 $a_n=2^{n-1}$，故选 B.

2. 在数列 $\{a_n\}$ 中，已知 $a_1=2$，$a_n=\dfrac{2a_{n-1}}{a_{n-1}+2}$（$n\geq 2$），则 a_n 等于（   ）

A. $\dfrac{2}{n+1}$ B. $\dfrac{2}{n}$ C. $\dfrac{3}{n}$ D. $\dfrac{3}{n+1}$

解：将等式 $a_n=\dfrac{2a_{n-1}}{a_{n-1}+2}$ 两边取倒数，得到 $\dfrac{1}{a_n}=\dfrac{1}{a_{n-1}}+\dfrac{1}{2}$，$\dfrac{1}{a_n}-\dfrac{1}{a_{n-1}}=\dfrac{1}{2}$，

$\{\dfrac{1}{a_n}\}$ 是公差为 $\dfrac{1}{2}$ 的等差数列，$\dfrac{1}{a_1}=\dfrac{1}{2}$，根据等差数列的通项公式的求法得到，

$\dfrac{1}{a_n}=\dfrac{1}{2}+(n-1)\times\dfrac{1}{2}=\dfrac{n}{2}$，故 $a_n=\dfrac{2}{n}$，故答案为 B.

3. 数列 $\{a_n\}$ 中，$a_1=0$，$a_{n-1}-a_n=\dfrac{1}{\sqrt{n}+\sqrt{n+1}}$，$a_n=9$，则 $n=$（   ）

A. 97 B. 98 C. 99 D. 100

解：由 $a_{n-1}-a_n=\dfrac{1}{\sqrt{n}+\sqrt{n+1}}=\sqrt{n+1}-\sqrt{n}$，

$\therefore a_n-a_1=(\sqrt{2}-1)+(\sqrt{3}-\sqrt{2})+\cdots+(\sqrt{n}-\sqrt{n-1})=\sqrt{n}-1$.

$\therefore a_1=0$，$\therefore a_n=\sqrt{n}-1=9$，$\sqrt{n}=10$，$n=100$，故选 D.

4. 在数列 $\{a_n\}$ 中，$a_1=-2$，$a_{n+1}=1-\dfrac{1}{a_n}$，则 a_{2018} 的值为（   ）

A. -2 B. $\dfrac{1}{3}$ C. $\dfrac{1}{2}$ D. $\dfrac{3}{2}$

解：由题意得 $a_1=-2$，$a_{n+1}=1-\dfrac{1}{a_n}$，$\therefore a_2=1+\dfrac{1}{2}=\dfrac{3}{2}$，$a_3=1-\dfrac{2}{3}=\dfrac{1}{3}$，$a_4$

$=1-3=-2$，$\cdots$，$\therefore$ 数列 $\{a_n\}$ 的周期为 3，$\therefore a_{2018}=a_{3\times672+2}=a_2=\dfrac{3}{2}$，故选 D.

5. 已知数列 $\{a_n\}$ 满足 $a_1=1$，$a_2=\dfrac{1}{3}$，若 $a_n(a_{n-1}+2a_{n+1})=3a_{n-1}\cdot$

a_{n+1}（$n\geq 2$，$n\in\mathbf{N}^*$），则数列 $\{a_n\}$ 的通项 $a_n=$（   ）

A. $\dfrac{1}{2^{n-1}}$ B. $\dfrac{1}{2^n-1}$ C. $\dfrac{1}{3^{n-1}}$ D. $\dfrac{1}{2^{n-1}+1}$

解（构造法）：$a_n\left(a_{n-1}+2a_{n+1}\right)=3a_{n-1}\cdot a_{n+1}\Rightarrow\dfrac{1}{a_{n+1}}+\dfrac{2}{a_{n-1}}=\dfrac{3}{a_n}\Rightarrow\dfrac{1}{a_{n+1}}$

$-\dfrac{1}{a_n}=2\left(\dfrac{1}{a_n}-\dfrac{1}{a_{n-1}}\right)$，又 $\dfrac{1}{a_2}-\dfrac{1}{a_1}=2$，$\therefore\left(\dfrac{1}{a_{n+1}}-\dfrac{1}{a_n}\right)$ 是首项为 2，公比为 2 的

等比数列，则 $\dfrac{1}{a_{n+1}}-\dfrac{1}{a_n}=2^n$，即 $\dfrac{1}{a_n}-\dfrac{1}{a_1}=\left(\dfrac{1}{a_2}-\dfrac{1}{a_1}\right)+\left(\dfrac{1}{a_3}-\dfrac{1}{a_2}\right)+\cdots+\left(\dfrac{1}{a_n}\right.$

$\left.-\dfrac{1}{a_{n-1}}\right)=2^n-2$，$\dfrac{1}{a_n}=2^n-1$，$\therefore a_n=\dfrac{1}{2^n-1}$. 故选 B.

解（特值排除法）：由 $a_2\left(a_1+2a_3\right)=3a_1a_3$，得 $a_3=\dfrac{1}{7}$，即可排除选项 ACD. 故选 B.

（二）填空题

6. 设数列 $\{a_n\}$ 满足 $a_1=1$，且 $a_{n+1}-a_n=n+1$（$n\in\mathbf{N}^*$），则数列 $\left\{\dfrac{1}{a_n}\right\}$ 前 10 项的和为 _____.

解：因为 $a_1=1$，$a_{n+1}-a_n=n+1$，

所以 $a_2-a_1=2$，$a_3-a_2=3$，$\cdots$，$a_n-a_{n-1}=n$（$n\geqslant2$），

将以上 $n-1$ 个式子相加得 $a_n-a_1=2+3+\cdots+n=\dfrac{(2+n)(n-1)}{2}$，

即 $a_n=\dfrac{n(n+1)}{2}$.

令 $b_n=\dfrac{1}{a_n}$，故 $b_n=\dfrac{2}{n(n+1)}=2\left(\dfrac{1}{n}-\dfrac{1}{n+1}\right)$，

故 $S_{10}=b_1+b_2+\cdots+b_{10}=2\left(1-\dfrac{1}{2}+\dfrac{1}{2}-\dfrac{1}{3}+\cdots+\dfrac{1}{10}-\dfrac{1}{11}\right)=\dfrac{20}{11}$. 答案是 $\dfrac{20}{11}$.

7. 已知数列 $\{a_n\}$ 的首项 $a_1=1$，其前 n 项和 $S_n=n^2\cdot a_n$（$n\in\mathbf{N}^*$），则 a_9 = _____.

解：当 $n\geqslant2$ 时，$S_n=n^2\cdot a_n$，$S_{n-1}=(n-1)^2a_{n-1}$，

得 $a_n=n^2\cdot a_n-(n-1)^2a_{n-1}$，

$(n^2-1)a_n=(n-1)^2a_{n-1}$，即 $\dfrac{a_n}{a_{n-1}}=\dfrac{n-1}{n+1}$，

因为 $\dfrac{a_n}{a_{n-1}}\cdot\dfrac{a_{n-1}}{a_{n-2}}\cdot\dfrac{a_{n-2}}{a_{n-3}}\cdots\dfrac{a_4}{a_3}\cdot\dfrac{a_3}{a_2}\cdot\dfrac{a_2}{a_1}=\dfrac{n-1}{n+1}\cdot\dfrac{n-2}{n}\cdot\dfrac{n-3}{n-1}\cdots\dfrac{3}{5}\cdot\dfrac{2}{4}\cdot\dfrac{1}{3}$，

即 $\dfrac{a_n}{a_1} = \dfrac{2 \times 1}{(n+1)\,n}$，$a_n = \dfrac{2}{n\,(n+1)}$，所以 $a_9 = \dfrac{1}{45}$.

8. 已知数列 $\{a_n\}$ 满足 $a_1 = 1$，$a_{n+1} = 4a_n + 2^n$，则数列 $\{a_n\}$ 的通项公式 $a_n = $ _____.

解：由题知 $\dfrac{a_{n+1}}{4^{n+1}} = \dfrac{a_n}{4^n} + \dfrac{1}{4} \cdot \left(\dfrac{1}{2}\right)^n$，则 $\dfrac{a_n}{4^n} - \dfrac{a_{n-1}}{4^{n-1}} = \dfrac{1}{4} \cdot \left(\dfrac{1}{2}\right)^{n-1}$，$\dfrac{a_{n-1}}{4^{n-1}} - \dfrac{a_{n-2}}{4^{n-2}}$

$= \dfrac{1}{4} \cdot \left(\dfrac{1}{2}\right)^{n-2}$，$\cdots$，$\dfrac{a_2}{4^2} - \dfrac{a_1}{4^1} = \dfrac{1}{4} \cdot \left(\dfrac{1}{2}\right)^{1}$，

累加得 $\dfrac{a_n}{4^n} - \dfrac{1}{4} = \dfrac{\dfrac{1}{8}\left[1 - \left(\dfrac{1}{2}\right)^{n-1}\right]}{1 - \dfrac{1}{2}}$，即 $a_n = 2^{2n-1} - 2^{n-1}$.

9. 已知数列 $\{a_n\}$ 的前 n 项和为 S_n，且 $a_1 = 1$，$a_{n+1} = \dfrac{1}{3} S_n$，$n \in \mathbf{N}^*$，则 $a_n = $ _____.

解：$\because a_{n+1} = \dfrac{1}{3} S_n$，$n \in \mathbf{N}^*$，$\therefore 3a_{n+1} = S_n$，$\therefore 3a_n = S_{n-1}$，当 $n \geq 2$ 时，

$a_n = S_n - S_{n-1} = 3a_{n+1} - 3a_n \Rightarrow 4a_n = 3a_{n+1}$，$a_n = a_2 \cdot \left(\dfrac{4}{3}\right)^{n-2} = \dfrac{4^{n-2}}{3^{n-1}}$.

所以 $a_2 = \dfrac{4}{3} a_1 = \dfrac{1}{3}$，$a_3 = \dfrac{4}{3} a_2 = \dfrac{4}{9}$，$a_4 = \dfrac{4}{3} a_3 = \dfrac{16}{27}$，$a_n = \begin{cases} 1 & (n=1), \\ \dfrac{4^{n-2}}{3^{n-1}} & (n \geq 2). \end{cases}$

（三）解答题

10. 在数列 $\{a_n\}$ 中，$a_1 = 1$，$a_1 + 2a_2 + 3a_3 + \cdots + na_n = \dfrac{n+1}{2} a_{n+1}$（$n \in \mathbf{N}^*$）. 求数列 $\{a_n\}$ 的通项 a_n；

解：当 $n \geq 2$ 时，由题可得 $a_1 + 2a_2 + 3a_3 + \cdots + (n-1) a_{n-1} = \dfrac{n}{2} a_n$，　①

$a_1 + 2a_2 + 3a_3 + \cdots + na_n = \dfrac{n+1}{2} a_{n+1}$，　②

②$-$①得 $na_n = \dfrac{n+1}{2} a_{n+1} - \dfrac{n}{2} a_n$，即 $(n+1)\,a_{n+1} = 3na_n$，$\dfrac{(n+1)\,a_{n+1}}{na_n} = $

3，所以 $\{na_n\}$ 是以 $2a_2 = 2$ 为首项，3 为公比的等比数列（$n \geq 2$），所以 $na_n = $

$2 \cdot 3^{n-2}$，所以 $a_n = \dfrac{2}{n} \cdot 3^{n-2}$（$n \geqslant 2$），因为 $a_1 = 1$，不满足上式，所以 a_n

$$= \begin{cases} 1, & n = 1, \\ \dfrac{2}{n} \cdot 3^{n-2}, & n \geqslant 2. \end{cases}$$

11. 已知数列 $\{a_n\}$ 满足：$a_n = \dfrac{a_{n-1}}{3 \cdot a_{n-1} + 1}$，$a_1 = 1$，求数列 $\{a_n\}$ 的通项公式.

解：取倒数法，答案为 $a_n = \dfrac{1}{3n-2}$.

12. 已知数列 $\{a_n\}$ 满足 $a_1 = 1$，$a_{n+1} = 2a_n + 1$（$n \in \mathbf{N}^*$）.

(1) 求数列 $\{a_n\}$ 的通项公式；

(2) 证明：$\dfrac{n}{2} - \dfrac{1}{3} < \dfrac{a_1}{a_2} + \dfrac{a_2}{a_3} + \cdots + \dfrac{a_n}{a_{n+1}} < \dfrac{n}{2}$（$n \in \mathbf{N}^*$）.

解：(1) 易得 $\{a_n + 1\}$ 是以 $a_1 + 1 = 2$ 为首项，2 为公比的等比数列.

∴ $a_n + 1 = 2^n$，即 $a_n = 2^n - 1$（$n \in \mathbf{N}^*$）.

(2) 证明：∵ $\dfrac{a_k}{a_{k+1}} = \dfrac{2^k - 1}{2^{k+1} - 1} = \dfrac{2^k - 1}{2\left(2^k - \dfrac{1}{2}\right)} < \dfrac{1}{2}$，$k = 1, 2, \cdots, n$，

∴ $\dfrac{a_1}{a_2} + \dfrac{a_2}{a_3} + \cdots + \dfrac{a_n}{a_{n+1}} < \dfrac{n}{2}$.

∵ $\dfrac{a_k}{a_{k+1}} = \dfrac{2^k - 1}{2^{k+1} - 1} = \dfrac{1}{2} - \dfrac{1}{2\ (2^{k+1} - 1)}$

$= \dfrac{1}{2} - \dfrac{1}{3 \times 2^k + 2^k - 2} \geqslant \dfrac{1}{2} - \dfrac{1}{3} \cdot \dfrac{1}{2^k}$，$k = 1, 2, \cdots, n$，

∴ $\dfrac{a_1}{a_2} + \dfrac{a_2}{a_3} + \cdots + \dfrac{a_n}{a_{n+1}} \geqslant \dfrac{n}{2} - \dfrac{1}{3}\left(\dfrac{1}{2} + \dfrac{1}{2^2} + \cdots + \dfrac{1}{2^n}\right)$

$= \dfrac{n}{2} - \dfrac{1}{3}\left(1 - \dfrac{1}{2^n}\right) > \dfrac{n}{2} - \dfrac{1}{3}$，

∴ $\dfrac{n}{2} - \dfrac{1}{3} < \dfrac{a_1}{a_2} + \dfrac{a_2}{a_3} + \cdots + \dfrac{a_n}{a_{n+1}} < \dfrac{n}{2}$（$n \in \mathbf{N}^*$）.

微专题3　数列求和方法

核心知识归纳

1. 公式法

利用公式类推结果.

2. 分组求和法

其常见类型:

(1) $a_n = b_n - c_n$,其中 $\{b_n\}$,$\{c_n\}$ 为等差或等比数列. 例如:$a_n = 2n + 1 + 3^n$.

(2) $a_n = \begin{cases} b_n, & n \text{ 为奇数} \\ c_n, & n \text{ 为偶数} \end{cases}$ 的数列. 例如:$a_n = (-1)^n (n+1)$.

(3) $\{a_n\}$ 为等差数列,求 $\{|a_n|\}$ 的前 n 项和. 例如:$|a_n| = |-2n + 13|$.

3. 错位相减法

$\{a_n\}$ 为等差数列,$\{b_n\}$ 为等比数列. 求解步骤如下:

(1) $S_n = a_1 b_1 + \boxed{a_2 b_2 + a_3 b_3 + \cdots + a_{n-1} b_{n-1} + a_n b_n.}$ ①

(2) $qS_n = \boxed{a_1 b_2 + a_2 b_3 + a_3 b_4 + \cdots + a_{n-1} b_n} + a_n b_{n+1}.$ ②

(3) ① − ②得:

(1 − q) $S_n = a_1 b_1 + d [b_2 + b_3 + b_4 + \cdots + b_{n-1} + b_n] - a_n b_{n+1}.$

(4) $(1 - q) S_n = a_1 b_1 + \dfrac{b_2 d (1 - q^{n-1})}{1 - q} - a_n b_{n+1}.$

(5) 化简求出 S_n.

4. 裂项求和

常见类型如下.

(1) $a_n = \dfrac{1}{n^2 + n} = \dfrac{1}{n(n+1)} = \dfrac{1}{n} - \dfrac{1}{n+1}$.

(2) $a_n = \dfrac{1}{n^2 + kn} = \dfrac{1}{n(n+k)} = \dfrac{1}{k}\left(\dfrac{1}{n} - \dfrac{1}{n+k}\right)$.

(3) $a_n = \dfrac{1}{n^2 - 1} = \dfrac{1}{(n-1)(n+1)} = \dfrac{1}{2}\left(\dfrac{1}{n-1} - \dfrac{1}{n+1}\right)$.

(4) $a_n = \dfrac{1}{n(n+1)(n+2)} = \dfrac{1}{2}\left[\dfrac{1}{n(n+1)} - \dfrac{1}{(n+1)(n+2)}\right]$.

(5) $a_n = \dfrac{1}{\sqrt{n} + \sqrt{n+1}} = \sqrt{n+1} - \sqrt{n}$.

考点题型剖析

考点一：公式法求和

【例1】数列 $\{a_n\}$ 满足 $a_{n+1} + a_n = (-1)^n \cdot n$，则数列 $\{a_n\}$ 的前 20 项的和为（　　）

A. -100　　　　B. 100　　　　C. -101　　　　D. 110

解：$a_1 + a_2 = -1 \times 1$，$a_3 + a_4 = -1 \times 3$，$a_5 + a_6 = -1 \times 5$，$a_7 + a_8 = -1 \times 7$，…，

由上述可知 $a_1 + a_2 + \cdots + a_{19} + a_{20} = -1 \times (1 + 3 + 5 + \cdots + 19)$

$= -1 \times \dfrac{1+19}{2} \times 10 = -100$，故选 A.

【跟踪训练】设 $S_n = 1 + 2 + 3 + \cdots + n$，$n \in \mathbf{N}^*$，求 $f(n) = \dfrac{S_n}{(n+32) S_{n+1}}$ 的最大值.

解：由等差数列求和公式得 $S_n = \dfrac{1}{2}n(n+1)$，$S_{n+1} = \dfrac{1}{2}(n+1)(n+2)$，

$\therefore f(n) = \dfrac{S_n}{(n+32) S_{n+1}} = \dfrac{n}{n^2 + 34n + 64}$

$= \dfrac{1}{n + 34 + \dfrac{64}{n}} = \dfrac{1}{\left(\sqrt{n} - \dfrac{8}{\sqrt{n}}\right)^2 + 50} \leqslant \dfrac{1}{50}$.

$\therefore$ 当 $\sqrt{n}=\dfrac{8}{\sqrt{n}}$，即 $n=8$ 时，$f(n)_{\max}=\dfrac{1}{50}$.

考点二：分组、并项求和

【例2】已知函数 $f(n)=n^2\cos(n\pi)$，且 $a_n=f(n)+f(n+1)$，则 $a_1+a_2+a_3+\cdots+a_{100}$ 等于（　　）

A. 0　　　　　　B. -100　　　　　C. 100　　　　　D. 10200

解：$\because f(n)=n^2\cos(n\pi)=\begin{cases}-n^2 & (n\text{ 为奇数})\\ n^2 & (n\text{ 为偶数})\end{cases}=(-1)^n\cdot n^2$，

$\therefore$ 由 $a_n=f(n)+f(n+1)=(-1)^n\cdot n^2+(-1)^{n+1}\cdot(n+1)^2$

$=(-1)^n[n^2-(n+1)^2]=(-1)^{n+1}\cdot(2n+1)$，

得 $a_1+a_2+a_3+\cdots+a_{100}=3+(-5)+7+(-9)+\cdots+199+(-201)$

$=50\times(-2)=-100$. 故选 B.

【跟踪训练】已知数列 $\{a_n\}$ 满足：$a_n-(-1)^na_{n-1}=n$ $(n\geqslant2)$，记 S_n 为 $\{a_n\}$ 的前 n 项和，则 $S_{40}=$ _____.

解：由 $a_n-(-1)^na_{n-1}=n$ $(n\geqslant2)$ 可得：

当 $n=2k$ 时，有 $a_{2k}-a_{2k-1}=2k$，　　　　　　　　　　①

当 $n=2k-1$ 时，有 $a_{2k-1}+a_{2k-2}=2k-1$，　　　　　②

当 $n=2k+1$ 时，有 $a_{2k+1}+a_{2k}=2k+1$，　　　　　③

①+②有：$a_{2k}+a_{2k-2}=4k-1$，③-①有：$a_{2k+1}+a_{2k-1}=1$，

则：$S_{40}=(a_1+a_3+a_5+a_7+\cdots+a_{39})+(a_2+a_4+a_6+a_8+\cdots+a_{40})$

$=1\times10+(7+15+23+\cdots)=10+7\times10+\dfrac{10\times9}{2}\times8=440$.

考点三：错位相减法求和

【例3】已知数列 $\{a_n\}$ 是等差数列，数列 $\{b_n\}$ 是等比数列，$a_n=2n$，$b_n=2^n$，求数列 $\{c_n=a_n\cdot b_n\}$ 前 n 项的和.

解：由题可知，$\{c_n\}$ 的通项是等差数列 $\{a_n\}$ 的通项与等比数列 $\{b_n\}$ 的通项之积：

设 $S_n=\dfrac{2}{2}+\dfrac{4}{2^2}+\dfrac{6}{2^3}+\cdots+\dfrac{2n}{2^n}$，　　　　　　　　　　①

$\dfrac{1}{2}S_n=\dfrac{2}{2^2}+\dfrac{4}{2^3}+\dfrac{6}{2^4}+\cdots+\dfrac{2n}{2^{n+1}}$，　　　　　②（设制错位）

①－②得 $\left(1-\dfrac{1}{2}\right)S_n = \dfrac{2}{2}+\dfrac{2}{2^2}+\dfrac{2}{2^3}+\dfrac{2}{2^4}+\cdots+\dfrac{2}{2^n}-\dfrac{2n}{2^{n+1}}$ （错位相减）

$=2-\dfrac{1}{2^{n-1}}-\dfrac{2n}{2^{n+1}}$，$\therefore S_n = 4-\dfrac{n+2}{2^{n-1}}$.

【跟踪训练】已知数列 $\{a_n\}$ 的通项公式为 $a_n = n\cdot 2^{n-1}$，前 n 项和为 S_n，则 $S_n =$ _____.

解：由题意得 $S_n = 1\times 2^0 + 2\times 2^1 + 3\times 2^2 + \cdots + (n-1)\,2^{n-2} + n\cdot 2^{n-1}$，①

$\therefore 2S_n = 1\times 2^1 + 2\times 2^2 + 3\times 2^3 + \cdots + (n-1)\cdot 2^{n-1} + n\cdot 2^n$，②

①－②得 $-S_n = 1 + 2 + 2^2 + 2^3 + \cdots + 2^{n-1} - n\cdot 2^n$

$=\dfrac{1-2^n}{1-2} - n\cdot 2^n = (1-n)\cdot 2^n - 1$，

$\therefore S_n = (n-1)\cdot 2^n + 1$.

【名师方法点拨】

错位相减法主要用于求数列 $\{a_n \cdot b_n\}$ 的前 n 项和，其中 $\{a_n\}$，$\{b_n\}$ 分别是等差数列和等比数列.

考点四：裂项相消法求和

【例4】（2015 年全国 I 卷）S_n 为数列 $\{a_n\}$ 的前 n 项和. 已知 $a_n > 0$，$a_n^2 + 2a_n = 4S_n + 3$.

（1）求 $\{a_n\}$ 的通项公式；

（2）设 $b_n = \dfrac{1}{a_n a_{n+1}}$，求数列 $\{b_n\}$ 的前 n 项和.

解：（1）当 $n=1$ 时，$a_1^2 + 2a_1 = 4S_1 + 3 = 4a_1 + 3$，因为 $a_n > 0$，所以 $a_1 = 3$，

当 $n\geqslant 2$ 时，$a_n^2 + 2a_n - a_{n-1}^2 - 2a_{n-1} = 4S_n + 3 - 4S_{n-1} - 3 = 4a_n$，

即 $(a_n + a_{n-1})(a_n - a_{n-1}) = 2(a_n + a_{n-1})$，因为 $a_n > 0$，所以 $a_n - a_{n-1} = 2$，

所以数列 $\{a_n\}$ 是首项为 3，公差为 2 的等差数列，所以 $a_n = 2n + 1$；

（2）由（1）知，$b_n = \dfrac{1}{(2n+1)(2n+3)} = \dfrac{1}{2}\left(\dfrac{1}{2n+1} - \dfrac{1}{2n+3}\right)$，

所以数列 $\{b_n\}$ 前 n 项和为 $b_1 + b_2 + \cdots + b_n$

$=\dfrac{1}{2}\left[\left(\dfrac{1}{3}-\dfrac{1}{5}\right)+\left(\dfrac{1}{5}-\dfrac{1}{7}\right)+\cdots+\left(\dfrac{1}{2n+1}-\dfrac{1}{2n+3}\right)\right] = \dfrac{1}{6} - \dfrac{1}{4n+6}$.

【跟踪训练】 在数列 $\{a_n\}$ 中，$a_n = \dfrac{1}{n+1} + \dfrac{2}{n+1} + \cdots + \dfrac{n}{n+1}$，又 $b_n = \dfrac{2}{a_n \cdot a_{n+1}}$，求数列 $\{b_n\}$ 的前 n 项的和．

解：$\because a_n = \dfrac{1}{n+1} + \dfrac{2}{n+1} + \cdots + \dfrac{n}{n+1} = \dfrac{n}{2}$，

$\therefore b_n = \dfrac{2}{\dfrac{n}{2} \cdot \dfrac{n+1}{2}} = 8\left(\dfrac{1}{n} - \dfrac{1}{n+1}\right)$，

$\therefore S_n = 8\left[\left(1 - \dfrac{1}{2}\right) + \left(\dfrac{1}{2} - \dfrac{1}{3}\right) + \left(\dfrac{1}{3} - \dfrac{1}{4}\right) + \cdots + \left(\dfrac{1}{n} - \dfrac{1}{n+1}\right)\right]$

$= 8\left(1 - \dfrac{1}{n+1}\right) = \dfrac{8n}{n+1}$．

课后目标检测

（一）选择题

1. 已知数列 $\{a_n\}$ 的前 n 项和 $S_n = 2^n - 1$，则数列 $\{a_n^2\}$ 的前 10 项和为（ ）

A. $4^{10} - 1$ B. $(2^{10} - 1)^2$ C. $\dfrac{1}{3}(4^{10} - 1)$ D. $\dfrac{1}{3}(2^{10} - 1)$

解：$\because S_n = 2^n - 1$，$\therefore S_{n+1} = 2^{n+1} - 1$，$\therefore a_{n+1} = S_{n+1} - S_n = (2^{n+1} - 1) - (2^n - 1) = 2^n$，又 $a_1 = S_1 = 2 - 1 = 1$，$\therefore$ 数列 $\{a_n\}$ 的通项公式为 $a_n = 2^{n-1}$，$\therefore a_n^2 = (2^{n-1})^2 = 4^{n-1}$，

$\therefore$ 所求值为 $\dfrac{1 - 4^{10}}{1 - 4} = \dfrac{1}{3}(4^{10} - 1)$，故选 C．

2. 已知 S_n 是数列 $\{a_n\}$ 的前 n 项和，且 $S_{n+1} = S_n + a_n + 3$，$a_4 + a_5 = 23$，则 $S_8 = $（ ）

A. 72 B. 88 C. 92 D. 98

解：$\because S_{n+1} = S_n + a_n + 3$，$\therefore S_{n+1} - S_n = a_n + 3 = a_{n+1}$，$\therefore a_{n+1} - a_n = 3$，$\therefore \{a_n\}$ 是公差为 $d = 3$ 的等差数列．又 $a_4 + a_5 = 23$，可得：$2a_1 + 7d = 23$，解得 a_1

$=1$，$\therefore S_8 = 8a_1 + \dfrac{8 \times 7}{2}d = 92$，故选 C.

3. 已知数列 $\{a_n\}$ 的通项公式 $a_n = n + \dfrac{100}{n}$，则 $|a_1 - a_2| + |a_2 - a_3| +$

$\cdots + |a_{99} - a_{100}| = ($ $)$

    A. 150   B. 162   C. 180   D. 210

    解：由函数的性质可知：当 $n \leqslant 10$ 时，数列 $\{a_n\}$ 为递减；当 $n \geqslant 10$ 时，数列 $\{a_n\}$ 为递增，

    所以 $|a_1 - a_2| + |a_2 - a_3| + \cdots + |a_{99} - a_{100}| = (a_1 - a_2) + (a_2 - a_3) + \cdots + (a_9 - a_{10}) + (a_{11} - a_{10}) + (a_{12} - a_{11}) + \cdots + (a_{100} - a_{99}) = a_1 - a_{10} + a_{100} - a_{10} = 1 + 100 - (10 + 10) + (100 + 1) - (10 + 10) = 162$，故选 B.

4. 已知数列 $a_n = 2n - 1$（$n \in \mathbf{N}^*$），T_n 为数列 $\left\{\dfrac{1}{a_n a_{n+1}}\right\}$ 的前 n 项和，求使不等式 $T_n \geqslant \dfrac{2017}{4035}$ 成立的最小正整数（   ）

    A. 2016   B. 2018   C. 2017   D. 2015

    解：已知数列 $a_n = 2n - 1$（$n \in \mathbf{N}^*$），

    $\therefore \dfrac{1}{a_n a_{n+1}} = \dfrac{1}{(2n-1)(2n+1)} = \dfrac{1}{2}\left(\dfrac{1}{2n-1} - \dfrac{1}{2n+1}\right)$，

    $\therefore T_n = \dfrac{1}{2}\left[\left(1 - \dfrac{1}{3}\right) + \left(\dfrac{1}{3} - \dfrac{1}{5}\right) + \cdots + \left(\dfrac{1}{2n-1} - \dfrac{1}{2n+1}\right)\right] = \dfrac{1}{2}\left(1 - \dfrac{1}{2n+1}\right) = \dfrac{n}{2n+1}$，

    $\therefore$ 不等式 $T_n \geqslant \dfrac{2017}{4035}$，即 $\dfrac{n}{2n+1} \geqslant \dfrac{2017}{4035}$，解得 $n \geqslant 2017$.

    $\therefore$ 使得不等式成立的最小正整数 n 的值为 2017，故选 C.

5. 若数列 $\{a_n\}$ 的通项公式是 $a_n = (-1)^n (3n - 2)$，则 $a_1 + a_2 + \cdots + a_{10} = ($ $)$

    A. 15   B. 12   C. -12 D. -15

    解：$a_1 + a_2 = a_3 + a_4 = \cdots = a_9 + a_{10} = 3$，故 $a_1 + a_2 + \cdots + a_{10} = 15$，故选 A.

6. 数列 $\{a_n\}$ 满足 $a_{n+1} + (-1)^n a_n = 2n - 1$，则 $\{a_n\}$ 的前 60 项和为（   ）

A. 3690　　　　　B. 3660　　　　　C. 1845　　　　　D. 1830

解：$\because a_{n+1} + (-1)^n a_n = 2n - 1$,

$\therefore a_2 = 1 + a_1$, $a_3 = 2 - a_1$, $a_4 = 7 - a_1$, $a_5 = a_1$, $a_6 = 9 + a_1$, $a_7 = 2 - a_1$, $a_8 = 15 - a_1$, $a_9 = a_1$, $a_{10} = 17 + a_1$, $a_{11} = 2 - a_1$, $a_{12} = 23 - a_1$, $\cdots$, $a_{57} = a_1$, $a_{57} = 113 + a_1$, $a_{59} = 2 - a_1$, $a_{60} = 119 - a_1$,

$\therefore a_1 + a_2 + \cdots + a_{60}$

$= (a_1 + a_2 + a_3 + a_4) + (a_5 + a_6 + a_7 + a_8) + \cdots + (a_{57} + a_{58} + a_{59} + a_{60})$

$= 10 + 26 + 42 + \cdots + 234 = \dfrac{15 \times (10 + 234)}{2} = 1830$.

所以选 D.

（二）填空题

7. 数列 $1\dfrac{1}{2}$, $2\dfrac{1}{4}$, $3\dfrac{1}{8}$, $4\dfrac{1}{16}$, $\cdots$ 前 n 项的和为 _____．

解：答案为 $\dfrac{n(n+1)}{2} + 1 - \dfrac{1}{2^n}$.

8. （2017 年广东潮州二模）已知 S_n 为数列 $\{a_n\}$ 的前 n 项和，$a_n = 2 \cdot 3^{n-1}$ $(n \in \mathbf{N}^*)$，若 $b_n = \dfrac{a_{n+1}}{S_n S_{n+1}}$，则 $b_1 + b_2 + \cdots + b_n = $ _____．

解：由 $a_n = 2 \cdot 3^{n-1}$ 可知数列 $\{a_n\}$ 是以 2 为首项，3 为公比的等比数列，所以 $S_n = \dfrac{2(1 - 3^n)}{1 - 3} = 3^n - 1$，则 $b_n = \dfrac{a_{n+1}}{S_n S_{n+1}} = \dfrac{S_{n+1} - S_n}{S_n S_{n+1}} = \dfrac{1}{S_n} - \dfrac{1}{S_{n+1}}$，则 $b_1 + b_2 + \cdots + b_n = \left(\dfrac{1}{S_1} - \dfrac{1}{S_2} \right) + \left(\dfrac{1}{S_2} - \dfrac{1}{S_3} \right) + \cdots + \left(\dfrac{1}{S_n} - \dfrac{1}{S_{n+1}} \right) = \dfrac{1}{S_1} - \dfrac{1}{S_{n+1}} = \dfrac{1}{2} - \dfrac{1}{3^{n+1} - 1}$.

（三）解答题

9. （2016 年浙江高考文科）设数列 $\{a_n\}$ 的前 n 项和为 S_n. 已知 $S_2 = 4$，$a_{n+1} = 2S_n + 1$，$n \in \mathbf{N}^*$.

（1）求通项公式 a_n.

（2）求数列 $\{|a_n - n - 2|\}$ 的前 n 项和.

解：（1）由题意得 $\begin{cases} a_1 + a_2 = 4, \\ a_2 = 2a_1 + 1, \end{cases}$ 则 $\begin{cases} a_1 = 1, \\ a_2 = 3. \end{cases}$

又当 $n \geqslant 2$ 时，由 $a_{n+1} - a_n = (2S_n + 1) - (2S_{n-1} + 1) = 2a_n$，得 $a_{n+1} = 3a_n$，

所以数列 $\{a_n\}$ 是以1为首项，公比为3的等比数列，所以 $a_n = 3^{n-1}$，$n \in \mathbf{N}^*$.

(2) 设 $b_n = |3^{n-1} - n - 2|$，$n \in \mathbf{N}^*$，$b_1 = 2$，$b_2 = 1$，

当 $n \geqslant 3$ 时，由于 $3^{n-1} > n + 2$，故 $b_n = 3^{n-1} - n - 2$，$n \geqslant 3$.

设数列 $\{b_n\}$ 的前 n 项和为 T_n，则 $T_1 = 2$，$T_2 = 3$，

当 $n \geqslant 3$ 时，$T_n = 3 + \dfrac{9(1 - 3^{n-2})}{1 - 3} - \dfrac{(n+7)(n-2)}{2} = \dfrac{3^n - n^2 - 5n + 11}{2}$，

当 $n = 2$ 时，也适合上式.

所以 $T_n = \begin{cases} 2, & n = 1, \\ \dfrac{3^n - n^2 - 5n + 11}{2}, & n \geqslant 2, \ n \in \mathbf{N}^*. \end{cases}$

10. （2017年南昌十校二模联考）已知等比数列 $\{a_n\}$ 满足 $a_n > 0$，$a_1 a_2 a_3 = 64$，S_n 为其前 n 项和，且 $2S_1$，S_3，$4S_2$ 成等差数列.

(1) 求数列 $\{a_n\}$ 的通项公式；

(2) 设 $b_n = \log_2 a_1 + \log_2 a_2 + \cdots + \log_2 a_n$，求数列 $\left\{\dfrac{1}{b_n}\right\}$ 的前 n 项和 T_n.

解：(1) 设数列 $\{a_n\}$ 的公比为 q，

$\because 2S_1$，S_3，$4S_2$ 成等差数列，$\therefore 2S_3 = 2S_1 + 4S_2$，

即 $2(a_1 + a_1 q + a_1 q^2) = 2a_1 + 4(a_1 + a_1 q)$，

化简得 $q^2 - q - 2 = 0$，

解得 $q = 2$ 或 $q = -1$.

$\because a_n > 0$，$\therefore q = -1$ 不合题意，舍去，

由 $a_1 a_2 a_3 = 64$，可得 $a_2^3 = 64$，解得 $a_2 = 4$，故 $2a_1 = 4$，得到 $a_1 = 2$，

$\therefore a_n = a_1 q^{n-1} = 2 \times 2^{n-1} = 2^n$.

(2) $\because b_n = \log_2 a_1 + \log_2 a_2 + \cdots + \log_2 a_n$

$= \log_2 (a_1 \cdot a_2 \cdot \cdots \cdot a_n) = \log_2 2^{1+2+\cdots+n}$

$= 1 + 2 + \cdots + n = \dfrac{(n+1) \times n}{2}$，

$\therefore \dfrac{1}{b_n} = \dfrac{2}{n(n+1)} = 2 \times \left(\dfrac{1}{n} - \dfrac{1}{n+1}\right)$，

$\therefore T_n = \dfrac{1}{b_1} + \dfrac{1}{b_2} + \cdots + \dfrac{1}{b_n} = 2 \times \left[\left(\dfrac{1}{1} - \dfrac{1}{2}\right) + \left(\dfrac{1}{2} - \dfrac{1}{3}\right) + \cdots + \left(\dfrac{1}{n} - \dfrac{1}{n+1}\right)\right]$

$$= 2 \times \left(1 - \frac{1}{n+1} \right) = \frac{2n}{n+1}.$$

11. 已知在数列 $\{a_n\}$ 中, $a_1 = 2$, $a_2 = 4$, 且 $a_{n+1} = 3a_n - 2a_{n-1}$ $(n \geqslant 2)$.

(1) 证明: 数列 $\{a_{n+1} - a_n\}$ 为等比数列, 并求数列 $\{a_n\}$ 的通项公式;

(2) 令 $b_n = \dfrac{2n-1}{a_n}$, 求数列 $\{b_n\}$ 的前 n 项和 T_n.

解: (1) 由 $a_{n+1} = 3a_n - 2a_{n-1}$ $(n \geqslant 2)$, 得 $a_{n+1} - a_n = 2 (a_n - a_{n-1})$,

因此数列 $\{a_{n+1} - a_n\}$ 是公比为 2, 首项为 $a_2 - a_1 = 2$ 的等比数列.

所以当 $n \geqslant 2$ 时, $a_n - a_{n-1} = 2 \times 2^{n-2} = 2^{n-1}$,

$a_n = (a_n - a_{n-1}) + (a_{n-1} - a_{n-2}) + \cdots + (a_2 - a_1) + a_1$

$= (2^{n-1} + 2^{n-2} + \cdots + 2) + 2 = 2^n$,

当 $n = 1$ 时, 也符合, 故 $a_n = 2^n$.

(2) 由 (1) 知 $b_n = \dfrac{2n-1}{a_n}$,

所以 $T_n = \dfrac{1}{2} + \dfrac{3}{2^2} + \dfrac{5}{2^3} + \cdots + \dfrac{2n-1}{2^n}$,   ①

$\dfrac{1}{2} T_n = \dfrac{1}{2^2} + \dfrac{3}{2^3} + \dfrac{5}{2^4} + \cdots + \dfrac{2n-1}{2^{n+1}}$,   ②

① $-$ ②, 得 $\dfrac{1}{2} T_n = \dfrac{1}{2} + \dfrac{2}{2^2} + \dfrac{2}{2^3} + \dfrac{2}{2^4} + \cdots + \dfrac{2}{2^n} - \dfrac{2n-1}{2^{n+1}}$

$= \dfrac{1}{2} + 2 \left(\dfrac{1}{2^2} + \dfrac{1}{2^3} + \dfrac{1}{2^4} + \cdots + \dfrac{1}{2^n} \right) - \dfrac{2n-1}{2^{n+1}}$

$= \dfrac{1}{2} + 2 \times \dfrac{\dfrac{1}{4} \left(1 - \dfrac{1}{2^{n-1}} \right)}{1 - \dfrac{1}{2}} - \dfrac{2n-1}{2^{n+1}} = \dfrac{1}{2} + 1 - \dfrac{1}{2^{n-1}} - \dfrac{2n-1}{2^{n+1}} = \dfrac{3}{2} - \dfrac{2n+3}{2^{n+1}}$,

所以 $T_n = 3 - \dfrac{2n+3}{2^n}$.

立体几何

考点情况分析

1. 2013—2019 年新课标全国卷 I 试题分析（见表 5 – 1）

表 5 – 1

考　点	2013	2014	2015	2016	2017	2018	2019
三视图	7	12	11	6	7	7	
球相关问题							12
点、线、面平行与垂直	4，18（1）	19（1）	18（1）	18（1）	18（1）	12，18（1）	18（1）
空间角和空间距离、面积、体积的计算	18（2）	19（2）	18（1）	18（2）	16，18（2）	18（2）	18（2）

2. 考题特点

（1）高考在本专题一般命制 2～3 道题，其中必有 1 道解答题，分值占17～22 分.

（2）小题主要考查球、三视图与基本几何图形的知识交汇点，也可能考查动点问题并作为压轴题.

（3）解答题一般都是两问的题目，第一问主要考查点、线、面的平行垂直关系，线线，线面，面面之间的平行、垂直关系的证明及转化，属于基础问题. 第二问，大多考查线线、线面、面面所成角的三角函数值的计算.

（4）无论是选填题还是解答题，本题主要考查学生的空间想象能力，演绎推理能力和数形结合能力.

3. 学科素养考查分析

本专题主要考查逻辑推理、直观想象、数学运算三种核心素养.

微专题 1　空间立体几何中的点线面关系判断和证明

核心知识归纳

1. 直线、平面平行的判定及其性质

线线平行⇌线面平行⇌面面平行

（1）线面平行的判定定理：$a \not\subset \alpha$，$b \subset \alpha$，$a \parallel b \Rightarrow a \parallel \alpha$．

（2）线面平行的性质定理：$a \parallel \alpha$，$a \subset \beta$，$\alpha \cap \beta = b \Rightarrow a \parallel b$．

（3）面面平行的判定定理：$a \subset \beta$，$b \subset \beta$，$a \cap b = P$，$a \parallel \alpha$，$b \parallel \alpha \Rightarrow \alpha \parallel \beta$．

（4）面面平行的性质定理：$\alpha \parallel \beta$，$\alpha \cap \gamma = a$，$\beta \cap \gamma = b \Rightarrow a \parallel b$．

2. 直线、平面垂直的判定及其性质

线线垂直⇌线面垂直⇌面面垂直

（1）线面垂直的判定定理：$m \subset \alpha$，$n \subset \alpha$，$m \cap n = P$，$l \perp m$，$l \perp n \Rightarrow l \perp \alpha$．

（2）线面垂直的性质定理：$a \perp \alpha$，$b \perp \alpha \Rightarrow a \parallel b$．

（3）面面垂直的判定定理：$a \subset \beta$，$a \perp \alpha \Rightarrow \alpha \perp \beta$．

（4）面面垂直的性质定理：$\alpha \perp \beta$，$\alpha \cap \beta = l$，$a \subset \alpha$，$a \perp l \Rightarrow a \perp \beta$．

考点题型剖析

考点一：垂直关系

【例1】（益阳市、湘潭市 2018 届高三 9 月调研考试试卷）见图 5 - 1，四棱锥 $P - ABCD$ 的底面 $ABCD$ 为菱形，面 $PAD \perp$ 面 $ABCD$，$PA = PD = 5$，$AD = 6$，

$\angle DAB = 60°$，E 为 AB 的中点．

证明：$AC \perp PE$．

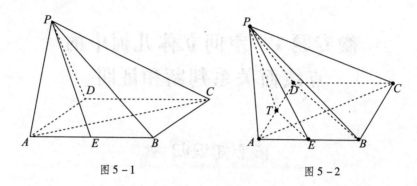

图 5-1   图 5-2

解：见图 5-2，设 AD 的中点为 T，连接 BD，PT，TE．

因为 $PA = PD$，所以 $AD \perp PT$，面 $PAD \perp$ 面 $ABCD$，面 $PAD \cap$ 面 $ABCD = AD$，$PT \subset$ 面 PAD，所以 $PT \perp$ 面 $ABCD$．

又因为 $AC \subset$ 面 $ABCD$，所以 $PT \perp AC$．   ①

在菱形 $ABCD$ 中，$AC \perp BD$，又因为点 E 为 AB 中点，所以 TE 为三角形 ABD 的中位线．

所以 $TE // BD$，所以 $AC \perp TE$．   ②

由①②得 $TE \cap PT = T$，TE，$PT \subset$ 面 PTE，所以 $AC \perp$ 面 PTE．

因为 $PE \subset$ 面 PTE，所以 $AC \perp PE$．

【名师方法点拨】

1. 学生必须了解垂直系统的证明条件及思想．证明思想：线线垂直到线面垂直到面面垂直，面面垂直到线面垂直到线线垂直．

2. 本题已知面面垂直求证线线垂直，因此我们需努力把面面垂直转化为线面垂直（一般要垂直于面面交线），结合题目条件，因此考虑到作 AD 的中点 T．

3. 垂直关系的基础是线线垂直，证明线线垂直常用的方法：

（1）利用等腰三角形底边上中线即高线的性质．

（2）勾股定理．

（3）线面垂直的性质：即要证两线垂直，只需证明一线垂直于另一线所在的平面即可，$l \perp \alpha$，$a \subset \alpha \Rightarrow l \perp a$．

【跟踪训练】（2017 年全国 I 卷，理 18 节选）见图 5-3，在四棱锥 $P - AB$-CD 中，$AB // CD$，且 $\angle BAP = \angle CDP = 90°$．

证明：平面 $PAB \perp$ 平面 PAD.

证明：由已知 $\angle BAP = \angle CDP = 90°$，

得 $AB \perp AP$，$CD \perp PD$.

由于 $AB \parallel CD$，

故 $AB \perp PD$，

从而 $AB \perp$ 平面 PAD.

又 $AB \subset$ 平面 PAB，

所以平面 $PAB \perp$ 平面 PAD.

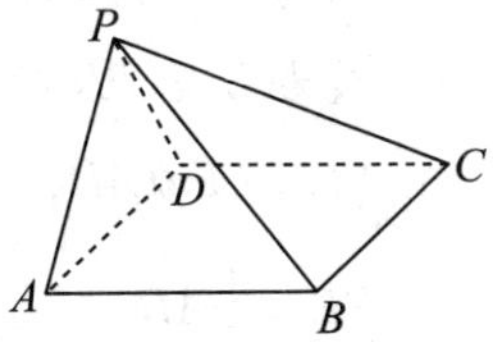

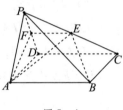

图 5 - 3

考点二：平行关系

【例 2】见图 5 - 4，在四棱锥 $P - ABCD$ 中，底面 $ABCD$ 是菱形，

点 E 是棱 PC 的中点，平面 ABE 与棱 PD 交于

点 F.

求证：$AB \parallel EF$.

证明：在菱形 $ABCD$ 中，$AB \parallel CD$，$CD \subset$ 面 PCD，

$AB \not\subset$ 面 PCD，所以 $AB \parallel$ 面 PCD. 又因为平面 ABE 与棱

PD 交于点 F，点 E 是棱 PC 的中点，所以平面 $ABE \cap$

面 $PCD = EF$. 所以 $AB \parallel EF$.

图 5 - 4

【名师方法点拨】

1. 学生必须了解平行系统的证明条件及思想. 证明思想：线线平行到线面平行到面面平行，面面平行到线面平行到线线平行.

2. 本题要证 $AB \parallel EF$，且题目提示平面 ABE 与棱 PD 交于点 F，因此需说明 EF 为两个面的交线，并且努力证明 $AB \parallel$ 面 PCD.

3. 平行关系的基础是线线平行，证明线线平行常用的方法：

一是利用平行公理，即证两直线同时和第三条直线平行.

二是利用平行四边形进行平行转换.

三是利用三角形的中位线定理证线线平行.

四是利用线面平行、面面平行的性质定理进行平行转换.

【跟踪训练】（2017 年全国 II 卷，理 19 节选）见图 5 - 5，四棱锥 $P - ABCD$

中，侧面 PAD 为等边三角形且垂直于底面 $ABCD$，$AB = BC = \dfrac{1}{2}AD$，$\angle BAD =$

$\angle ABC = 90°$，E 是 PD 的中点.

求证：直线 CE // 平面 PAB.

证明：取 PA 的中点 F，连接 EF，BF.

因为 E 是 PD 的中点，

所以 EF // AD，

$EF = \dfrac{1}{2}AD$.

由 $\angle BAD = \angle ABC = 90°$，得 BC // AD.

又 $BC = \dfrac{1}{2}AD$，

所以 $EF \underline{\underline{\parallel}} BC$，

所以四边形 $BCEF$ 是平行四边形，

所以 CE // BF，

又 $BF \subset$ 平面 PAB，

$CE \not\subset$ 平面 PAB，

故 CE // 平面 PAB.

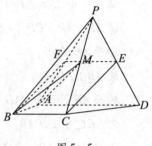

图 5 - 5

课后目标检测

（一）选择题

1. （2013 年全国 1 卷）已知 m，n 为异面直线，$m \perp$ 平面 α，$n \perp$ 平面 β. 直线 l 满足 $l \perp m$，$l \perp n$，$l \not\subset \beta$，则（   ）

A. α // β 且 l // α B. $\alpha \perp \beta$ 且 $l \perp \beta$

C. α 与 β 相交，且交线垂直于 l D. α 与 β 相交，且交线平行于 l

解：选 D，考查学生的空间想象能力，学生需能画（想象）出 ABC 选项的反例.

2. 设 a，b 是两条不同的直线，α，β 是两个不同的平面，则 α // β 的一个充分条件是（   ）

A. 存在一条直线 a，a // α，a // β

B. 存在一条直线 a，$a \subset \alpha$，a // β

C. 存在两条平行直线 a，b，$a\subset\alpha$，$b\subset\beta$，$a/\!/\beta$，$b/\!/\alpha$

D. 存在两条异面直线 a，b，$a\subset\alpha$，$b\subset\beta$，$a/\!/\beta$，$b/\!/\alpha$

解：选 D，最原始的原理，$\alpha/\!/\beta$ 的一个充分条件，α 内的两条相交直线均与 β 平行，两条相交直线可以看成两个方向也可以看成平面的一个基底，因此只有 D 含有两个方向，其他均可以写出反例.

（二）解答题

3. 见图 5-6，菱形 $ABCD$ 与矩形 $BDEF$ 所在平面互相垂直.

求证：$FC/\!/$ 平面 AED.

证明：在菱形 $ABCD$ 与矩形 $BDEF$ 中，FB
$/\!/ED$，$BC/\!/AD$，$FB\not\subset$ 面 ADE，$BC\not\subset$ 面 ADE，
$ED\subset$ 面 ADE，$AD\subset$ 面 ADE，

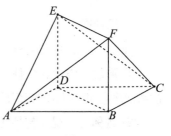

所以 $FB/\!/$ 面 ADE，$BC/\!/$ 面 ADE.

又因为 $FB\cap BC=B$，FB，$BC\subset$ 面 FBC，

所以面 $FBC/\!/$ 面 ADE.

因为 $FC\subset$ 面 FBC，所以 $FC/\!/$ 平面 AED.

图 5-6

4.（2019 年全国Ⅲ卷）图 5-7 是由矩形 $ADEB$，$\mathrm{Rt}\triangle ABC$ 和菱形 $BFGC$ 组成的一个平面图形，其中 $AB=1$，$BE=BF=2$，$\angle FBC=60°$，将其沿 AB，BC 折起使得 BE 与 BF 重合，连接 DG，见图 5-8.

证明：图 5-8 中的 A，C，G，D 四点共面，且平面 $ABC\perp$ 平面 $BCGE$.

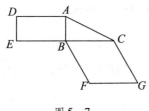

图 5-7

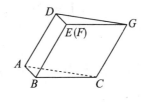

图 5-8

证明：因为 $AD/\!/BE$，$BF/\!/CG$，又因为 E 和 F 粘在一起，

$\therefore AD/\!/CG$，A，C，G，D 四点共面.

又有 $AB\perp BE$，$AB\perp BC$，$BE\cap BC=B$，

$\therefore AB\perp$ 平面 $BCGE$. 因为 $AB\subset$ 平面 ABC，

$\therefore$ 平面 $ABC\perp$ 平面 $BCGE$，得证.

微专题2 空间角和空间距离的计算

核心知识归纳

1. 三视图

（1）三视图的形成与名称

① 形成：空间几何体的三视图是用平行投影得到的，在这种投影之下，与投影面平行的平面图形留下的影子，与平面图形的形状和大小是完全相同的；

② 名称：三视图包括正视图、侧视图、俯视图.

（2）作、看三视图的三原则

① 位置原则（见图5-9）：

正（主）视图　　侧（左）视图　　俯视图

图5-9

② 度量原则：长对正、高平齐、宽相等（即正俯同长、正侧同高、俯侧同宽）.

③虚实原则：轮廓线——现则实、隐则虚.

2. 几何体的外接球及内切球

（1）正方体的外接球、内切球及与各条棱相切的球

① 外接球：球心是正方体中心；半径 $r = \dfrac{\sqrt{3}}{2}a$（a 为正方体的棱长）.

② 内切球：球心是正方体中心；半径 $r = \dfrac{a}{2}$（a 为正方体的棱长）.

③ 与各条棱都相切的球：球心是正方体中心；半径 $r = \dfrac{\sqrt{2}}{2}a$（a 为正方体的棱长）

（2）正四面体的外接球与内切球（正四面体可以看作是正方体的一部分）

① 外接球：球心是正四面体的中心；半径 $r = \dfrac{\sqrt{6}}{4}a$（a 为正四面体的棱长）．

② 内切球：球心是正四面体的中心；半径 $r = \dfrac{\sqrt{6}}{12}a$（$a$ 为正四面体的棱长）．

3. 线线所成的角

设 a，b 分别是两异面直线 l_1，l_2 的方向向量，a 与 b 的夹角为 φ，l_1 与 l_2 所成的角为 θ，则 $\cos\theta = |\cos\varphi| = \dfrac{|a \cdot b|}{|a| \cdot |b|}$．

4. 线面所成的角

设直线 l 的方向向量为 a，平面 α 的法向量为 n，直线 l 与平面 α 所成的角为 θ，a，n 的夹角为 φ，则 $\sin\theta = |\cos\varphi|$ $= \dfrac{|a \cdot n|}{|a| \cdot |n|}$．

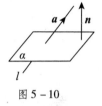

图 5 - 10

5. 面面所成的角

见图 5 - 11，设 n_1，n_2 分别是二面角 $\alpha - l - \beta$ 的两个面 α，β 的法向量，则向量 n_1 与 n_2 的夹角（或其补角）的大小就是二面角的平面角的大小（见图 5 - 12 和图 5 - 13，其中图 5 - 12 中向量夹角的大小即为二面角平面角，图 5 - 13 中则为其补角）．则 $|\cos\theta| = \dfrac{|\overrightarrow{n_1} \cdot \overrightarrow{n_2}|}{|\overrightarrow{n_1}| \cdot |\overrightarrow{n_2}|}$

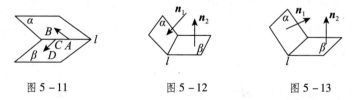

图 5 - 11   图 5 - 12   图 5 - 13

6. 点面距的求法

见图 5 - 14，设 n 是平面 α 的法向量，点 A 在平面 α 内，点 B 在平面 α 外，则点 B 到平面 α 的距离为 $\dfrac{|\overrightarrow{AB} \cdot n|}{|n|}$．

图 5 - 14

7. 几何体的表面积、体积计算

表 5 – 2

名称\几何体	表面积	体积
柱体（棱柱和圆柱）	$S_{表面积} = S_{侧} + 2S_{底}$	$V = Sh$
锥体（棱锥和圆锥）	$S_{表面积} = S_{侧} + S_{底}$	$V = \dfrac{1}{3}Sh$
台体（棱台和圆台）	$S_{表面积} = S_{侧} + S_{上} + S_{下}$	$V = \dfrac{1}{3}\left(S_{上} + S_{下} + \sqrt{S_{上}S_{下}}\right)h$
球	$S = 4\pi R^2$	$V = \dfrac{4}{3}\pi R^3$

考点题型剖析

考点一：三视图与几何体的外接球与内切球

【例 1】已知正四棱锥，其底面边长为 2，侧棱长为 $\sqrt{3}$，则该四棱锥外接球的表面积是_____.

解：根据题意作出图 5 – 15 所示的正四棱锥：

其中，在正四棱锥 $E – ABCD$ 中，底边长为 2，侧棱长为 $\sqrt{3}$，则高为 $EG = 1$，O 为该四棱锥外接球的球心，设外接球的半径为 R，则 $OA = OE = R$.

在 Rt$\triangle OGA$ 中，$OA^2 = AG^2 + OG^2$，

则 $R^2 = \left(\sqrt{2}\right)^2 + \left(1 - R\right)^2$，

$\therefore R = \dfrac{3}{2}$，

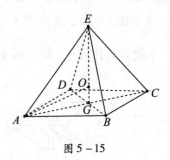

图 5 – 15

$\therefore$ 外接球的表面积是 $4\pi R^2 = 9\pi$.

故答案为 9π.

【名师方法点拨】

本题考查了球与几何体的问题，一般外接球需要求球心和半径，首先应确定球心的位置，借助于外接球球心到各顶点距离相等的性质，这样可先确定几

何体中部分点组成的多边形的外接圆的圆心，过圆心且垂直于多边形所在平面的直线上任一点到多边形的顶点的距离相等，然后应用同样的方法找到另一个多边形的各顶点距离相等的直线. 这样两条直线的交点就是其外接球的球心，再根据半径，顶点到底面中心的距离，球心到底面中心的距离，构成勾股定理求解，有时也可利用补体法得到半径.

【跟踪训练】（2018 年广东七校联考）见图 5 - 16，网格纸上小正方形的边长为 1，粗实线画出的是某几何体的三视图，该几何体是由一个三棱柱切割得到的，则该几何体外接球的表面积为（　　　）

A. 20π　　　　　B. 18π　　　　　C. 16π　　　　　D. 8π

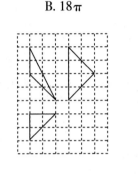
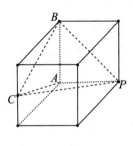

图 5 - 16　　　　　　　　　　图 5 - 17

解：选 A. 见图 5 - 17，利用长方体（正方体）定点的方法，可把三视图还原成几何体四棱锥 $P - ABC$，且有 PA 垂直于面 ABC，所以在外接球公式 $R^2 = r^2 + d^2$（R 为外接球半径，r 为底面外接圆半径，d 为球心到底面中心的距离，进而算得球心到底面距离）中，$d = \dfrac{1}{2}PA$，从而容易算出 $R = \sqrt{5}$，则该几何体外接球的表面积为 20π.

【名师方法点拨】

三视图还原考查学生的空间想象能力，是高考中的难点. 常用方法有长方体（正方体）定点法，需要学生对此类题型有一定的积累，并提高空间想象能力.

考点二：空间角和空间距离的计算

【例 2】 见图 5 - 18，在四棱柱 $ABCD - A_1B_1C_1D_1$ 中，底面 $ABCD$ 是等腰梯形，$AB = 2$，$BC = CD = 1$，$AB /\!/ CD$，顶点 D_1 在底面 $ABCD$ 上的射影恰为点 C.

（1）求证：平面 $AD_1C \perp$ 平面 BCC_1B_1；

（2）若直线 AD_1 与底面 $ABCD$ 成 $30°$ 角，求二面角 $C - AD_1 - D$ 的余弦值.

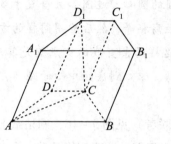

图 5 – 18   图 5 – 19

解：（1）由已知可得 $AC \perp BC$，又 $D_1C \perp$ 底面 $ABCD$，

$\therefore BC \perp D_1C$ 且 $AC \cap D_1C = C$，

$\therefore BC \perp$ 平面 AD_1C，

$\therefore$ 平面 $AD_1C \perp$ 平面 BCC_1B_1.

（2）若直线 AD_1 与底面 $ABCD$ 成 30° 角，$D_1C \perp$ 底面 $ABCD$，

$\angle D_1AC = 30°$，$AC = \sqrt{3}$，

$\therefore D_1C = 1$.

如图 5 – 19 所示，建立空间直角坐标系，

则 $A(\sqrt{3}, 0, 0)$，$D_1(0, 0, 1)$，$D\left(\dfrac{\sqrt{3}}{2}, -\dfrac{1}{2}, 0\right)$.

取平面 CAD_1 的法向量 $\boldsymbol{n}_1 = (0, 1, 0)$，

设平面 AD_1D 的法向量 $\boldsymbol{n}_2 = (1, y, z)$，

则由 $\begin{cases} \boldsymbol{n}_2 \cdot \overrightarrow{AD_1} = 0, \\ \boldsymbol{n}_2 \cdot \overrightarrow{AD} = 0, \end{cases}$ 得 $\begin{cases} y = -\sqrt{3}, \\ z = \sqrt{3}, \end{cases}$

$\therefore \cos \langle \boldsymbol{n}_1, \boldsymbol{n}_2 \rangle = \dfrac{\sqrt{3}}{\sqrt{7}} = \dfrac{\sqrt{21}}{7}$，

$\therefore$ 二面角 $C – AD_1 – D$ 的余弦值为 $\dfrac{\sqrt{21}}{7}$.

【名师方法点拨】

1. 本题第一问空间立体几何中的点线面关系判断和证明，这也是高考中立体几何第一问的常考知识点，通过在第一问中探究几何体的线面关系，在第二问中基本能确定选取哪个点作为空间直角坐标系的原点，哪个方向作为空间直角坐标系的坐标轴.

2. 第二问有两个重要的知识点，首先是考查学生是否了解线面角的定义，

把线面角转化为平面角，进而通过三角函数求出相关线段的距离长度．其次，本题考查二面角（或角的三角函数）的求解步骤．这两个考点都是高考中的常客，需要学生熟练掌握知识点及解题步骤．

【跟踪训练】（淄博市 2017—2018 学年度高三模拟考试试题）直角三角形 ABC 中，$\angle C = 90°$，$AC = 4$，$BC = 2$，E 是 AC 的中点，F 是线段 AB 上一个动点，且 $\overrightarrow{AF} = \lambda \overrightarrow{AB}$（$0 < \lambda < 1$），见图 5−20，沿 BE 将 $\triangle CEB$ 翻折至 $\triangle DEB$，使得平面 $DEB \perp$ 平面 ABE．是否存在 λ，使得 DF 与平面 ADE 所成的角的正弦值是 $\dfrac{\sqrt{2}}{3}$？若存在，求出 λ 的值；若不存在，请说明理由．

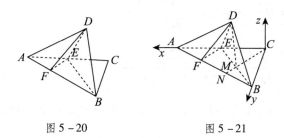

图 5−20　　　　　　图 5−21

解：以 C 为原点，CA 所在直线为 x 轴，CB 所在直线为 y 轴，建立如图 5−21 所示空间直角坐标系．

则 C $(0，0，0)$，A $(4，0，0)$，B $(0，2，0)$，E $(2，0，0)$．

由（1）知 M 是 BE 中点，$DM \perp BE$，而平面 $DBE \perp$ 平面 ABC，

$\therefore DM \perp$ 平面 ABC，则 D $(1，1，\sqrt{2})$．

假设存在满足题意的 λ，则由 $\overrightarrow{AF} = \lambda \overrightarrow{AB}$，

可得 F $(4-4\lambda，2\lambda，0)$，则 $\overrightarrow{DF} = (3-4\lambda，2\lambda-1，-\sqrt{2})$．

设平面 ADE 的一个法向量为 $\boldsymbol{n} = (x，y，z)$，

则 $\begin{cases} \boldsymbol{n} \cdot \overrightarrow{AE} = 0， \\ \boldsymbol{n} \cdot \overrightarrow{AD} = 0， \end{cases}$ 即 $\begin{cases} -2x = 0， \\ -3x + y + \sqrt{2}z = 0， \end{cases}$ 令 $y = \sqrt{2}$，可得 $x = 0$，$z = -1$，

即 $\boldsymbol{n} = (0，\sqrt{2}，-1)$．

$\therefore DF$ 与平面 ADE 所成的角的正弦值：

$$\sin\theta = |\cos\langle \overrightarrow{DF}，\boldsymbol{n}\rangle| = \dfrac{|\overrightarrow{DF} \cdot \boldsymbol{n}|}{|\overrightarrow{DF}| \, |\boldsymbol{n}|}$$

$$= \dfrac{|\sqrt{2}(2\lambda-1) + \sqrt{2}|}{\sqrt{3} \cdot \sqrt{(3-4\lambda)^2 + (2\lambda-1)^2 + (-\sqrt{2})^2}} = \dfrac{\sqrt{2}}{3}，$$

解得 $\lambda = \dfrac{1}{2}$（$\lambda = 3$ 舍去）.

综上，存在 $\lambda = \dfrac{1}{2}$，使得 DF 与平面 ADE 所成的角的正弦值为 $\dfrac{\sqrt{2}}{3}$.

【名师方法点拨】

1. 折叠问题是立体几何中常考的题型，关键要找出折叠前后的不变量，同时也是考查学生空间想象能力的重要载体.

2. 本题是探究性设问，寻找是否存在参数的某一值符合题意. 此类题目不变的是公式，解题过程中：

$$\sin\theta = |\cos<\overrightarrow{DF},\ \boldsymbol{n}>| = \dfrac{|\overrightarrow{DF}\cdot\boldsymbol{n}|}{|\overrightarrow{DF}|\ |\boldsymbol{n}|}$$

$$= \dfrac{|\sqrt{2}\ (2\lambda - 1)\ + \sqrt{2}|}{\sqrt{3}\cdot\sqrt{(3 - 4\lambda)^2 + (2\lambda - 1)^2 + (-\sqrt{2})^2}} = \dfrac{\sqrt{2}}{3},$$

解得 $\lambda = \dfrac{1}{2}$（$\lambda = 3$ 舍去）. 公式不变，用方程思想求出对应的参数，此类题目对学生字母代数式计算能力有一定的要求.

课后目标检测

（一）选择题

1. 已知正方形 $ABCD$ 的边长为 4，E，F 分别是 BC，CD 的中点，沿 AE，EF，AF 折成一个三棱锥 $P - AEF$（使 B，C，D 重合于 P），三棱锥 $P - AEF$ 的外接球表面积为（　　）

A. 6π　　　　　B. 12π　　　　　C. 24π　　　　　D. 48π

解：由题可知，折叠后见图 $5 - 22$，$PA \perp PE$，$PA \perp PF$，$PE \perp PF$，所以三棱锥 $P - AEF$ 的外接球与以 PA，PE，PF 为邻边的长方体外接球一致. 因为 $PA = 4$，$PE = PF = 2$，所以 $R = \dfrac{\sqrt{4^2 + 2^2 + 2^2}}{2} = \sqrt{6}$，故 $S = 4\pi R^2$

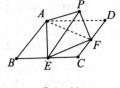

图 $5 - 22$

$=24\pi$.

2. 平面 α 过正方体 $ABCD-A_1B_1C_1D_1$ 的顶点 A，平面 α // 平面 A_1BD，平面 α $\cap$ 平面 $ABCD=l$，则直线 l 与直线 A_1C_1 所成的角为（　　）

A. 30°　　　　B. 45°　　　　C. 60°　　　　D. 90°

解：见图 5-23，平面 α 过正方体 $ABCD-A_1B_1C_1$ D_1 的顶点 A，平面 α // 平面 A_1BD，平面 $\alpha \cap$ 平面 $ABCD$ $=l=AF$，平面 $A_1BD \cap$ 平面 $ABCD=BD$，$\therefore BD$ // AF. 又 $\because A_1C_1$ // AC，则直线 l 与直线 A_1C_1 所成的角即为直线 BD 与直线 AC 所成的角，即为 90°. 故选 D.

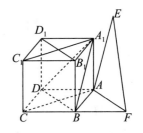

图 5-23

3. （2019 届广州市高三年级调研测试）见图 5-24 为一个多面体的三视图，则该多面体的体积为（　　）

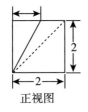 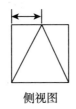 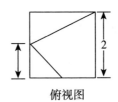

正视图　　　　　侧视图　　　　　俯视图

图 5-24

A. 6　　　　B. 7　　　　C. $\dfrac{22}{3}$　　　　D. $\dfrac{23}{3}$

解：由三视图和截割法可知，该几何体为正方体去掉两个倒立的三棱锥，见图 5-25，$V=2^3-\dfrac{1}{3}\times\left(\dfrac{1}{2}\times 1\times 1\right)\times 2-\dfrac{1}{3}\times\left(\dfrac{1}{2}\times 1\times 2\right)\times 2=7$，所以答案选 B.

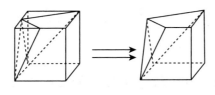

图 5-25

（二）填空题

4. 某几何体为长方体的一部分，其三视图见图 5-26，则此几何体的体积

为 _____.

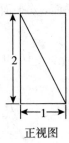 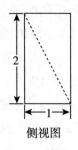 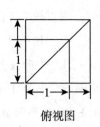

正视图　　　　　　侧视图　　　　　　俯视图

图 5－26

解：由三视图可得，还原的几何体见图 5－27，为正方体 $ABCD-EFGH$ 截去三棱锥 $F-BEG$ 的部分，所以其体积为 $V=1\times1\times2-\dfrac{1}{3}\times\dfrac{1}{2}\times1\times1\times2=\dfrac{5}{3}$，故答案为 $\dfrac{5}{3}$.

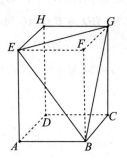

图 5－27

5. 某几何体的三视图见图 5－28，数量单位为 cm，它的体积是（　　）

正视图　　　　　　侧视图　　　　　　俯视图

图 5－28

A. $\dfrac{27\sqrt{3}}{2}\text{cm}^3$　　　B. $\dfrac{9}{2}\text{cm}^3$　　　C. $\dfrac{9\sqrt{3}}{2}\text{cm}^3$　　　D. $\dfrac{27}{2}\text{cm}^3$

解：利用长方体（正方体）定点的方法，可把三视图还原成几何体，见图 5－29，三视图还原成直观图为底面为直角梯形的四棱锥，$V=\dfrac{1}{3}Sh=\dfrac{1}{3}\times\dfrac{1}{2}(2+4)\times3\times\dfrac{3}{2}\sqrt{3}=\dfrac{9}{2}\sqrt{3}\text{cm}^3$，故选 C.

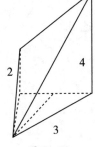

图 5－29

6.（湖南师大附中 2019 届高三月考）某几何体的三视图如图 5－30 所示，正视图是直角三角形，侧视图是等腰三角形，俯视图是边长为 $3\sqrt{2}$ 的等边三角形，若该几何体的外接球的体积为 36π，则该几何体的体积为 _____.

解：根据几何体的三视图，得出该几何体见图 5 - 30，

由该几何体的外接球的体积为 36π，即 $\frac{4}{3}\pi R^3 = 36\pi$，$R = 3$，则球心 O 到底面等边 $\triangle ABC$ 的中心 O' 的距离 $|OO'| =$

$\sqrt{R^2 - \left(\frac{\sqrt{3}}{3} \times 3\sqrt{2}\right)^2} = \sqrt{3}$，可得三棱锥的高 $h = 2|OO'| = 2$

$\sqrt{3}$，故三棱锥的体积 $V = \frac{1}{3} \times \frac{\sqrt{3}}{4} \times (3\sqrt{2})^2 \times 2\sqrt{3} = 9$.

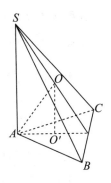

图 5 - 30

（三）解答题

7.（湖南湖北八市十二校 2019 届高三第一次调研联考）如图 5 - 31，三棱柱 $ABC - A_1B_1C_1$ 的底面 ABC 是等边三角形，BC 的中点为 O，$A_1O \perp$ 底面 ABC，

AA_1 与底面 ABC 所成的角为 $\frac{\pi}{3}$，点 D 在棱 AA_1 上，

且 $AD = \frac{\sqrt{3}}{2}$，$AB = 2$.

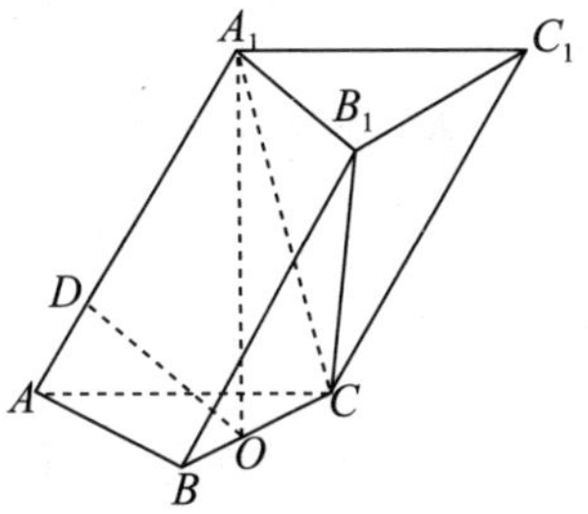

（1）求证：$OD \perp$ 平面 BB_1C_1C；

（2）求二面角 $B - B_1C - A_1$ 的平面角的余弦值.

解：（1）见图 5 - 32，连接 AO，

$\because A_1O \perp$ 底面 ABC，AO，$BC \subset$ 底面 ABC，

$\therefore BC \perp A_1O$，$A_1O \perp AO$，且 AA_1 与底面 ABC 所

图 5 - 31

成的角为 $\angle A_1AO$，即 $\angle A_1AO = \frac{\pi}{3}$.

在等边 $\triangle ABC$ 中，易求得 $AO = \sqrt{3}$.

在 $\triangle AOD$ 中，由余弦定理，得 $OD = \sqrt{OA^2 + AD^2 - 2OA \cdot AD\cos\frac{\pi}{3}} = \frac{3}{2}$，

$\therefore OD^2 + AD^2 = 3 = OA^2$，$\therefore OD \perp AA_1$.

又 $\because AA_1 /\!/ BB_1$，$\therefore OD \perp BB_1$. $\because AB = AC$，$OB = OC$，$\therefore AO \perp BC$.

又 $\because BC \perp A_1O$，$AO \cap A_1O = O$，$\therefore BC \perp$ 平面 AA_1O.

又 $\because OD \subset$ 平面 AA_1O，$\therefore OD \perp BC$.

又 $BC \cap BB_1 = B$，$\therefore OD \perp$ 平面 BB_1C_1C.

（2）见图 5 - 32，以 O 为原点，分别以 OA，OB，OA_1 所在的直线为 x，y，z 轴建立空间直角坐标系，

则 $A\ (\sqrt{3},\ 0,\ 0)$, $C\ (0,\ -1,\ 0)$, $A_1\ (0,\ 0,\ 3)$, $B\ (0,\ 1,\ 0)$.

故 $\overrightarrow{A_1B_1} = \overrightarrow{AB} = (-\sqrt{3},\ 1,\ 0)$, $\overrightarrow{A_1C} = (0,\ -1,\ -3)$.

由 (1) 可知 $\overrightarrow{AD} = \frac{1}{4}\overrightarrow{AA_1}$, $\therefore$ 可得点 D 的坐标为 $\left(\frac{3\sqrt{3}}{4},\ 0,\ \frac{3}{4}\right)$,

$\therefore$ 平面 BB_1C_1C 的一个法向量是 $\overrightarrow{OD} = \left(\frac{3\sqrt{3}}{4},\ 0,\ \frac{3}{4}\right)$.

设平面 A_1B_1C 的法向量 $\boldsymbol{n} = (x,\ y,\ z)$, 由

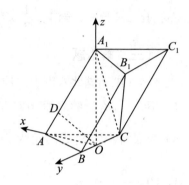

$\begin{cases} \boldsymbol{n}\cdot\overrightarrow{A_1B_1} = 0, \\ \boldsymbol{n}\cdot\overrightarrow{A_1C} = 0, \end{cases}$ 得 $\begin{cases} -\sqrt{3}x + y = 0, \\ y + 3z = 0, \end{cases}$ 令 $x = \sqrt{3}$, 则 $y =$

3, $z = -1$, 则 $\boldsymbol{n} = (\sqrt{3},\ 3,\ -1)$,

$\therefore |\cos<\overrightarrow{OD},\ \boldsymbol{n}>| = \dfrac{|\overrightarrow{OD}\cdot\boldsymbol{n}|}{|\overrightarrow{OD}||\boldsymbol{n}|} = \dfrac{\sqrt{13}}{13}$.

易知所求的二面角为钝二面角,

$\therefore$ 二面角 $B - B_1C - A_1$ 的平面角的余弦值是

$-\dfrac{\sqrt{13}}{13}$.

图 5 - 32

8. (湖北省重点高中联考协作体 2019 届高三上学期期中考试) 见图 5 - 33, 在四棱锥 $P - ABCD$ 中, $PA \perp$ 平面 $ABCD$, $AD \parallel BC$, $AD \perp CD$, 且 $AD = CD = \sqrt{2}$, $BC = 2\sqrt{2}$, $PA = 2$.

(1) 求证: $AB \perp PC$;

(2) 在线段 PD 上, 是否存在一点 M, 使得二面角 $M - AC - D$ 的大小为 $45°$, 如果存在, 求 $\dfrac{|PM|}{|PD|}$ 的值; 如果不存在, 请说明理由.

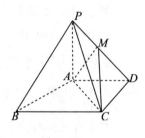

图 5 - 33

证明: (1) 见图 5 - 34, 由已知得四边形 $ABCD$ 是直角梯形.

由已知 $AD = CD = \sqrt{2}$, $BC = 2\sqrt{2}$,

可得 $\triangle ABC$ 是等腰直角三角形, 即 $AB \perp AC$.

又 $PA \perp$ 平面 $ABCD$, 则 $PA \perp AB$,

又 $AP \cap AC = A$, 所以 $AB \perp$ 平面 PAC,

所以 $AB \perp PC$;

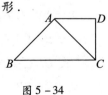

图 5 - 34

（2）建立如图 5 – 35 所示空间直角坐标系，则 A $(0, 0, 0)$，C $(\sqrt{2}, \sqrt{2},$
$0)$，D $(0, \sqrt{2}, 0)$，P $(0, 0, 2)$，B $(\sqrt{2}, -\sqrt{2}, 0)$，$\overrightarrow{PD} = (0, \sqrt{2}, -2)$.

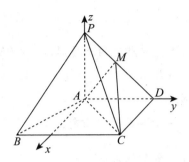

图 5 – 35

设 $\overrightarrow{PM} = t\overrightarrow{PD}$ $(0 < t < 1)$，则点 M 的坐标为 $(0, \sqrt{2}t, 2 - 2t)$. 设 $\boldsymbol{n} = (x,$
$y, z)$ 是平面 AMC 的一个法向量，则 $\begin{cases} \boldsymbol{n} \cdot \overrightarrow{AC} = 0, \\ \boldsymbol{n} \cdot \overrightarrow{AM} = 0, \end{cases}$ 得 $\begin{cases} \sqrt{2}x + \sqrt{2}y = 0, \\ \sqrt{2}ty + (2 - 2t)z = 0, \end{cases}$ 则

可取 $\boldsymbol{n} = \left(1, -1, \dfrac{\sqrt{2}t}{2(1-t)}\right)$.

又 $\boldsymbol{m} = (0, 0, 1)$ 是平面 ACD 的一个法向量，

所以 $|\cos <\boldsymbol{m}, \boldsymbol{n}>| = \dfrac{|\boldsymbol{m} \cdot \boldsymbol{n}|}{|\boldsymbol{m}||\boldsymbol{n}|} = \dfrac{\left|\dfrac{\sqrt{2}t}{2(t-1)}\right|}{\sqrt{2 + \left[\dfrac{\sqrt{2}t}{2(t-1)}\right]^2}} = \cos 45°$，$t = \dfrac{2}{3}$，

$\therefore \dfrac{|PM|}{|PD|} = \dfrac{2}{3}$.

9.（珠海市 2018 年 9 月高三摸底考试理科数学试
题）见图 5 – 36，四边形 $ABCD$ 是矩形，$AB = 2BC$，E 为
CD 中点，以 BE 为折痕将 $\triangle BEC$ 折起，使 C 到 C' 的位
置，且平面 $BEC' \perp$ 平面 $ABED$.

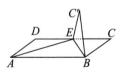

图 5 – 36

（1）求证：$AE \perp BC'$；

（2）求二面角 $C' - AE - B$ 的余弦值.

证明：（1）$\because$ 四边形 $ABCD$ 是矩形，$AB = 2BC$，E 为 CD 中点，

$\therefore \triangle ADE$，$\triangle BCE$ 都是等腰直角三角形，

$\therefore \angle AED = \angle BEC = 45°$，

∴ $\angle AEB = 90°$.

∵ 平面 BEC' ⊥ 平面 $ABED$,

∴ AE ⊥ 平面 BEC',

∴ $AE \perp BC'$.

（2）由（1）知 $\triangle BC'E$ 是等腰直角三角形，∴ $\angle BEC' = 45°$.

∵ 由（1）知 AE ⊥ 平面 BEC',

∴ $EB \perp AE$, $EC' \perp AE$,

∴ $\angle BEC'$ 是二面角 $C' - AE - B$ 的平面角，

∴ 二面角 $C' - AE - B$ 的余弦值为 $\dfrac{\sqrt{2}}{2}$.

概率与统计

考点情况分析

1. 2013—2019 年新课标全国卷 I 试题分析（见表 6 – 1）

表 6 – 1

考 点	2013	2014	2015	2016	2017	2018	2019
扇形统计图						3	
频率分布直方图		18（1）					
抽样方法	3						
古典概型		5					
几何概型				4	2	10	
独立重复试验概率	19（1）		4				6、15
二项分布		18（2）ⅱ			20（1）	20	
正态分布		18（2）ⅰ			20（2）		
离散型分布列、期望	19（2）			19			21
相关性、回归方程			19				

2. 考题特点

（1）高考在本专题一般命制 1 小 1 大两道题，近两年有所增加，命制了 2 个小题，1 个大题，分值占 17～22 分.

（2）从考查内容来看，主要有以下特征：

① 利用计数原理解决实际问题，有时与古典概型综合考查.

② 几何概型近几年考查较多.

③ 以实际问题为背景，分布列、期望考查是高考的热点.

④ 抽样方法、样本的数字特征、统计图表、回归分析与独立性检验主要以

选择题、填空题形式命题，难度较小.

⑤ 概率与统计作为考查考生应用意识的重要载体，并与其他知识融合、渗透，情境新颖，充分体现了概率与统计的工具性和交汇性. 统计与概率，回归分析与概率是近几年命题的热点，2015 年、2016 年和 2017 年在解答题中均有考查.

3. 学科素养考查分析

本专题主要考查数学建模、数据分析、数学运算、数学抽象四种核心素养.

微专题1 古典概型与几何概型问题

核心知识归纳

1. 古典概型

（1）定义：具有以下两个特点的概率模型称为古典概率模型，简称古典概型．

注意：① 试验中所有可能出现的基本事件只有有限个；

② 每个基本事件出现的可能性相等．

（2）古典概型的概率公式 $P(A) = \dfrac{A\text{ 包含的基本事件的个数}}{\text{基本事件的总数}}$．

2. 几何概型

（1）定义：如果每个事件发生的概率只与构成该事件区域的长度（面积或体积）成比例，则称这样的概率模型为几何概率模型，简称为几何概型．

（2）在几何概型中，事件 A 的概率的计算公式为

$$P(A) = \dfrac{\text{构成事件 } A \text{ 的区域长度（面积或体积）}}{\text{试验全部结果所构成的区域长度（面积或体积）}}.$$

（3）要切实理解并掌握几何概型试验的两个基本特点：

① 无限性：在一次试验中，可能出现的结果有无限多个；

② 等可能性：每个结果的发生具有等可能性．

考点题型剖析

考点一：古典概型和几何概型

【例1】 我国古代典籍《周易》用"卦"描述万物的变化. 每一"重卦"由从下到上排列的 6 个爻组成（见图 6 – 1），爻分为阳爻"——"和阴爻"– –"，如图就是一重卦. 在所有重卦中随机取一重卦，则该重卦恰有 3 个阳爻的概率是（　　）

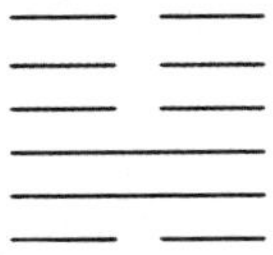

图 6 – 1

A. $\dfrac{5}{16}$ B. $\dfrac{11}{32}$ C. $\dfrac{21}{32}$ D. $\dfrac{11}{16}$

解：利用实际问题的已知条件结合古典概型求概率的公式，从而求出该重卦恰有 3 个阳爻的概率. 设恰有 3 个阳爻的事件为 A，根据题意，所有重卦的种数有 2^6 种，满足该重卦恰有 3 个阳爻的情况有 C_6^3 种，利用古典概型概率的公式，该重卦恰有三个阳爻的概率为：$P\ (A)\ =\dfrac{C_6^3}{2^6}=\dfrac{5}{16}$. 故答案为 A.

【跟踪训练】 一个三位数的百位、十位、个位上的数字依次为 a，b，c，当且仅当 $a>b$，$b<c$ 时称为"凹数"（如 213，312）等. 若 a，b，$c\in\{1，2，3，4\}$，且 a，b，c 互不相同，则这个三位数为"凹数"的概率是（　　）

A. $\dfrac{1}{6}$ B $\dfrac{5}{24}$ C. $\dfrac{1}{3}$ D. $\dfrac{7}{24}$

解：（1）由 1，2，3 组成的三位数有 123，132，213，231，312，321，共 6 个；由 1，2，4 组成的三位数有 124，142，214，241，412，421，共 6 个；由 1，3，4 组成的三位数有 134，143，314，341，413，431，共 6 个；由 2，3，4 组成的三位数有 234，243，324，342，423，432，共 6 个.

所以共有 $6+6+6+6=24$ 个三位数.

当 $b=1$ 时，有 214，213，314，412，312，413，共 6 个"凹数"；

当 $b=2$ 时，有 324，423，共 2 个"凹数".

故这个三位数为"凹数"的概率 $P=\dfrac{6+2}{24}=\dfrac{1}{3}$.

考点二：几何概型

【例2】 在 $[-1, 1]$ 上随机地取一个数 k，则事件"直线 $y = kx$ 与圆 $(x-5)^2 + y^2 = 9$ 相交"发生的概率为_____.

解：（1）由已知得，圆心 $(5, 0)$ 到直线 $y = kx$ 的距离小于半径，$\therefore$

$\dfrac{|5k|}{\sqrt{k^2+1}} < 3$，解得 $-\dfrac{3}{4} < k < \dfrac{3}{4}$，由几何概型得 $P = \dfrac{\dfrac{3}{4} - \left(-\dfrac{3}{4}\right)}{1 - (-1)} = \dfrac{3}{4}$.

【跟踪训练】 见图 $6-2$，设 $\begin{cases} y \leq -x^2 + 1, \\ x \geq 0, \\ y \geq 0 \end{cases}$ 表示的区域为 M，随机往 M 内投

一点 P，则点 P 落在 $\triangle AOB$ 内的概率是（　　）

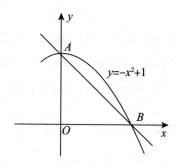

图 $6-2$

A. $\dfrac{5}{6}$ 　　　　B. $\dfrac{4}{5}$ 　　　　C. $\dfrac{3}{4}$ 　　　　D. $\dfrac{2}{3}$

解：抛物线 $y = -x^2 + 1$ 与两坐标轴正半轴围成的区域为 M，则 M 的面积为

$\displaystyle\int_0^1 (-x^2 + 1)\,\mathrm{d}x = \left(-\dfrac{1}{3}x^3 + x\right)\Big|_0^1 = \dfrac{2}{3}$，$\triangle AOB$ 的面积为 $\dfrac{1}{2}$，因此点 P 落在

$\triangle AOB$ 内的概率是 $\dfrac{3}{4}$.

【名师方法点拨】

1. 几何概型与古典概型的本质区别在于试验结果的无限性，几何概型经常涉及的几何测度有长度、面积、体积等，解决几何概型的关键是找准几何测度；

2. 求几何概型的常用方法中，要注意辨别概念：

（1）求解与长度、角度有关的几何概型的方法. 求与长度（角度）有关的

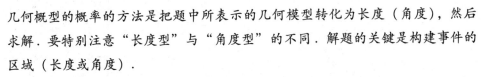

几何概型的概率的方法是把题中所表示的几何模型转化为长度（角度），然后求解．要特别注意"长度型"与"角度型"的不同．解题的关键是构建事件的区域（长度或角度）．

（2）求解与面积有关的几何概型的注意点．求解与面积有关的几何概型时，关键是弄清某事件对应的面积，必要时可根据题意构造两个变量，把变量看成点的坐标，找到全部试验结果构成的平面图形，以便求解．

（3）求解与体积有关的几何概型的注意点．对于与体积有关的几何概型问题，关键是计算问题的总体积（总空间）以及事件的体积（事件空间），对于某些较复杂的问题也可利用其对立事件去求．

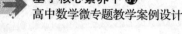

微专题2 分布列、数学期望、方差

核心知识归纳

----

1. 离散型随机变量的均值与方差

一般地，若离散型随机变量 X 的分布列为表 $6-2$：

表 $6-2$

X	x_1	x_2	$\cdots$	x_i	$\cdots$	x_n
P	p_1	p_2	$\cdots$	p_i	$\cdots$	p_n

（1）均值：称 $E(X) = x_1p_1 + x_2p_2 + \cdots + x_ip_i + \cdots + x_np_n$ 为随机变量 X 的均值或数学期望，它反映了离散型随机变量取值的平均水平．

（2）方差：称 $D(X) = \sum_{i=1}^{n}[x_i - E(X)]^2p_i$ 为随机变量 X 的方差，它刻画了随机变量 X 与其均值 $E(X)$ 的平均偏离程度，其算术平方根 $\sqrt{D(X)}$ 为随机变量 X 的标准差．

2. 均值与方差的性质

（1）$E(aX+b) = aE(X) + b.$ （a，b 为常数）

（2）$D(aX+b) = a^2D(X).$ （a，b 为常数）

3. 两点分布与二项分布的均值、方差

（1）若 X 服从两点分布，则 $E(X) = p$，$D(X) = p(1-p)$．

（2）若 $X \sim B(n, p)$，则 $E(X) = np$，$D(X) = np(1-p)$．

4. 正态分布

（1）正态分布密度曲线：函数 $\varphi_{\mu,\sigma}(x) = \dfrac{1}{\sqrt{2\pi}\sigma}e^{-\frac{(x-\mu)^2}{2\sigma^2}}$，$x \in (-\infty, +\infty)$，其中 μ 和 σ 为参数（$\sigma > 0$，$\mu \in \mathbf{R}$）．我们称函数 $\varphi_{\mu,\sigma}(x)$ 的图像为正

态分布密度曲线，简称正态曲线．其中函数 $\varphi_{\mu,\sigma}(x)$ 称为正态密度函数，其中的参数 μ 是正态总体的均值，参数 σ 是正态总体的标准差．

（2）正态分布密度曲线的性质：

① 曲线位于 x 轴上方，与 x 轴不相交；

② 曲线是单峰的，它关于直线 $x = \mu$ 对称；

③ 曲线在 $x = \mu$ 处达到峰值 $\dfrac{1}{\sqrt{2\pi}\sigma}$；

④ 曲线与 x 轴之间的面积为 1；

⑤ 当 σ 一定时，曲线的位置由 μ 确定，曲线随着 μ 的变化而沿 x 轴平移；

⑥ 当 μ 一定时，曲线的形状由 σ 确定，σ 越小，曲线越"瘦高"，σ 越大，曲线越"矮胖"，这反映了总体分布的集中与分散的程度．

（3）正态分布：若 X 是一个随机变量，对任给区间 $(a, b]$，$P(a < X \leqslant b)$ 恰好是正态分布密度曲线下方和 x 轴上 $(a, b]$ 上方所围成的图形的面积，我们就称随机变量 X 服从参数为 μ 和 σ 的正态分布，简记为 $X \sim N(\mu, \sigma^2)$．

（4）若 $X \sim N(\mu, \sigma^2)$，则

① $P(\mu - \sigma < X \leqslant \mu + \sigma) \approx 0.6827$；$P(\mu - 2\sigma < X \leqslant \mu + 2\sigma) \approx 0.9545$；$P(\mu - 3\sigma < X \leqslant \mu + 3\sigma) \approx 0.9973$；

② $P(X < \mu) = P(X > \mu) = 0.5$；

③ $P(X < \mu + a) = P(X > \mu - a)$．

考点题型剖析

考点一：离散型随机变量的分布列、期望、方差

知识点 1：已知离散型随机变量的均值与方差，求参数值

【例 1】设袋子中装有 a 个红球，b 个黄球，c 个蓝球，且规定：取出一个红球得 1 分，取出一个黄球得 2 分，取出一个蓝球得 3 分．

（1）当 $a = 3$，$b = 2$，$c = 1$ 时，从该袋子中任取（有放回，且每球取到的机会均等）2 个球，记随机变量 ξ 为取出此 2 球所得分数之和，求 ξ 的分布列；

（2）从该袋子中任取（每球取到的机会均等）1 个球，记随机变量 η 为取

出此球所得分数. 若 $E(\eta) = \dfrac{5}{3}$，$D(\eta) = \dfrac{5}{9}$，求 $a:b:c$.

解：（1）由题意得 $\xi = 2, 3, 4, 5, 6$.

故 $P(\xi = 2) = \dfrac{3 \times 3}{6 \times 6} = \dfrac{1}{4}$，$P(\xi = 3) = \dfrac{2 \times 3 \times 2}{6 \times 6} = \dfrac{1}{3}$，

$P(\xi = 4) = \dfrac{2 \times 3 \times 1 + 2 \times 2}{6 \times 6} = \dfrac{5}{18}$，$P(\xi = 5) = \dfrac{2 \times 2 \times 1}{6 \times 6} = \dfrac{1}{9}$，

$P(\xi = 6) = \dfrac{1 \times 1}{6 \times 6} = \dfrac{1}{36}$.

所以 ξ 的分布列为表 6－3：

表 6－3

ξ	2	3	4	5	6
P	$\dfrac{1}{4}$	$\dfrac{1}{3}$	$\dfrac{5}{18}$	$\dfrac{1}{9}$	$\dfrac{1}{36}$

（2）由题意知 η 的分布列为表 6－4：

表 6－4

η	1	2	3
P	$\dfrac{a}{a+b+c}$	$\dfrac{b}{a+b+c}$	$\dfrac{c}{a+b+c}$

所以 $E(\eta) = \dfrac{a}{a+b+c} + \dfrac{2b}{a+b+c} + \dfrac{3c}{a+b+c} = \dfrac{5}{3}$，

$D(\eta) = \left(1 - \dfrac{5}{3}\right)^2 \cdot \dfrac{a}{a+b+c} + \left(2 - \dfrac{5}{3}\right)^2 \cdot \dfrac{b}{a+b+c} + \left(3 - \dfrac{5}{3}\right)^2 \cdot \dfrac{c}{a+b+c} =$

$\dfrac{5}{9}$，化简得 $\begin{cases} 2a - b - 4c = 0, \\ a + 4b - 11c = 0. \end{cases}$

解得 $a = 3c$，$b = 2c$，故 $a:b:c = 3:2:1$.

知识点 2：与二项分布有关的均值与方差

【例 2】某居民小区有两个相互独立的安全防范系统（简称系统）A 和 B，

系统 A 和系统 B 在任意时刻发生故障的概率分别为 $\dfrac{1}{10}$ 和 p.

（1）若在任意时刻至少有一个系统不发生故障的概率为 $\dfrac{49}{50}$，求 p 的值；

（2）设系统 A 在 3 次相互独立的检测中不发生故障的次数为随机变量 ξ，

求 ξ 的分布列、均值 $E(\xi)$、方差 $D(\xi)$.

解:(1) 设"至少有一个系统不发生故障"为事件 C,那么

$1 - P(\bar{C}) = 1 - \frac{1}{10} \cdot p = \frac{49}{50}$,解得 $p = \frac{1}{5}$.

(2) 由题意,得 $P(\xi=0) = \left(\frac{1}{10}\right)^3 = \frac{1}{1000}$,

$P(\xi=1) = C_3^1\left(1-\frac{1}{10}\right) \times \left(\frac{1}{10}\right)^2 = \frac{27}{1000}$,

$P(\xi=2) = C_3^2 \times \left(1-\frac{1}{10}\right)^2 \times \frac{1}{10} = \frac{243}{1000}$,

$P(\xi=3) = \left(1-\frac{1}{10}\right)^3 = \frac{729}{1000}$.

所以,随机变量 ξ 的分布列为表 6-5:

表 6-5

ξ	0	1	2	3
P	$\frac{1}{1000}$	$\frac{27}{1000}$	$\frac{243}{1000}$	$\frac{729}{1000}$

故随机变量 ξ 的均值:

$E(\xi) = 0 \times \frac{1}{1000} + 1 \times \frac{27}{1000} + 2 \times \frac{243}{1000} + 3 \times \frac{729}{1000} = \frac{27}{10}$.

$D(\xi) = \frac{27}{1000}$.

$\left[或 \because \xi \sim B\left(3, \frac{9}{10}\right), \therefore E(\xi) = 3 \times \frac{9}{10} = \frac{27}{10}, D(\xi) = np(1-p) = \frac{27}{1000}.\right]$

知识点 3:互斥事件的概率

【例 3】(2014 年山东卷)乒乓球台面被球网分隔成甲、乙两部分,见图 6-3,甲上有两个不相交的区域 A,B,乙被划分为两个不相交的区域 C,D. 某次测试要求队员接到落点在甲上的来球后向乙回球. 规定:回球一次,落点在 C 上记 3 分,在 D 上记 1 分,其他情况记 0

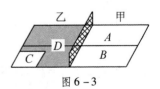

图 6-3

分. 对落点在 A 上的来球,队员小明回球的落点在 C 上的概率为 $\frac{1}{2}$,在 D 上的概率为 $\frac{1}{3}$;对落点在 B 上的来球,小明回球的落点在 C 上的概率为 $\frac{1}{5}$,在 D 上

的概率为 $\dfrac{3}{5}$.

假设共有两次来球且落在 A，B 上各一次，小明的两次回球互不影响．求：

（1）小明两次回球的落点中恰有一次的落点在乙上的概率；

（2）两次回球结束后，小明得分之和 ξ 的分布列与均值．

解：（1）记 A_i 为事件"小明对落点在 A 上的来球回球的得分为 i 分"（$i = 0,1,3$），则 $P(A_3) = \dfrac{1}{2}$，$P(A_1) = \dfrac{1}{3}$，$P(A_0) = 1 - \dfrac{1}{2} - \dfrac{1}{3} = \dfrac{1}{6}$.

记 B_j 为事件"小明对落点在 B 上的来球回球的得分为 j 分"（$j = 0,1,3$），则 $P(B_3) = \dfrac{1}{5}$，$P(B_1) = \dfrac{3}{5}$，$P(B_0) = 1 - \dfrac{1}{5} - \dfrac{3}{5} = \dfrac{1}{5}$.

记 D 为事件"小明两次回球的落点中恰有一次的落点在乙上"．

由题意，$D = A_3 B_0 + A_1 B_0 + A_0 B_1 + A_0 B_3$，

由事件的独立性和互斥性，得：

$P(D) = P(A_3 B_0 + A_1 B_0 + A_0 B_1 + A_0 B_3)$

$= P(A_3 B_0) + P(A_1 B_0) + P(A_0 B_1) + P(A_0 B_3)$

$= P(A_3) P(B_0) + P(A_1) P(B_0) + P(A_0) P(B_1) + P(A_0) P(B_3)$

$= \dfrac{1}{2} \times \dfrac{1}{5} + \dfrac{1}{3} \times \dfrac{1}{5} + \dfrac{1}{6} \times \dfrac{3}{5} + \dfrac{1}{6} \times \dfrac{1}{5} = \dfrac{3}{10}$,

所以小明两次回球的落点中恰有一次的落点在乙上的概率为 $\dfrac{3}{10}$.

（2）由题意，随机变量 ξ 可能的取值为 $0,1,2,3,4,6$，

由事件的独立性和互斥性，得

$P(\xi = 0) = P(A_0 B_0) = \dfrac{1}{6} \times \dfrac{1}{5} = \dfrac{1}{30}$,

$P(\xi = 1) = P(A_1 B_0 + A_0 B_1) = P(A_1 B_0) + P(A_0 B_1) = \dfrac{1}{3} \times \dfrac{1}{5} + \dfrac{1}{6} \times \dfrac{3}{5} = \dfrac{1}{6}$,

$P(\xi = 2) = P(A_1 B_1) = \dfrac{1}{3} \times \dfrac{3}{5} = \dfrac{1}{5}$,

$P(\xi = 3) = P(A_3 B_0 + A_0 B_3) = P(A_3 B_0) + P(A_0 B_3) = \dfrac{1}{2} \times \dfrac{1}{5} + \dfrac{1}{6} \times \dfrac{1}{5} = \dfrac{2}{15}$,

$P(\xi = 4) = P(A_3 B_1 + A_1 B_3) = P(A_3 B_1) + P(A_1 B_3) = \dfrac{1}{2} \times \dfrac{3}{5} + \dfrac{1}{3} \times$

$\dfrac{1}{5} = \dfrac{11}{30}$,

$$P\ (\xi = 6)\ = P\ (A_3 B_3)\ = \dfrac{1}{2} \times \dfrac{1}{5} = \dfrac{1}{10}.$$

可得随机变量 ξ 的分布列为表 6 - 6.

表 6 - 6

ξ	0	1	2	3	4	6
P	$\dfrac{1}{30}$	$\dfrac{1}{6}$	$\dfrac{1}{5}$	$\dfrac{2}{15}$	$\dfrac{11}{30}$	$\dfrac{1}{10}$

所以均值 $E\ (\xi)\ = 0 \times \dfrac{1}{30} + 1 \times \dfrac{1}{6} + 2 \times \dfrac{1}{5} + 3 \times \dfrac{2}{15} + 4 \times \dfrac{11}{30} + 6 \times \dfrac{1}{10} = \dfrac{91}{30}.$

知识点 4：均值与方差在决策中的应用

【例 4】计划在某水库建一座至多安装 3 台发电机的水电站. 过去 50 年的水文资料显示，水库年入流量 X（年入流量：一年内上游来水与库区降水之和. 单位：亿立方米）都在 40 以上. 其中，不足 80 的年份有 10 年，不低于 80 且不超过 120 的年份有 35 年，超过 120 的年份有 5 年，将年入流量在以上三段的频率作为相应段的概率，并假设各年的入流量相互独立.

（1）求未来 4 年中，至多有 1 年的年入流量超过 120 的概率；

（2）水电站希望安装的发电机尽可能运行，但每年发电机最多可运行台数受年入流量 X 限制，并有表 6 - 7 中的关系：

表 6 - 7

年入流量 X	$40 < X < 80$	$80 \leqslant X \leqslant 120$	$X > 120$
发电机最多可运行台数	1	2	3

若某台发电机运行，则该台年利润为 5000 万元；若某台发电机未运行，则该台年亏损 800 万元. 欲使水电站年总利润的均值达到最大，应安装发电机多少台？

解：（1）依题意，得 $p_1 = P\ (40 < X < 80)\ = \dfrac{10}{50} = 0.2$,

$p_2 = P\ (80 \leqslant X \leqslant 120)\ = \dfrac{35}{50} = 0.7$, $p_3 = P\ (X > 120)\ = \dfrac{5}{50} = 0.1.$

由二项分布,在未来4年中,至多有1年的年入流量超过120的概率为:

$$p = C_4^0 \left(1 - p_3\right)^4 + C_4^1 \left(1 - p_3\right)^3 p_3 = \left(\frac{9}{10}\right)^4 + 4 \times \left(\frac{9}{10}\right)^3 \times \frac{1}{10} = 0.9477.$$

(2)记水电站年总利润为 Y(单位:万元).

① 安装1台发电机的情形.由于水库年入流量总大于40,故一台发电机运行的概率为1,对应的年利润 $Y = 5000$, $E\left(Y\right) = 5000 \times 1 = 5000$.

② 安装2台发电机的情形.依题意,当 $40 < X < 80$ 时,一台发电机运行,此时 $Y = 5000 - 800 = 4200$,因此 $P\left(Y = 4200\right) = P\left(40 < X < 80\right) = p_1 = 0.2$;当 $X \geqslant 80$ 时,两台发电机运行,此时 $Y = 5000 \times 2 = 10000$,因此 $P\left(Y = 10000\right) = P\left(X \geqslant 80\right) = p_2 + p_3 = 0.8$.由此得 Y 的分布列见表6-8:

表6-8

Y	4200	10000
P	0.2	0.8

所以, $E\left(Y\right) = 4200 \times 0.2 + 10000 \times 0.8 = 8840$.

③ 安装3台发电机的情形.依题意,当 $40 < X < 80$ 时,一台发电机运行,此时 $Y = 5000 - 1600 = 3400$,因此 $P\left(Y = 3400\right) = P\left(40 < X < 80\right) = p_1 = 0.2$;当 $80 \leqslant X \leqslant 120$ 时,两台发电机运行,此时 $Y = 5000 \times 2 - 800 = 9200$,因此 $P\left(Y = 9200\right) = P\left(80 \leqslant X \leqslant 120\right) = p_2 = 0.7$;当 $X > 120$ 时,三台发电机运行,此时 $Y = 5000 \times 3 = 15000$,因此 $P\left(Y = 15000\right) = P\left(X > 120\right) = p_3 = 0.1$,由此得 Y 的分布列见表6-9:

表6-9

Y	3400	9200	15000
P	0.2	0.7	0.1

所以, $E\left(Y\right) = 3400 \times 0.2 + 9200 \times 0.7 + 15000 \times 0.1 = 8620$.

综上,欲使水电站年总利润的均值达到最大,应安装发电机2台.

知识点5:概率中的最值问题

【例5】某芯片代工厂生产某型号芯片每盒12片,每批生产若干盒,每片成本1元,每盒芯片需检验合格后方可出厂.检验方案是从每盒芯片随机抽取3片检验,若发现次品,就要把全盒12片产品全部检验,然后用合格品替换掉不合格品,方可出厂;若无次品,则认定该盒芯片合格,不再检验,可出厂.

（1）若某盒芯片中有 9 片合格，3 片不合格，求该盒芯片经一次检验即可出厂的概率？

（2）若每片芯片售价 10 元，每片芯片检验费用 1 元，次品到达组装工厂被发现后，每片必须由代工厂退赔 10 元，并补偿 1 片经检验合格的芯片给组装厂．设每片芯片不合格的概率为 p（$0 < p < 1$），且相互独立．

① 若某箱 12 片芯片中恰有 3 片次品的概率为 $f(p)$，求 $f(p)$ 的最大值点 p_0；

② 若以①中的 p_0 作为 p 的值，由于质检员操作疏忽，有一箱芯片未经检验就被贴上合格标签出厂到组装工厂，试确定这箱芯片最终利润 X（单位：元）的期望．

解：（1）设"该盒芯片经一次检验即可出厂"的事件为 A，

则 $P(A) = \dfrac{C_9^3}{C_{12}^3} = \dfrac{21}{55}$．

答：该盒芯片可出厂的概率为 $\dfrac{21}{55}$．

（2）①某箱 12 片芯片中恰有 3 片次品的概率为 $f(p) = C_{12}^3 p^3 (1-p)^9$．

$f'(p) = C_{12}^3 \cdot [3p^2 (1-p)^9 - p^3 \cdot 9 (1-p)^8]$

$= C_{12}^3 \cdot p^2 (1-p)^8 [3(1-p) - 9p]$．

令 $f'(p) = 0 \Rightarrow p = \dfrac{1}{4}$，

易得 $f(p)$ 在 $\left(0, \dfrac{1}{4}\right)$ 单调递增，在 $\left(\dfrac{1}{4}, 1\right)$ 单调递减，

所以 $f(p)$ 的最大值点 $p_0 = \dfrac{1}{4}$．

②由题设知，$p = p_0 = \dfrac{1}{4}$，设这箱芯片不合格品个数为 n，

则 $n \sim B\left(12, \dfrac{1}{4}\right)$．

故 $E(n) = 12 \times \dfrac{1}{4} = 3$，

则 $E(X) = 120 - 12 - 30 - 3 \times 2 = 72$，

∴ 这箱芯片最终利润 X 的期望是 72 元．

【跟踪训练】 经销商经销某种农产品，在一个销售季度内，每售出 1t 该产品获利润 500 元，未售出的产品，每 1t 亏损 300 元．根据历史资料，得到销售

季度内市场需求量的频率分布直方图,见图 6 - 4. 经销商为下一个销售季度购进了 130t 该农产品. 以 X(单位: t, $100 \leqslant X \leqslant 150$)表示下一个销售季度内的市场需求量,$T$(单位: 元)表示下一个销售季度内经销该农产品的利润.

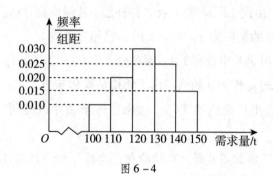

图 6 - 4

(1) 将 T 表示为 X 的函数;

(2) 根据直方图估计利润 T 不少于 57000 元的概率;

(3) 在直方图的需求量分组中,以各组的区间中点值代表该组的各个值,需求量落入该区间的频率作为需求量取该区间中点值的概率(例如:若需求量 $X \in [100, 110)$,则取 $X = 105$,且 $X = 105$ 的概率等于需求量落入 $[100, 110)$ 的频率),求 T 的均值.

解: (1) 当 $X \in [100, 130)$ 时,

$T = 500X - 300 (130 - X) = 800X - 39000.$

当 $X \in [130, 150]$ 时,$T = 500 \times 130 = 65000.$

所以 $T = \begin{cases} 800X - 39000, & 100 \leqslant X < 130, \\ 65000, & 130 \leqslant X \leqslant 150. \end{cases}$

(2) 由 (1) 知,利润 T 不少于 57000 元当且仅当 $120 \leqslant X \leqslant 150.$

由直方图知,需求量 $X \in [120, 150]$ 的频率为 0.7,所以下一个销售季度内的利润 T 不少于 57000 元的概率的估计值为 0.7.

(3) 依题意可得 T 的分布列为表 6 - 10.

表 6 - 10

T	45000	53000	61000	65000
P	0.1	0.2	0.3	0.4

所以 $E (T) = 45000 \times 0.1 + 53000 \times 0.2 + 61000 \times 0.3 + 65000 \times 0.4 = 59400.$

【名师方法点拨】

1. 离散型随机变量的均值和方差的求解，一般分两步：第一步是定型，即先判断随机变量的分布是特殊类型，还是一般类型，如两点分布、二项分布、超几何分布等属于特殊类型；第二步是定性，对于特殊类型的均值和方差可以直接代入相应公式求解，而对于一般类型的随机变量，应先求其分布列然后代入相应公式计算，注意离散型随机变量的取值与概率间的对应.

2. 求概率的关键是弄清所求事件是由哪些事件组成的，求解时通常有两种方法：

（1）将所求事件转化成几个彼此互斥事件的和事件，利用概率加法公式求解；

（2）若将一个较复杂的事件转化为几个互斥事件的和事件时，需要分类太多，而其对立面的分类较少，可考虑利用对立事件的概率公式，即"正难则反".

3. 概率问题以考查概率计算为主，往往和实际问题相结合，要注意理解实际问题的意义，使之和相应的概率计算对应起来，只有这样才能有效地解决问题.

考点二：正态分布

【例 6】（2014 全国 I 卷）从某企业生产的某种产品中抽取 500 件，测量这些产品的一项质量指标值，由测量结果得图 6 - 5 频率分布直方图：

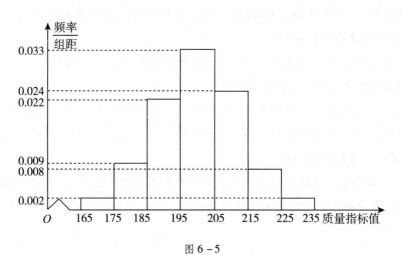

图 6 - 5

（1）求这 500 件产品质量指标值的样本平均数 $\bar{x}$ 和样本方差 s^2（同一组中的数据用该组区间的中点值作代表）；

（2）由直方图可以认为，这种产品的质量指标值 Z 服从正态分布 N（μ，σ^2），其中 μ 近似为样本平均数 x，σ^2 近似为样本方差 s^2.

① 利用该正态分布，求 P（$187.8 < Z < 212.2$）；

② 某用户从该企业购买了 100 件这种产品，记 X 表示这 100 件产品中质量指标值位于区间（187.8，212.2）的产品件数，利用①的结果，求 EX.

附：

$\sqrt{150} \approx 12.2$.

若 $Z \sim N$（μ，σ^2），则 P（$\mu - \sigma < Z < \mu + \sigma$）$= 0.6826$，$P$（$\mu - 2\sigma < Z < \mu + 2\sigma$）$= 0.9544$.

解：（1）抽取产品的质量指标值的样本平均数 x 和样本方差 s^2 分别为：$x = 170 \times 0.02 + 180 \times 0.09 + 190 \times 0.22 + 200 \times 0.33 + 210 \times 0.24 + 220 \times 0.08 + 230 \times 0.02 = 200$，

$s^2 = (-30)^2 \times 0.02 + (-20)^2 \times 0.09 + (-10)^2 \times 0.22 + 0 \times 0.33 + 10^2 \times 0.24 + 20^2 \times 0.08 + 30^2 \times 0.02 = 150$.

（2）①由（1）知，$Z \sim N$（200，150），

从而 P（$187.8 < Z < 212.2$）$= P$（$200 - 12.2 < Z < 200 + 12.2$）$= 0.6826$.

②由①知，一件产品的质量指标值位于区间（187.8，212.2）的概率为 0.6826，

依题意知 $X \sim B$（100，0.6826），所以 $EX = 100 \times 0.6826 = 68.26$.

【名师方法点拨】

1. 正态分布的核心是正态分布密度曲线的对称性，利用对称性，可以由已知区间上的概率求未知区间上的概率；

2. 正态分布在三个标准差范围的概率都有固定值 P（$\mu - \sigma < X \leqslant \mu + \sigma$）$\approx 0.6827$；$P$（$\mu - 2\sigma < X \leqslant \mu + 2\sigma$）$\approx 0.9545$；$P$（$\mu - 3\sigma < X \leqslant \mu + 3\sigma$）$\approx 0.9973$（如果需要，试题会给出）；

3. 如果某个总体服从正态分布，则某个个体在指定区间内的概率就是一个固定值，若干个个体在该区间上出现的情况就是独立重复试验.

微专题3 变量间的相关关系、统计案例

核心知识归纳

1. 两个变量的线性相关

（1）正相关

在散点图中，点散布在从左下角到右上角的区域，对于两个变量的这种相关关系，我们将它称为正相关.

（2）负相关

在散点图中，点散布在从左上角到右下角的区域，两个变量的这种相关关系称为负相关.

（3）线性相关关系、回归直线

如果散点图中点的分布从整体上看大致在一条直线附近，就称这两个变量之间具有线性相关关系，这条直线叫做回归直线.

2. 回归方程

（1）最小二乘法

求回归直线，使得样本数据的点到它的距离的平方和最小的方法叫做最小二乘法.

（2）回归方程

方程 $\hat{y} = \hat{b}x + \hat{a}$ 是两个具有线性相关关系的变量的一组数据 (x_1, y_1)，(x_2, y_2)，$\cdots$，(x_n, y_n) 的回归方程，其中 $\hat{a}$，$\hat{b}$ 是待定参数.

$$\begin{cases} \hat{b} = \dfrac{\displaystyle\sum_{i=1}^{n}(x_i - \bar{x})(y_i - \bar{y})}{\displaystyle\sum_{i=1}^{n}(x_i - \bar{x})^2} = \dfrac{\displaystyle\sum_{i=1}^{n}x_i y_i - n\,\bar{x}\,\bar{y}}{\displaystyle\sum_{i=1}^{n}x_i^2 - n\,\bar{x}^2}, \\ \hat{a} = \bar{y} - \hat{b}\,\bar{x}. \end{cases}$$

3. 回归分析

（1）定义：对具有相关关系的两个变量进行统计分析的一种常用方法．

（2）样本点的中心

对于一组具有线性相关关系的数据 (x_1, y_1)，(x_2, y_2)，$\cdots$，(x_n, y_n)，其中 $(\bar{x}, \bar{y})$ 称为样本点的中心．

（3）相关系数

当 $r > 0$ 时，表明两个变量正相关；

当 $r < 0$ 时，表明两个变量负相关．

r 的绝对值越接近于 1，表明两个变量的线性相关性越强．r 的绝对值越接近于 0，表明两个变量之间几乎不存在线性相关关系．通常，当 $|r|$ 大于 0.75 时，认为两个变量之间有很强的线性相关性．

4. 独立性检验

（1）分类变量：变量的不同"值"表示个体所属的不同类别，像这类变量称为分类变量．

（2）列联表：列出两个分类变量的频数表，称为列联表．假设有两个分类变量 X 和 Y，它们的可能取值分别为 $\{x_1, x_2\}$ 和 $\{y_1, y_2\}$，其样本频数列联表（称为 2×2 列联表）为表 6 – 11.

表 6 – 11

	y_1	y_2	总计
x_1	a	b	$a+b$
x_2	c	d	$c+d$
总计	$a+c$	$b+d$	$a+b+c+d$

构造一个随机变量 $K^2 = \dfrac{n\ (ad-bc)^2}{(a+b)\ (c+d)\ (a+c)\ (b+d)}$，其中 $n = a+b+c+d$ 为样本容量．

（3）独立性检验：利用随机变量 K^2 来判断"两个分类变量有关系"的方法称为独立性检验．

考点题型剖析

考点一：变量间的相关关系（线性与非线性）

【例1】（2015 全国Ⅰ卷）某公司为确定下一年度投入某种产品的宣传费，需了解年宣传费 x（单位：千元）对年销售量 y（单位：t）和年利润 z（单位：千元）的影响．对近 8 年的年宣传费 x_i 和年销售量 y_i（$i = 1$，2，…，8）数据作了初步处理，得到下面的散点图及一些统计量的值．

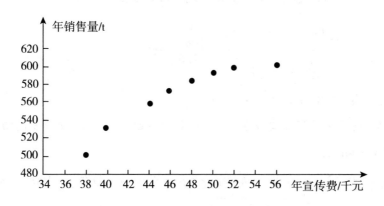

图 6－6

表 6－12

$\bar{x}$	$\bar{y}$	$\bar{w}$	$\sum\limits_{i=1}^{8}(x_i - \bar{x})^2$	$\sum\limits_{i=1}^{8}(w_i - \bar{w})^2$	$\sum\limits_{i=1}^{8}(x_i - \bar{x})(y_i - \bar{y})$	$\sum\limits_{i=1}^{8}(w_i - \bar{w})(y_i - \bar{y})$
46.6	563	6.8	289.8	1.6	1469	108.8

表中 $w_i = \sqrt{x_i}$，$\bar{w} = \dfrac{1}{8}\sum\limits_{i=1}^{8}w_i$，

（1）根据散点图判断，$y = a + bx$ 与 $y = c + d\sqrt{x}$ 哪一个适宜作为年销售量 y 关于年宣传费 x 的回归方程类型？（给出判断即可，不必说明理由）

（2）根据（1）的判断结果及表中数据，建立 y 关于 x 的回归方程；

（3）已知这种产品的年利润 z 与 x，y 的关系为 $z = 0.2y - x$，根据（2）的结果回答下列问题：

① 年宣传费 $x = 49$ 时，年销售量及年利润的预报值是多少？

② 年宣传费 x 为何值时，年利润的预报值最大？

附：

对于一组数据 (u_1, v_1)，(u_2, v_2)，$\cdots$，(u_n, v_n)，其回归直线 $v = \alpha + \beta u$

的斜率和截距的最小二乘估计分别为 $\hat{\beta} = \dfrac{\sum\limits_{i=1}^{n}(u_i - \bar{u})(v_i - \bar{v})}{\sum\limits_{i=1}^{n}(u_i - \bar{u})^2}$，$\hat{\alpha} = \bar{v} - \hat{\beta}$.

解：（1）由散点图可以判断，$y = c + d\sqrt{x}$ 适宜作为年销售量 y 关于年宣传费 x 的回归方程类型.

（2）令 $w = \sqrt{x}$，先建立 y 关于 w 的线性回归方程.

由于 $\hat{d} = \dfrac{\sum\limits_{i=1}^{8}(w_i - \bar{w})(y_i - \bar{y})}{\sum\limits_{i=1}^{8}(w_i - \bar{w})^2} = \dfrac{108.8}{1.6} = 68$，

$\hat{c} = \bar{y} - \hat{d}\bar{w} = 563 - 68 \times 6.8 = 100.6$，

所以 y 关于 w 的线性回归方程为 $\hat{y} = 100.6 + 68w$，因此 y 关于 x 的回归方程为 $\hat{y} = 100.6 + 68\sqrt{x}$.

（3）①由（2）知，当 $x = 49$ 时，年销售量 y 的预报值 $\hat{y} = 100.6 + 68\sqrt{49} = 576.6$，

年利润 z 的预报值 $\hat{z} = 576.6 \times 0.2 - 49 = 66.32$.

②根据（2）的结果知，年利润 z 的预报值：

$\hat{z} = 0.2(100.6 + 68\sqrt{x}) - x = -x + 13.6\sqrt{x} + 20.12$，

所以当 $\sqrt{x} = \dfrac{13.6}{2} = 6.8$，即 $x = 46.24$ 时，z 取得最大值.

故年宣传费为 46.24 千元时，年利润的预报值最大.

【跟踪训练】有一个同学家开了一个小卖部，他为了研究气温对热饮饮料销售的影响，经过统计，得到一个卖出的热饮杯数与当天气温的散点图（见图 6-7）和对比表（见表 6-13）：

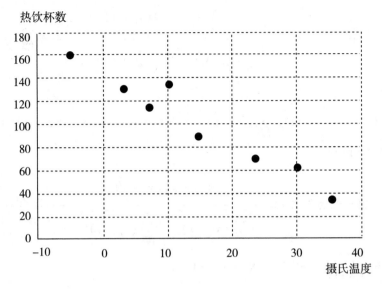

图 6-7

表 6-13

摄氏温度	-5	4	7	10	15	23	30	36
热饮杯数	162	128	115	135	89	71	63	37

（1）从散点图可以发现，各点散布在从左上角到右下角的区域里．因此，气温与当天热饮销售杯数之间成负相关，即气温越高，当天卖出去的热饮杯数越少．统计中常用相关系数 r 来衡量两个变量之间线性关系的强弱．统计学认为，对于变量 x，y，如果 $r \in [-1, -0.75]$，那么负相关很强；如果 $r \in [0.75, 1]$，那么正相关很强；如果 $r \in (-0.75, -0.30] \cup [0.30, 0.75)$，那么相关性一般；如果 $r \in [-0.25, 0.25]$，那么相关性较弱．请根据已知数据，判断气温与当天热饮销售杯数相关性的强弱．

（2）①请根据已知数据求出气温与当天热饮销售杯数的线性回归方程；

②记 $[x]$ 为不超过 x 的最大整数，如 $[1.5] = 1$，$[-4.9] = -5$. 对于①中求出的线性回归方程 $y = \hat{b}x + \hat{a}$，将 $y = [\hat{b}]x + [\hat{a}]$ 视为气温与当天热饮销售杯数的函数关系．已知气温 x 与当天热饮每杯的销售利润 $f(x)$ 的关系是 $f(x) = 2\left[\dfrac{x+7}{15}\right] + 3$（$x \in [-7, 38)$）（单位：元），请问当气温 x 为多少时，当天的热饮销售利润总额最大？

解：根据 $\hat{a} = \bar{y} - \hat{b}\bar{x}$，$r = \dfrac{\sum\limits_{i=1}^{n}(x_i - \bar{x})(y_i - \bar{y})}{\sqrt{\sum\limits_{i=1}^{n}(x_i - \bar{x})^2}\sqrt{\sum\limits_{i=1}^{n}(y_i - \bar{y})^2}}$，已知 $\sum\limits_{i=1}^{8}(x_i - \bar{x})^2$

$= 1340$，

$\sum\limits_{i=1}^{8}(y_i - \bar{y})^2 \approx 111^2$，$\sum\limits_{i=1}^{8}(x_i - \bar{x})(y_i - \bar{y}) = -3953$，$\bar{x} = 15$，$\bar{y} = 100$，$36^2 = 1296$，$37^2 = 1369$.

(1) 因为相关系数 $r = \dfrac{\sum\limits_{i=1}^{8}(x_i - \bar{x})(y_i - \bar{y})}{\sqrt{\sum\limits_{i=1}^{8}(x_i - \bar{x})^2}\sqrt{\sum\limits_{i=1}^{8}(y_i - \bar{y})^2}} = \dfrac{-3953}{\sqrt{1340} \times 111}$，

且 $-\dfrac{3953}{37 \times 111} \approx -0.96$，所以 $r < -0.96$，

所以气温与当天热饮销售杯数的负相关很强.

(2) ①因为回归系数 $\hat{b} = \dfrac{\sum\limits_{i=1}^{8}(x_i - \bar{x})(y_i - \bar{y})}{\sum\limits_{i=1}^{8}(x_i - \bar{x})^2} = \dfrac{-3953}{1340} = -2.95$，

$\hat{a} = 100 + 2.95 \times 15 = 144.25$，

所以气温与当天热饮销售杯数的线性回归方程为 $\hat{y} = -2.95x + 144.25$；

②由题意可知，气温 x 与当天热饮销售杯数 y 的关系为 $y = -3x + 144$，

设气温为 x 时，则当天销售的热饮利润总额为：

$g(x) = (-3x + 144)\left(2\left[\dfrac{x+7}{15}\right] + 3\right)$，其中 $(x \in [-7, 38))$，

即 $g(x) = \begin{cases} -9(x-18), & -7 \leqslant x < 8, \\ -15(x-48), & 8 \leqslant x < 23, \\ -21(x-48), & 23 \leqslant x < 38. \end{cases}$

易知 $g(-7) = 495$，$g(8) = 600$，$g(23) = 525$；

故当气温 $x = 8$ 时，当天的热饮销售利润总额最大，且最大为 600 元.

【名师方法点拨】

1. 回归分析是处理变量相关关系的一种数学方法. 主要解决：(1) 确定特定量之间是否有相关关系，如果有，找出它们之间贴近的数学表达式；(2) 根据一组观察值，预测变量的取值及判断变量取值的变化趋势；(3) 求出线性回

归方程.

2. 回归方程重点考查的是计算能力，正确运用计算 $\hat{b}$，$\hat{a}$ 的公式并能进行准确的计算，是求线性回归方程的关键.

3. 分析两变量的相关关系是线性的还是非线性的？可由散点图作出判断，若具有线性相关关系，则可通过线性回归方程估计和预测变量的值. 若是非线性的相关关系，则可通过换元转为线性相关关系进行求解.

考点二：独立性检验

【例2】（2017 年全国Ⅱ卷）海水养殖场进行某水产品的新、旧网箱养殖方法的产量对比，收获时各随机抽取了 100 个网箱，测量各箱水产品的产量（单位：kg），其频率分布直方图见图 6-8：

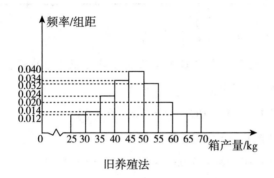

旧养殖法

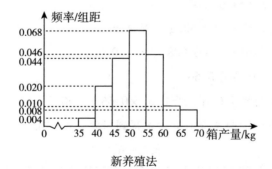

新养殖法

图 6-8

（1）设两种养殖方法的箱产量相互独立，记 A 表示事件"旧养殖法的箱产量低于 50kg，新养殖法的箱产量不低于 50kg"，估计 A 的概率；

（2）填写列联表 6-14，并根据列联表判断是否有 99% 的把握认为箱产量与养殖方法有关：

表 6－14

	箱产量＜50kg	箱产量≥50kg
旧养殖法		
新养殖法		

（3）根据箱产量的频率分布直方图，求新养殖法箱产量的中位数的估计值（精确到 0.01）.

附：

表 6－15

$P(K^2 \geq k)$	0.050	0.010	0.001
k	3.841	6.635	10.828

$$K^2 = \frac{n(ad-bc)^2}{(a+b)(c+d)(a+c)(b+d)}.$$

解：（1）记 B 表示事件"旧养殖法的箱产量低于 50kg"，C 表示事件"新养殖法的箱产量不低于 50kg".

由题意知 $P(A) = P(BC) = P(B)P(C)$.

旧养殖法的箱产量低于 50kg 的频率为：

$(0.012 + 0.014 + 0.024 + 0.034 + 0.040) \times 5 = 0.62$，

故 $P(B)$ 的估计值为 0.62.

新养殖法的箱产量不低于 50kg 的频率为：

$(0.068 + 0.046 + 0.010 + 0.008) \times 5 = 0.66$，

故 $P(C)$ 的估计值为 0.66.

因此，事件 A 的概率估计值为 $0.62 \times 0.66 = 0.4092$.

（2）根据箱产量的频率分布直方图得到列联表 6－16.

表 6－16

	箱产量＜50kg	箱产量≥50kg
旧养殖法	62	38
新养殖法	34	66

$$K^2 = \frac{200 \times (62 \times 66 - 34 \times 38)^2}{100 \times 100 \times 96 \times 104} \approx 15.705.$$

由于 15.705＞6.635，

故有99%的把握认为箱产量与养殖方法有关．

（3）因为在新养殖法的箱产量频率分布直方图中，箱产量低于50kg的直方图面积为（0.004+0.020+0.044）×5＝0.34＜0.5，

箱产量低于55kg的直方图面积为（0.004+0.020+0.044+0.068）×5＝0.68＞0.5，

故新养殖法箱产量的中位数的估计值为 $50+\dfrac{0.5-0.34}{0.068}\approx52.35$（kg）．

【名师方法点拨】

1. 独立性检验的关键是正确列出 2×2 列联表，并计算出 K^2 的值．根据 K^2 的值可以判断两个分类变量有关的可信程度．

2. 弄清判断两变量有关的把握性与犯错误概率的关系，根据题目要求作出正确的回答．

3. 独立性检验中统计量 K^2 的观测值 k 的计算公式很复杂，在解题中易混淆一些数据的意义，代入公式时容易出错，从而导致整个计算结果出错．

课后目标检测

（一）选择题

1. 某公司的班车在7：00，8：00，8：30发车，小明在7：50至8：30之间到达发车站乘坐班车，且到达发车站的时刻是随机的，则他等车时间不超过10分钟的概率是（　　）

A. $\dfrac{1}{3}$　　　B. $\dfrac{1}{2}$　　　C. $\dfrac{2}{3}$　　　D. $\dfrac{3}{4}$

解：见图6-9，画出时间轴．小明到达的时间会随机地落在图中线段 AB 中，而当他的到达时间落在线段 AC 或 DB 上时，才能保证他等车的时间不超过10分钟，根据几何概型得所求概率 $P=\dfrac{10+10}{40}=\dfrac{1}{2}$，故答案为B.

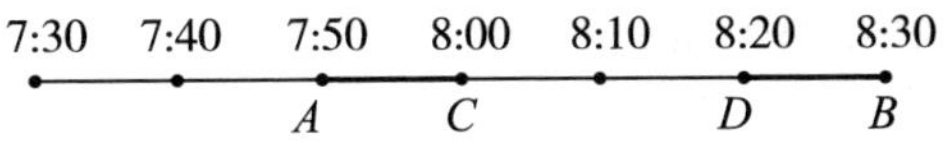

图 6-9

2. 某公司准备招聘一批员工，有 20 人经过初试，其中有 5 人与公司所需专业不对口，其余都是对口专业，在不知道面试者专业情况下，现依次选取 2 人进行第二次面试，则选取的第二人与公司所需专业不对口的概率是（　　）

A. $\dfrac{5}{19}$　　　　B. $\dfrac{1}{19}$　　　　C. $\dfrac{1}{4}$　　　　D. $\dfrac{1}{2}$

解：经过初试的 20 人依次选择 2 人面试，有 A_{20}^2 种不同的选择方法，第一个人面试之后，第二个人与公司所需专业不对口的选法分两类：

第一类：第一个人与公司所需专业对口，共有 $C_{15}^1 \times C_5^1$ 种可能；

第二类：第一个人与公司所需专业不对口，共有 A_5^2 种可能，

则选取的第二人与公司所需专业不对口的概率是 $P = \dfrac{C_{15}^1 \times C_5^1 + A_5^2}{A_{20}^2} = \dfrac{1}{4}$. 故选 C.

3. 某医疗研究所为了检验某种血清预防感冒的作用，把 500 名使用血清的人与另外 500 名未使用血清的人一年中的感冒记录作比较，提出假设 H："这种血清不能起到预防感冒的作用"，利用 2×2 列联表计算的 $K^2 \approx 3.918$，经查临界值表知 $P(K^2 \geq 3.841) \approx 0.05$. 则下列表述中正确的是（　　）

A. 有 95% 的把握认为"这种血清能起到预防感冒的作用

B. 若有人未使用该血清，那么他在一年中有 95% 的可能性得感冒

C. 这种血清预防感冒的有效率为 95%

D. 这种血清预防感冒的有效率为 5%

解：由题意可知，在假设 H 成立的情况下，$P(K^2 \geq 3.841)$ 的概率约为 0.05，即在犯错的概率不超过 0.05 的前提下认为"血清起预防感冒的作用"，即有 95% 的把握认为"这种血清能起到预防感冒的作用". 这里的 95% 是我们判断 H 不成立的概率量度而非预测血清与感冒的概率的量度，故 B 错误，C，D 也犯有 B 中的错误. 故选 A.

（二）填空题

4.（2016 年哈尔滨模拟）在体积为 V 的三棱锥 $S - ABC$ 的棱 AB 上任取一点 P，则三棱锥 $S - APC$ 的体积大于 $\dfrac{V}{3}$ 的概率是_____.

解：见图 6 - 10，三棱锥 $S - ABC$ 与三棱锥 $S - APC$ 的高相同，要使三棱锥

$S\text{-}APC$ 的体积大于 $\dfrac{V}{3}$，只需 $\triangle APC$ 的面积大于 $\triangle ABC$ 的面积的 $\dfrac{1}{3}$. 假设点 P' 是

线段 AB 靠近点 A 的三等分点，记事件 M 为"三棱锥

$S\text{-}APC$ 的体积大于 $\dfrac{V}{3}$"，则事件 M 发生的区域是线段

$P'B$.

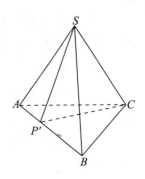

从而 $P(M)=\dfrac{P'B}{AB}=\dfrac{2}{3}$.

所以答案为 $\dfrac{2}{3}$.

图 6 – 10

5. 甲、乙两船驶向一个不能同时停泊两艘船的码
头，它们在一昼夜内到达该码头的时刻是等可能的.
如果甲船停泊时间为 1h，乙船停泊时间为 2h，则它们中的任意一艘都不需要等
待码头空出的概率 $P=\underline{\qquad}$.

解：设甲、乙两艘船到达码头的时刻分别为 x 与
y，记事件 A 为"两船都不需要等待码头空出"，则
$0\leqslant x\leqslant24$，$0\leqslant y\leqslant24$，要使两船都不需要等待码头空
出，当且仅当甲比乙早到达 1h 以上或乙比甲早到达
2h 以上，即 $y-x\geqslant1$ 或 $x-y\geqslant2$. 故所求事件构成集
合 $A=\{(x,y)\mid y-x\geqslant1$ 或 $x-y\geqslant2$，$x\in[0,$
$24]$，$y\in[0,24]\}$. A 为图中阴影部分，全部结果
构成的集合 Ω 为边长是 24 的正方形及其内部.

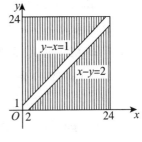

图 6 – 11

所求概率为 $P(A)=\dfrac{A\ \text{的面积}}{\Omega\ \text{的面积}}=\dfrac{(24-1)^2\times\dfrac{1}{2}+(24-2)^2\times\dfrac{1}{2}}{24^2}=\dfrac{506.5}{576}$

$=\dfrac{1013}{1152}$.

（三）解答题

6. 某工厂的某种产品成箱包装，每箱 200 件，每一箱产品在交付用户之前
要对产品作检验，如检验出不合格品，则更换为合格品. 检验时，先从这箱产
品中任取 20 件作检验，再根据检验结果决定是否对余下的所有产品作检验. 设
每件产品为不合格品的概率都为 p（$0<p<1$），且各件产品是否为不合格品相
互独立.

（1）记 20 件产品中恰有 2 件不合格品的概率为 $f(p)$，求 $f(p)$ 的最大值点 p_0.

（2）现对一箱产品检验了 20 件，结果恰有 2 件不合格品，以（1）中确定的 p_0 作为 p 的值. 已知每件产品的检验费用为 2 元，若有不合格品进入用户手中，则工厂要对每件不合格品支付 25 元的赔偿费用.

① 若不对该箱余下的产品作检验，这一箱产品的检验费用与赔偿费用的和记为 X，求 $E(X)$；

② 以检验费用与赔偿费用和的期望值为决策依据，是否该对这箱余下的所有产品作检验？

【分析】（1）求出 $f(p) = C_{20}^2 p^2 (1-p)^{18}$，

则 $f'(p) = C_{20}^2 [2p(1-p)^{18} - 18p^2(1-p)^{17}] = 2C_{20}^2 p(1-p)^{17}$ $(1-10p)$，利用导数性质能求出 $f(p)$ 的最大值点 $p_0 = 0.1$.

（2）①由 $p = 0.1$，令 Y 表示余下的 180 件产品中的不合格品数，依题意知 $Y \sim B(180, 0.1)$，再由 $X = 20 \times 2 + 25Y$，即 $X = 40 + 25Y$，然后求出 $E(X)$.

②如果对余下的产品作检验，由这一箱产品所需要的检验费为 400 元，$E(X) = 490 > 400$，从而应该对余下的产品进行检验.

解（1）记 20 件产品中恰有 2 件不合格品的概率为 $f(p)$，

则 $f(p) = C_{20}^2 p^2 (1-p)^{18}$，

$\therefore f'(p) = C_{20}^2 [2p(1-p)^{18} - 18p^2(1-p)^{17}]$

$= 2C_{20}^2 p(1-p)^{17} (1-10p)$，

令 $f'(p) = 0$，得 $p = 0.1$，

当 $p \in (0, 0.1)$ 时，$f'(p) > 0$，

当 $p \in (0.1, 1)$ 时，$f'(p) < 0$，

$\therefore f(p)$ 的最大值点 $p_0 = 1$.

（2）①由（1）知 $p = 0.1$，

令 Y 表示余下的 180 件产品中的不合格品数，依题意知 $Y \sim B(180, 0.1)$，

$X = 20 \times 2 + 25Y$，即 $X = 40 + 25Y$，

$\therefore E(X) = E(40 + 25Y) = 40 + 25E(Y) = 40 + 25 \times 180 \times 0.1 = 490$.

②如果对余下的产品作检验，由这一箱产品所需要的检验费为 400 元，

$\because E(X) = 490 > 400$，

$\therefore$ 应该对余下的产品进行检验.

7.2020 年开始，国家逐步推行全新的高考制度．新高考不再分文理科，采用 3 + 3 模式，其中语文、数学、外语三科为必考科目，满分各 150 分，另外考生还要依据想考取的高校及专业的要求，结合自己的兴趣爱好等因素，在思想政治、历史、地理、物理、化学、生物 6 门科目中自选 3 门参加考试（6 选 3），每科目满分 100 分．为了应对新高考，某高中从高一年级 1000 名学生（其中男生 550 人，女生 450 人）中，根据性别分层，采用分层抽样的方法从中抽取 100 名学生进行调查．

（1）学校计划在高一上学期开设选修中的"物理"和"地理"两个科目，为了了解学生对这两个科目的选课情况，对抽取到的 100 名学生进行问卷调查（假定每名学生在这两个科目中必须选择一个科目且只能选择一个科目），如表 6 - 17 是根据调查结果得到的 2 ×2 列联表．请将列联表补充完整，并判断是否有 99% 的把握认为选择科目与性别有关？说明你的理由；

（2）在抽取到的女生中按（1）中的选课情况进行分层抽样，从中抽出 9 名女生，再从这 9 名女生中随机抽取 4 人，设这 4 人中选择"地理"的人数为 X，求 X 的分布列及数学期望．

表 6 - 17

	选择"物理"	选择"地理"	总计
男生	45	10	——
女生	25	——	——
总计	——	——	——

附：参考公式及数据：$K^2 = \dfrac{n(ad-bc)^2}{(a+b)(c+d)(a+c)(b+d)}$，

其中 $n = a+b+c+d$.

表 6 - 18

$P(K^2 \geq k)$	0.05	0.01
k	3.841	6.635

解：（1）抽取到男生人数为 $100 \times \dfrac{550}{1000} = 55$，女生人数为 $100 \times \dfrac{450}{1000} = 45$，

所以 2 ×2 列联表为表 6 - 19：

表 6 – 19

	选择"物理"	选择"地理"	总计
男生	45	10	55
女生	25	20	45
总计	70	30	100

所以，$K^2 = \dfrac{100 \times (45 \times 20 - 25 \times 10)^2}{55 \times 45 \times 70 \times 30} = 8.1289 > 6.635.$

所以有99%的把握认为选择科目与性别有关.

（2）从45名女生中分层抽样抽9名女生，所以这9名女生中有5人选择物理，4人选择地理，9名女生中再选4名女生，则这4名女生中选择地理的人数 X 可为0，1，2，3，4.

设事件 X 发生概率为 $P(X)$，

则 $P(X=0) = \dfrac{C_5^4}{C_9^4} = \dfrac{5}{126}$，$P(X=1) = \dfrac{C_5^3 C_4^1}{C_9^4} = \dfrac{40}{126}$，$P(X=2) = \dfrac{C_5^2 C_4^2}{C_9^4} = \dfrac{60}{126}$，$P(X=3) = \dfrac{C_5^1 C_4^3}{C_9^4} = \dfrac{20}{126}$，$P(X=4) = \dfrac{C_4^4}{C_9^4} = \dfrac{1}{126}.$

所以 X 的分布列为表 6 – 20：

表 6 – 20

X	0	1	2	3	4
P	$\dfrac{5}{126}$	$\dfrac{40}{126}$	$\dfrac{60}{126}$	$\dfrac{20}{126}$	$\dfrac{1}{126}$

所以期望 $EX = \dfrac{40}{126} + \dfrac{60}{126} \times 2 + \dfrac{20}{126} \times 3 + \dfrac{1}{126} \times 4 = \dfrac{16}{9}.$

8. 某电子设备工厂生产一种电子元件，质量控制工程师要在产品出厂前将次品检出. 估计这个厂生产的电子元件的次品率为0.2%，且电子元件是否为次品相互独立，一般的检测流程是：先把 n 个（$n > 1$）电子元件串联起来成组进行检验，若检测通过，则全部为正品；若检测不通过，则至少有一个次品，再逐一检测，直到把所有的次品找出，若检验一个电子元件的花费为 5 分钱，检验一组（n 个）电子元件的花费为 $4+n$ 分钱.

（1）当 $n=4$ 时，估算一组待检元件中有次品的概率.

（2）设每个电子元件检测费用的期望为 $A(n)$，求 $A(n)$ 的表达式.

（3）试估计 n 的值，使每个电子元件的检测费用的期望最小.

［提示：用 $(1-p)^n \approx 1-np$ 进行估算］

解：（1）设事件 A：一组（4 件）中有次品，则事件 $\overline{A}$：一组（4 件）中无次品，即 4 件产品均为正品.

又 4 件产品是否是次品相互独立，则 $P(\overline{A}) = (1-0.002)^4$，

所以 $P(A) = 1 - P(\overline{A}) = 1 - (1-0.002)^4 = 1 - (1 - 4 \times 0.002)$ $= 0.008$，

设每组（n 个）电子元件的检测费用为 X，则 X 的所有可能取值为 $n+4$，$6n+4$，$P(X=n+4) = 0.998^n$，$P(X=6n+4) = 1-0.998^n$，

则 X 的分布列见表 6-21：

表 6-21

X	$n+4$	$6n+4$
P	0.998^n	$1-0.998^n$

所以 $EX = (n+4) \times 0.998^n + (6n+4) \times (1-0.998^n) = 6n+4-5n \times 0.998^n$，

则有 $A(n) = \dfrac{EX}{n} = 6 + \dfrac{4}{n} - 5 \times 0.998^n$（$n>1$）.

（3）$A(n) = 6 + \dfrac{4}{n} - 5 \times 0.998^n$

$= 6 + \dfrac{4}{n} - 5 \times (1-0.002)^n \approx 6 + \dfrac{4}{n} - 5 \times (1-0.002n)$，

$A(n) = 6 + \dfrac{4}{n} - 5 \times (1-0.002n)$

$= 1 + 0.01n + \dfrac{4}{n} \geqslant 1 + 2\sqrt{0.01n \times \dfrac{4}{n}} = 1.4$，

当且仅当 $0.01n = \dfrac{4}{n}$ 时取等号，此时 $n=20$.

所以，当 $n=20$ 时，每个电子元件平均检测费用最低，约为 1.4 分钱.

9.（2016 年全国 III 卷）图 6-12 是我国 2008 年至 2014 年生活垃圾无害化处理量（单位：亿吨）的折线图.

（1）由折线图看出，可用线性回归模型拟合 y 与 t 的关系，请用相关系数加以说明；

（2）建立 y 关于 t 的回归方程（系数精确到 0.01），预测 2016 年我国生活垃圾无害化处理量.

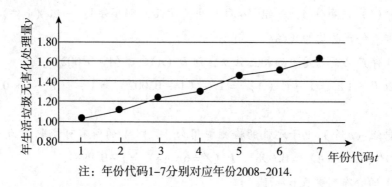

注：年份代码1-7分别对应年份2008-2014.

图 6-12

参 考 数 据：$\sum_{i=1}^{7} y_i = 9.32$，$\sum_{i=1}^{7} t_i y_i = 40.17$，$\sqrt{\sum_{i=1}^{7} (y_i - \bar{y})^2} = 0.55$，$\sqrt{7} \approx 2.646$.

参考公式：相关系数 $r = \dfrac{\sum_{i=1}^{n} (t_i - \bar{t})(y_i - \bar{y})}{\sqrt{\sum_{i=1}^{n} (t_i - \bar{t})^2 \sum_{i=1}^{n} (y_i - \bar{y})^2}}$.

回归方程 $\hat{y} = \hat{a} + \hat{b}t$ 中斜率和截距最小二乘估计公式分别为：

$$\hat{b} = \dfrac{\sum_{i=1}^{n} (t_i - \bar{t})(y_i - \bar{y})}{\sum_{i=1}^{n} (t_i - \bar{t})^2}, \quad \hat{a} = \bar{y} - \hat{b}\bar{t}.$$

解：（1）由折线图中数据和附注中参考数据得：

$$\bar{t} = 4, \quad \sum_{i=1}^{7} (t_i - \bar{t})^2 = 28, \quad \sqrt{\sum_{i=1}^{7} (y_i - \bar{y})^2} = 0.55,$$

$$\sum_{i=1}^{7} (t_i - \bar{t})(y_i - \bar{y}) = \sum_{i=1}^{7} t_i y_i - \bar{t} \sum_{i=1}^{7} y_i = 40.17 - 4 \times 9.32 = 2.89,$$

$$r \approx \dfrac{2.89}{0.55 \times 2 \times 2.646} \approx 0.99.$$

因为 y 与 t 的相关系数近似为 0.99，说明 y 与 t 的线性相关程度相当高，从而可以用线性回归模型拟合 y 与 t 的关系.

（2）由 $\bar{y} = \dfrac{9.32}{7} \approx 1.331$ 及（1）得

$$\hat{b} = \frac{\sum\limits_{i=1}^{7}(t_i - \bar{t})(y_i - \bar{y})}{\sum\limits_{i=1}^{7}(t_i - \bar{t})^2} = \frac{2.89}{28} \approx 0.103.$$

$$\hat{a} = \bar{y} - \hat{b}\bar{t} \approx 1.331 - 0.103 \times 4 \approx 0.92.$$

所以，y 关于 t 的回归方程为 $\hat{y} = 0.92 + 0.10t$.

将 2016 年对应的 $t = 9$ 代入回归方程得 $\hat{y} = 0.92 + 0.10 \times 9 = 1.82$.

所以预测 2016 年我国生活垃圾无害化处理量约为 1.82 亿吨.

10. （2017 年全国 I 卷）为了监控某种零件的一条生产线的生产过程，检验员每天从该生产线上随机抽取 16 个零件，并测量其尺寸（单位：cm）. 根据长期生产经验，可以认为这条生产线正常状态下生产的零件的尺寸服从正态分布 $N(\mu, \sigma^2)$.

（1）假设生产状态正常，记 X 表示一天内抽取的 16 个零件中其尺寸在（$\mu - 3\sigma$, $\mu + 3\sigma$）之外的零件数，求 $P(X \geq 1)$ 及 X 的数学期望；

（2）一天内抽检零件中，如果出现了尺寸在（$\mu - 3\sigma$, $\mu + 3\sigma$）之外的零件，就认为这条生产线在这一天的生产过程可能出现了异常情况，需对当天的生产过程进行检查.

① 试说明上述监控生产过程方法的合理性；

② 下面是检验员在一天内抽取的 16 个零件的尺寸，见表 6－22：

表 6－22

9.95	10.12	9.96	9.96	10.01	9.92	9.98	10.04
10.26	9.91	10.13	10.02	9.22	10.04	10.05	9.95

经计算得 $\bar{x} = \frac{1}{16}\sum\limits_{i=1}^{16} x_i = 9.97$, $s = \sqrt{\frac{1}{16}\sum\limits_{i=1}^{16}(x_i - \bar{x})^2} = \sqrt{\frac{1}{16}\sum\limits_{i=1}^{16}(x_i^2 - 16\bar{x}^2)}$ ≈ 0.212, 其中 x_i 为抽取的第 i 个零件的尺寸，$i = 1, 2, \cdots, 16$.

用样本平均数 $\bar{x}$ 作为 μ 的估计值 $\hat{\mu}$, 用样本标准差 s 作为 σ 的估计值 $\hat{\sigma}$, 利用估计值判断是否需对当天的生产过程进行检查？剔除（$\hat{\mu} - 3\hat{\sigma}$, $\hat{\mu} + 3\hat{\sigma}$）之外的数据，用剩下的数据估计 μ 和 σ（精确到 0.01）.

附：若随机变量 Z 服从正态分布 $N(\mu, \sigma^2)$, 则 $P(\mu - 3\sigma < Z < \mu + 3\sigma)$ $= 0.9974$, $0.9974^{16} \approx 0.9592$, $\sqrt{0.008} \approx 0.09$.

解：（1）抽取的一个零件的尺寸在（$\mu - 3\sigma$, $\mu + 3\sigma$）之内的概率为

0.9974，从而零件的尺寸在 $(\mu-3\sigma,\ \mu+3\sigma)$ 之外的概率为 0.0026，故 $X \sim B$ (16, 0.0026).

因此 $P\ (X \geqslant 1)\ = 1 - P\ (X = 0)\ = 1 - 0.9974^{16} \approx 0.0408$.

X 的数学期望为 $E\ (X)\ = 16 \times 0.0026 = 0.0416$.

（2）①如果生产状态正常，一个零件尺寸在 $(\mu-3\sigma,\ \mu+3\sigma)$ 之外的概率只有 0.0026，一天内抽取的 16 个零件中，出现尺寸在 $(\mu-3\sigma,\ \mu+3\sigma)$ 之外的零件的概率只有 0.0408，发生的概率很小，因此一旦发生这种情况，就有理由认为这条生产线在这一天的生产过程可能出现了异常情况，需对当天的生产过程进行检查，可见上述监控生产过程的方法是合理的.

②由 $\bar{x}=9.97$，$s \approx 0.212$，得 μ 的估计值为 $\hat{\mu}=9.97$，σ 的估计值为 $\hat{\sigma}=$ 0.212，由样本数据可以看出有一个零件的尺寸在 $(\hat{\mu}-3\hat{\sigma},\ \hat{\mu}+3\hat{\sigma})$ 之外，因此需对当天的生产过程进行检查，

剔除 $(\hat{\mu}-3\hat{\sigma},\ \hat{\mu}+3\hat{\sigma})$ 之外的数据 9.22，剩下数据的平均数为：

$$\frac{1}{15}\ (16 \times 9.97 - 9.22)\ = 10.02,$$

因此 μ 的估计值为 10.02.

$$\sum_{i=1}^{16} x_i^2 = 16 \times 0.212^2 + 16 \times 9.97^2 \approx 1591.134.$$

剔除 $(\hat{\mu}-3\hat{\sigma},\ \hat{\mu}+3\hat{\sigma})$ 之外的数据 9.22，剩下数据的样本方差为：

$$\frac{1}{15}\ (1591.134 - 9.22^2 - 15 \times 10.02^2)\ \approx 0.008,$$

因此 σ 的估计值为 $\sqrt{0.008} \approx 0.09$.

圆锥曲线

考点情况分析

1. 2013—2019 年新课标全国卷 I 试题分析（见表 7 - 1）

表 7 - 1

知识点	2013	2014	2015	2016	2017	2018	2019
离心率问题	4				15		16
中点弦问题	10						
定义法求轨迹方程	20（1）						
弦长问题	20（2）				10	11	19（2）
焦半径问题		10				8	
求范围问题			5	5、20（2）			
求直（切）线方程			20（1）			19（1）	19（1）
定义法求轨迹	20（1）			20（1）			
待定系数法求方程		20（1）	14	10	20（1）		10
存在性问题			20（2）				
求最值问题		20（2）					
证明问题						19（2）	
定点问题					20（2）		

2. 考题特点

（1）高考在本专题一般命制 2~3 道题，其中必有 1 道解答题，分值占 17~22 分．

（2）基础小题主要考查圆锥曲线的方程、性质（离心率、渐近线、焦点弦)、直线和圆锥曲线、向量结合的综合问题等.

（3）解答题一般都是两问的题目，第一问考查求圆锥曲线的方程、切线方程，第二问是直线和圆锥曲线综合问题，主要考查弦长、定点、定值、最值、参数的范围、存在性等问题．同时考查函数与方程的思想、转化的思想、数形结合的思想及分类讨论的思想.

3. 学科素养考查分析

本专题主要考查数学抽象、直观想象、逻辑推理、数学运算四种核心素养.

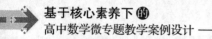
微专题1 圆锥曲线（轨迹）方程的求法

核心知识归纳

1. 求曲线（轨迹）方程的一般步骤

（1）建系：建立适当的坐标系．

（2）设点：用有序实数对 (x, y) 表示曲线上任意一点的坐标．

（3）列式：写出适合条件的点的集合，并用坐标表示这一条件，建立方程 $f(x, y) = 0$.

（4）化简：化方程 $f(x, y) = 0$ 为最简形式——化简．

（5）检验：检验以化简后的方程的解为坐标的点是否都在曲线上．

2. 求曲线（轨迹）方程的常见方法

直接法、定义法、待定系数法、相关点法（代入法）、参数法、交轨法等，前四种较为常用．

考点方法剖析

（一）直接法

直接法就是直接根据动点所满足的条件建立所求动点的横、纵坐标的关系，然后化简得到方程的方法．

【例1】已知动点 $P(x, y)$ 与一定点 $F(1, 0)$ 的距离和它到一定直线 l：$x = 4$ 的距离之比为 $\dfrac{1}{2}$，求动点 $P(x, y)$ 的轨迹 C 的方程．

解：由题意得，$\dfrac{\sqrt{(x-1)^2+y^2}}{|x-4|}=\dfrac{1}{2}$，化简并整理，得 $\dfrac{x^2}{4}+\dfrac{y^2}{3}=1$.

所以动点 $P(x,y)$ 的轨迹 C 的方程为 $\dfrac{x^2}{4}+\dfrac{y^2}{3}=1$.

【跟踪训练】已知点 $F(0,1)$，直线 l：$y=-1$，P 为平面上的动点，过点 P 作直线 l 的垂线，垂足为 Q，且 $\overrightarrow{QP}\cdot\overrightarrow{QF}=\overrightarrow{FP}\cdot\overrightarrow{FQ}$，则动点 P 的轨迹 C 的方程为（　　）

A. $x^2=4y$　　　　B. $y^2=3x$　　　　C. $x^2=2y$　　　　D. $y^2=4x$

解：设点 $P(x,y)$，则 $Q(x,-1)$.

$\because \overrightarrow{QP}\cdot\overrightarrow{QF}=\overrightarrow{FP}\cdot\overrightarrow{FQ}$，

$\therefore (0,y+1)\cdot(-x,2)=(x,y-1)\cdot(x,-2)$，

即 $2(y+1)=x^2-2(y-1)$，整理得 $x^2=4y$，

$\therefore$ 动点 P 的轨迹 C 的方程为 $x^2=4y$. 故选 A.

（二）定义法

定义法，是指如果所求动点满足某种特殊曲线的定义，直接设出方程，然后求出参数得到方程的方法.

【例2】已知两圆 C_1：$(x-4)^2+y^2=81$，C_2：$(x+4)^2+y^2=49$，动圆 M 在圆 C_1 内部且和圆 C_1 相内切，和圆 C_2 相外切，则动圆圆心 M 的轨迹方程为（　　）

A. $\dfrac{x^2}{64}-\dfrac{y^2}{48}=1$　　B. $\dfrac{y^2}{64}+\dfrac{x^2}{48}=1$　　C. $\dfrac{x^2}{48}-\dfrac{y^2}{64}=1$　　D. $\dfrac{x^2}{64}+\dfrac{y^2}{48}=1$

解：(1) 设圆 M 的半径为 r，则 $|MC_1|=9-r$，$|MC_2|=7+r$，

所以 $|MC_1|+|MC_2|=(9-r)+(7+r)=16>8=|C_1C_2|$，

所以 M 的轨迹是以 C_1，C_2 为焦点的椭圆，且 $2a=16$，$2c=8$，

故所求的轨迹方程为 $\dfrac{x^2}{64}+\dfrac{y^2}{48}=1$. 故选 D.

【变式探究】将上题中的"动圆 M 在圆 C_1 内部且和圆 C_1 相内切，和圆 C_2 相外切"改为"动圆 M 和圆 C_1 相外切，和圆 C_2 相外切"，则动圆圆心 M 的轨迹方程为_____.

解：(1) 设圆 M 的半径为 r，则 $|MC_1|=9+r$，$|MC_2|=7+r$，

所以 $|MC_1|-|MC_2|=(9+r)-(7+r)=2<8=|C_1C_2|$，

所以 M 的轨迹是以 C_1，C_2 为焦点的双曲线左支，且 $2a = 2$，$2c = 8$，

故所求的轨迹方程为 $x^2 - \dfrac{y^2}{15} = $ （$x \leqslant -1$）.

【跟踪训练】（2016 年全国 I 卷，理 20 (1)）设圆 $x^2 + y^2 + 2x - 15 = 0$ 的圆心为 A，直线 l 过 B（1，0）且与 x 轴不重合，l 交圆 A 于 C，D 两点，过点 B 作 AC 的平行线交 AD 于点 E，证明 $|EA| + |EB|$ 为定值，并写出点 E 的轨迹方程.

解：(1) 因为 $|AD| = |AC|$，$EB // AC$，故 $\angle EBD = \angle ACD = \angle ADC$，所以 $|EB| = |ED|$，

故 $|EA| + |EB| = |EA| + |ED| = |AD|$.

又圆 A 的标准方程为 $(x + 1)^2 + y^2 = 16$，从而 $|AD| = 4$，

所以 $|EA| + |EB| = 4$.

由题设得 A（-1，0），B（1，0），$|AB| = 2$，

由椭圆定义可得点 E 的轨迹方程为 $\dfrac{x^2}{4} + \dfrac{y^2}{3} = 1$ （$y \neq 0$）.

（三）待定系数法

待定系数法，是指已知曲线类型，直接根据条件建立参数的方程，并求出参数的值，从而得到方程的方法.

【例 3】过双曲线 $C：\dfrac{x^2}{a^2} - \dfrac{y^2}{b^2} = 1$（$a > b > 0$）的右顶点作 x 轴的垂线，与 C 的一条渐近线相交于点 A. 若以 C 的右焦点 F 为圆心、半径为 4 的圆经过 A，O 两点（O 为坐标原点），则双曲线 C 的标准方程为（　　）

A. $\dfrac{x^2}{4} - \dfrac{y^2}{12} = 1$　　B. $\dfrac{x^2}{7} - \dfrac{y^2}{9} = 1$　　C. $\dfrac{x^2}{8} - \dfrac{y^2}{12} = 1$　　D. $\dfrac{x^2}{12} - \dfrac{y^2}{4} = 1$

解：因为渐近线 $y = \dfrac{b}{a} x$ 与直线 $x = a$ 交于点 A（a，b），$c = 4$ 且 $\sqrt{(4 - a)^2 + b^2} = 4$，解得 $a^2 = 4$，$b^2 = 12$，因此双曲线的标准方程为 $\dfrac{x^2}{4} - \dfrac{y^2}{12} = 1$.

故选 A.

【跟踪训练】（2019 年安徽江南十校模拟）已知椭圆 G 的中心为坐标原点 O，点 F，B 分别为椭圆 G 的右焦点和短轴端点. 点 O 到直线 BF 的距离为 $\sqrt{3}$，过点 F 垂直于椭圆长轴的弦长为 2，则椭圆 G 的方程是（　　）

A. $\frac{x^2}{4}+\frac{y^2}{2}=1$　　B. $\frac{y^2}{4}+\frac{x^2}{2}=1$　　C. $\frac{x^2}{16}+\frac{y^2}{4}=1$　　D. $\frac{y^2}{4}+\frac{x^2}{12}=1$

解：设椭圆方程为 $\frac{x^2}{a^2}+\frac{y^2}{b^2}=1$（$a>b>0$），由已知设 BF 的方程为 $\frac{x}{c}+\frac{y}{b}=$

1，因为点 O 到直线 BF 的距离为 $\sqrt{3}$，所以 $\frac{bc}{a}=\sqrt{3}$. 又因为过 F 垂直于椭圆长轴

的弦长为 2，所以 $\frac{2b^2}{a}=2$，结合 $a^2=b^2+c^2$，知 $a=4$，$b=2$，故选 C.

（四）相关点法

相关点法，是指已知一个动点 $A\,(x_0,\,y_0)$ 在某条曲线 $f\,(x,\,y)=0$ 上运动，而所求动点 $P\,(x,\,y)$ 随着这个动点 $A\,(x_0,\,y_0)$ 运动而运动，我们先可以根据条件建立 $A\,(x_0,\,y_0)$ 与 $P\,(x,\,y)$ 关系，用 x，y 表示 x_0，y_0，再代入 $f\,(x,\,y)=0$ 中从而得到动点 $P\,(x,\,y)$ 所满足的方程的方法.

【例4】（2018 年唐山模拟）在直角坐标系 xOy 中，长为 $\sqrt{2}+1$ 的线段的两端点 C，D 分别在 x 轴，y 轴上滑动，$\overrightarrow{CP}=\sqrt{2}\overrightarrow{PD}$. 记点 P 的轨迹为曲线 E. 求曲线 E 的方程.

解：设 $C\,(m,\,0)$，$D\,(0,\,n)$，$P\,(x,\,y)$.

由 $\overrightarrow{CP}=\sqrt{2}\overrightarrow{PD}$，得 $(x-m,\,y)=\sqrt{2}\,(-x,\,n-y)$，

所以 $\begin{cases}x-m=-\sqrt{2}x,\\ y=\sqrt{2}\,(n-y),\end{cases}$ 得 $\begin{cases}m=(\sqrt{2}+1)\,x,\\ n=\dfrac{\sqrt{2}+1}{\sqrt{2}}y,\end{cases}$

由 $|\overrightarrow{CD}|=\sqrt{2}+1$，得 $m^2+n^2=(\sqrt{2}+1)^2$，

所以 $(\sqrt{2}+1)^2x^2+\dfrac{(\sqrt{2}+1)^2}{2}y^2=(\sqrt{2}+1)^2$，

整理，得曲线 E 的方程为 $x^2+\dfrac{y^2}{2}=1$.

【跟踪训练】设定点 $M\,(-3,\,4)$，动点 N 在圆 $x^2+y^2=4$ 上运动，以 OM，ON 为两边作平行四边形 $MONP$，求点 P 的轨迹.

解：见图 7-1，设 $P\,(x,\,y)$，$N\,(x_0,\,y_0)$，

则线段 OP 的中点坐标为 $\left(\dfrac{x}{2},\,\dfrac{y}{2}\right)$，

线段 MN 的中点坐标为 $\left(\dfrac{x_0-3}{2},\ \dfrac{y_0+4}{2}\right)$.

因为平行四边形的对角线互相平分,

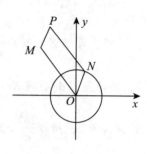

所以 $\dfrac{x}{2}=\dfrac{x_0-3}{2}$, $\dfrac{y}{2}=\dfrac{y_0+4}{2}$, 整理得 $\begin{cases} x_0=x+3, \\ y_0=y-4. \end{cases}$

又点 N 在圆 $x^2+y^2=4$ 上,

所以 $(x+3)^2+(y-4)^2=4$,

所以点 P 的轨迹是以 $(-3,4)$ 为圆心,2 为半

径的圆.

图 7-1

因为 O,M,P 三点不共线,所以应除去两点 $\left(-\dfrac{9}{5},\ \dfrac{12}{5}\right)$ 和 $\left(-\dfrac{21}{5},\ \dfrac{28}{5}\right)$.

【名师方法点拨】

1. 求有关轨迹问题时,要根据每种方法的特点结合已知条件去选定合适方法.

2. 求轨迹方程时,有时需要注意将不满足条件的点删除.

3. 要区分求轨迹方程与轨迹的区别,求轨迹方程只需要求出方程. 而求轨迹时不仅要求出方程,还要说明轨迹形状.

课后目标检测

1. 方程 $|y|-1=\sqrt{1-(x-1)^2}$ 表示的曲线是 (　　)

A. 一个椭圆　　　B. 一个圆　　　C. 两个圆　　　D. 两个半圆

解:由题意知 $|y|-1\geqslant 0$,则 $y\geqslant 1$ 或 $y\leqslant -1$,

当 $y\geqslant 1$ 时,原方程可化为 $(x-1)^2+(y-1)^2=1$ $(y\geqslant 1)$,其表示以 $(1,1)$ 为圆心,1 为半径,直线 $y=1$ 上方的半圆;

当 $y\leqslant -1$ 时,原方程可化为 $(x-1)^2+(y+1)^2=1$ $(y\leqslant -1)$,其表示以 $(1,-1)$ 为圆心,1 为半径,直线 $y=-1$ 下方的半圆.

所以方程 $|y|-1=\sqrt{1-(x-1)^2}$ 表示的曲线是两个半圆,故选 D.

2. 见图 7-2,圆 O 的半径为定长 r,A 是圆 O 内一个定点,P 是圆上任意一点，线段 AP 的垂直平分线 l 和半径 OP 相交于点 Q，当点 P 在圆上运动时，点 Q 的轨迹是（　　）

　　A. 椭圆　　　　　　B. 双曲线　　　　　C. 抛物线　　　　　D. 圆

　　解：连接 QA（图略）．由已知得 $|QA| = |QP|$，

所以 $|QO| + |QA| = |QO| + |QP|$

$= |OP| = r$.

　　又因为点 A 在圆内，所以 $|OA| < |OP|$，根据椭圆的定义，得点 Q 的轨迹是以 O，A 为焦点，r 为长轴长的椭圆．故选 A.

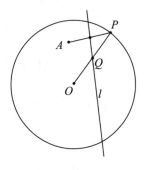

图 7－2

　　3. 若点 P 到点 F（0，2）的距离比它到直线 $y + 4 = 0$ 的距离小 2，则点 P 的轨迹方程为（　　）

　　A. $y^2 = 8x$　　　　　B. $y^2 = -8x$

　　C. $x^2 = 8y$　　　　　D. $x^2 = -8y$

　　解：点 P 到 F（0，2）的距离比它到直线 $y + 4 = 0$ 的距离小 2，因此点 P 到 F（0，2）的距离与它到直线 $y + 2 = 0$ 的距离相等，故 P 的轨迹是以 F 为焦点，$y = -2$ 为准线的抛物线，所以 P 的轨迹方程为 $x^2 = 8y$. 故选 C.

　　4. 已知 $\triangle ABC$ 的顶点 A（-5，0），B（5，0），$\triangle ABC$ 内切圆的圆心在直线 $x = 2$ 上，则顶点 C 的轨迹方程是（　　）

　　A. $\dfrac{x^2}{4} - \dfrac{y^2}{21} = 1$（$x > 2$）　　　　　　B. $\dfrac{y^2}{4} - \dfrac{x^2}{21} = 1$（$y > 2$）

　　C. $\dfrac{x^2}{21} - \dfrac{y^2}{4} = 1$　　　　　　　　　　D. $\dfrac{y^2}{4} - \dfrac{x^2}{2} = 1$

　　解：见图 7－3，$\triangle ABC$ 与内切圆的切点分别为 G，E，F.

$|AG| = |AE| = 7$，$|BF| = |BG| = 3$，$|CE| = |CF|$，

所以 $|CA| - |CB| = 7 - 3 = 4$.

　　根据双曲线定义，所求轨迹是以 A，B 为焦点，实轴长为 4 的双曲线的右支，方程为 $\dfrac{x^2}{4} - \dfrac{y^2}{21} =$

1（$x > 2$）．故选 A.

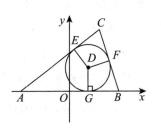

图 7－3

　　5. 过点 $(\sqrt{3}, -\sqrt{5})$，且与椭圆 $\dfrac{y^2}{25} + \dfrac{x^2}{9} = 1$ 有相同焦点的椭圆的标准方程为_____.

解（定义法）：椭圆 $\dfrac{y^2}{25}+\dfrac{x^2}{9}=1$ 的焦点为 $(0,-4)$，$(0,4)$，即 $c=4$.

由椭圆的定义，知 $2a=\sqrt{(\sqrt{3}-0)^2+(-\sqrt{5}+4)^2}+\sqrt{(\sqrt{3}-0)^2+(-\sqrt{5}-4)^2}$，

解得 $a=2\sqrt{5}$.

由 $c^2=a^2-b^2$，可得 $b^2=4$，

所以所求椭圆的标准方程为 $\dfrac{y^2}{20}+\dfrac{x^2}{4}=1$.

解（待定系数法）：∵ 所求椭圆与椭圆 $\dfrac{y^2}{25}+\dfrac{x^2}{9}=1$ 的焦点相同，

∴ 其焦点在 y 轴上，且 $c^2=25-9=16$.

设它的标准方程为 $\dfrac{y^2}{a^2}+\dfrac{x^2}{b^2}=1$ $(a>b>0)$.

∵ $c^2=16$，且 $c^2=a^2-b^2$，故 $a^2-b^2=16$.　　　　　　①

又点 $(\sqrt{3},-\sqrt{5})$ 在所求椭圆上，

∴ $\dfrac{(-\sqrt{5})^2}{a^2}+\dfrac{(\sqrt{3})^2}{b^2}=1$，即 $\dfrac{5}{a^2}+\dfrac{3}{b^2}=1$.　　　　　　②

由①②得 $b^2=4$，$a^2=20$，

∴ 所求椭圆的标准方程为 $\dfrac{y^2}{20}+\dfrac{x^2}{4}=1$.

6.（2019 年武汉调研）见图 7-4，过抛物线 $y^2=2px$ $(p>0)$ 的焦点 F 的
直线 l 交抛物线于点 A，B，交其准线于点 C，若 $|BC|=2|BF|$，且 $|AF|$
$=6$，则此抛物线的方程为（　　　）

A. $y^2=9x$　　　　B. $y^2=6x$　　　　C. $y^2=3x$　　　D. $y^2=\sqrt{3}x$

解：见图 7-4，分别过点 A，B 作准线的垂线，
分别交准线于点 E，D，设 $|BF|=a$，则由已知
得：$|BC|=2a$，由抛物线定义得：$|BD|=a$，
故 $\angle BCD=30°$，在直角三角形 ACE 中，因为
$|AE|=|AF|=6$，$|AC|=6+3a$，$2|AE|=$
$|AC|$，所以 $6+3a=12$，从而得 $a=2$，$|FC|=$
$3a=6$，所以 $p=|FG|=\dfrac{1}{2}|FC|=3$，因此抛物

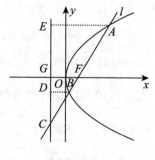

图 7-4

线方程为 $y^2=6x$. 故选 B.

7. 点 P（4，-2）与圆 $x^2+y^2=4$ 上任意一点连接的线段的中点的轨迹方程为（　　）

A. $(x-2)^2+(y+1)^2=1$　　　　B. $(x-2)^2+(y+1)^2=4$

C. $(x+4)^2+(y-2)^2=4$　　　　D. $(x+2)^2+(y-1)^2=1$

解：设中点为 A（x，y），圆上任意一点为 B（x'，y'），由题意得

$\begin{cases} x'+4=2x, \\ y'-2=2y, \end{cases}$ 则 $\begin{cases} x'=2x-4, \\ y'=2y+2, \end{cases}$ 故 $(2x-4)^2+(2y+2)^2=4$，化简得 $(x-2)^2+$

$(y+1)^2=1$，故选 A.

8. 已知直角三角形 ABC 的斜边为 AB，且 A（-1，0），B（3，0）.

（1）求直角顶点 C 的轨迹方程.

（2）求直角边 BC 的中点 M 的轨迹方程.

解（直接法）：（1）设 C（x，y），因为 A，B，C 三点不共线，所以 $y\neq0$.

因为 $AC\perp BC$，所以 $k_{AC}\cdot k_{BC}=-1$，又 $k_{AC}=\dfrac{y}{x+1}$，$k_{BC}=\dfrac{y}{x-3}$，

所以 $\dfrac{y}{x+1}\cdot\dfrac{y}{x-3}=-1$，化简得 $x^2+y^2-2x-3=0$.

因此，直角顶点 C 的轨迹方程为 $x^2+y^2-2x-3=0$（$y\neq0$）.

解（定义法）：（1）设 C（x，y），因为 A，B，C 三点不共线，所以 $y\neq0$.

因为 $AC\perp BC$，由圆的定义可得，C 的轨迹就是以 AB 为直径的圆（除去 A，B 两个端点），其圆心为 AB 的中点（1，0），半径为 2.

因此，直角顶点 C 的轨迹方程为 $(x-1)^2+y^2=4$（$y\neq0$），即 x^2+y^2-2x $-3=0$（$y\neq0$）.

解（相关点法）：（2）设 M（x，y），C（x_0，y_0），因为 B（3，0），M 是线段 BC 的中点，

由中点坐标公式得 $x=\dfrac{x_0+3}{2}$，$y=\dfrac{y_0+0}{2}$，所以 $x_0=2x-3$，$y_0=2y$.

由（1）知，点 C 的轨迹方程为 $(x-1)^2+y^2=4$（$y\neq0$），

将 $x_0=2x-3$，$y_0=2y$ 代入得 $(2x-4)^2+(2y)^2=4$（$y\neq0$），

即 $(x-2)^2+y^2=1$（$y\neq0$）.

因此动点 M 的轨迹方程为 $(x-2)^2+y^2=1$（$y\neq0$）.

微专题2　圆锥曲线的性质

核心知识归纳

1. 焦半径

圆锥曲线上的点与焦点之间的线段的长度（见表7-2）.

表7-2

曲线	焦半径性质
椭圆	椭圆上的点 $P(x_0, y_0)$ 分别左（下）焦点 F_1 和右（上）焦点 F_2 之间的线段的长度叫做椭圆的焦半径，分别记作 $r_1 = |PF_1|$，$r_2 = |PF_2|$. (1) $\dfrac{x^2}{a^2} + \dfrac{y^2}{b^2} = 1$ $(a > b > 0)$，$r_1 = a + ex_0$，$r_2 = a - ex_0$. (2) $\dfrac{y^2}{a^2} + \dfrac{x^2}{b^2} = 1$ $(a > b > 0)$，$r_1 = a + ey_0$，$r_2 = a - ey_0$. (3) 焦半径中，以长轴为端点的焦半径长达到最大和最小（近日点与远日点）
双曲线	双曲线上的点 $P(x_0, y_0)$ 分别与左（下）焦点 F_1 和右（上）焦点 F_2 之间的线段的长度叫做双曲线的焦半径，分别记作 $r_1 = |PF_1|$，$r_2 = |PF_2|$. (1) $\dfrac{x^2}{a^2} - \dfrac{y^2}{b^2} = 1$ $(a > b > 0)$，$r_1 = ex_0 + a$，$r_2 = ex_0 - a$； (2) $\dfrac{y^2}{a^2} - \dfrac{x^2}{b^2} = 1$ $(a > b > 0)$，$r_1 = ey_0 + a$，$r_2 = ey_0 - a$； (3) 若 P 是双曲线右支上一点，F_1，F_2 分别为双曲线的左、右焦点，则 $|PF_1|_{min} = a + c$，$|PF_2|_{min} = c - a$.

续　表

曲线	焦半径性质
抛物线	(1) $y^2 = 2px\ (p>0)$，$\|PF\| = x_0 + \dfrac{p}{2}$ (2) $y^2 = -2px\ (p>0)$，$\|PF\| = -x_0 + \dfrac{p}{2}$ (3) $x^2 = 2py\ (p>0)$，$\|PF\| = y_0 + \dfrac{p}{2}$ (4) $x^2 = -2py\ (p>0)$，$\|PF\| = -y_0 + \dfrac{p}{2}$

2. 焦点三角形

椭圆上的点 $P(x_0,y_0)$ 与两焦点构成的 $\triangle PF_1F_2$ 叫做焦点三角形，$\angle F_1PF_2 = \theta$，$\triangle PF_1F_2$ 的面积为 S，则在椭圆 $\dfrac{x^2}{a^2}+\dfrac{y^2}{b^2}=1\ (a>b>0)$ 中：

（1）当 P 为短轴端点时，θ 最大.

（2）$S = \dfrac{1}{2}\|PF_1\|\ \|PF_2\| \cdot \sin\theta = b^2\tan\dfrac{\theta}{2} = c\|y_0\|$，当 $\|y_0\| = b$ 时，即点 P 为短轴端点时，S 取最大值，最大值为 bc.

（3）焦点三角形的周长为 $2(a+c)$.

双曲线上的点 $P(x_0,y_0)$ 与两焦点构成的 $\triangle PF_1F_2$ 叫做焦点三角形，$\angle F_1PF_2 = \theta$，$\triangle PF_1F_2$ 的面积为 S，则在双曲线 $\dfrac{x^2}{a^2}-\dfrac{y^2}{b^2}=1\ (a>b>0)$ 中，$S = \dfrac{1}{2}\|PF_1\|\ \|PF_2\| \cdot \sin\theta = \dfrac{b^2}{\tan\dfrac{\theta}{2}}$，其中 θ 为 $\angle F_1PF_2$.

3. 焦点弦

经过焦点的弦：

（1）在椭圆中，焦点弦中以通径（垂直于长轴的焦点弦）最短，弦长 $l_{\min} = \dfrac{2b^2}{a}$.

（2）在双曲线中，同支的焦点弦中以通径（过焦点且垂直于长轴的弦）最短，其长为 $\dfrac{2b^2}{a}$；异支的弦中最短的为实轴，其长为 $2a$.

（3）若 P 是双曲线 $\dfrac{x^2}{a^2}-\dfrac{y^2}{b^2}=1\ (a>0,b>0)$ 右支上不同于实轴端点的任

意一点，F_1，F_2 分别为双曲线的左、右焦点，I 为 $\triangle PF_1F_2$ 内切圆的圆心，则圆心 I 的横坐标为定值 a.

（4）设 AB 是过抛物线 $y^2 = 2px$（$p > 0$）焦点 F 的弦，若 A（x_1，y_1），B（x_2，y_2），则：

① $x_1x_2 = \dfrac{p^2}{4}$，$y_1y_2 = -p^2$；

② $|AF| = \dfrac{p}{1-\cos\alpha}$，$|BF| = \dfrac{p}{1+\cos\alpha}$，弦长 $|AB| = x_1 + x_2 + p = \dfrac{2p}{\sin^2\alpha}$（$\alpha$ 为弦 AB 的倾斜角）；

③ $\dfrac{1}{|FA|} + \dfrac{1}{|FB|} = \dfrac{2}{p}$；

④ 以弦 AB 为直径的圆与准线相切；

⑤ 以 AF 或 BF 为直径的圆与 y 轴相切；

⑥ 过焦点弦的端点的切线互相垂直且交点在准线上.

（5）AB 为过圆锥曲线焦点 F 的弦，AB 的倾斜角为 α，若 $|AF| = n|BF|$，则 $|e\cos\alpha| = \left|\dfrac{n-1}{n+1}\right|$，其中 e 为圆锥曲线的离心率. 特别地，抛物线的离心率为 $e = 1$.

4. 中点弦

（1）AB 为椭圆 $\dfrac{x^2}{a^2} + \dfrac{y^2}{b^2} = 1$（$a > b > 0$）的弦，$A$（$x_1$，$y_1$），$B$（$x_2$，$y_2$），弦中点 M（x_0，y_0），则直线 AB 的斜率 $k_{AB} = -\dfrac{b^2x_0}{a^2y_0}$.

（2）AB 为双曲线 $\dfrac{x^2}{a^2} - \dfrac{y^2}{b^2} = 1$（$a > b > 0$）的弦，$A$（$x_1$，$y_1$），$B$（$x_2$，$y_2$），弦中点 M（x_0，y_0），则直线 AB 的斜率 $k_{AB} = \dfrac{b^2x_0}{a^2y_0}$.

（3）AB 为抛物线 $y^2 = 2px$（$p > 0$）的弦，A（x_1，y_1），B（x_2，y_2），弦中点 M（x_0，y_0），则直线 AB 的斜率 $k_{AB} = \dfrac{p}{y_0}$.

5. 离心率

求离心率的常见方法：

（1）直接求出 a，c，再根据定义 $e = \dfrac{c}{a}$ 求离心率.

（2）建立 a，c 的二次齐次式 $mc^2 + nac + ka^2 = 0$，其中 m，n，k 为常数，进而建立离心率 e 的方程求解.

（3）利用公式 $e = \sqrt{1 - \left(\dfrac{b}{a}\right)^2}$（椭圆），$e = \sqrt{1 + \left(\dfrac{b}{a}\right)^2}$（双曲线）求离心率.

考点题型剖析

考点一：焦点三角形问题

【例1】已知 F_1，F_2 是椭圆 C：$\dfrac{x^2}{a^2} + \dfrac{y^2}{b^2} = 1$（$a > b > 0$）的两个焦点，$P$ 为椭圆 C 上的一点，且 $\overrightarrow{PF_1} \perp \overrightarrow{PF_2}$. 若 $\triangle PF_1F_2$ 的面积为 9，则 $b = $ _____ .

解（方法一）：设 $|PF_1| = r_1$，$|PF_2| = r_2$，则 $\begin{cases} r_1 + r_2 = 2a, \\ r_1^2 + r_2^2 = 4c^2, \end{cases}$

$\therefore 2r_1r_2 = (r_1 + r_2)^2 - (r_1^2 + r_2^2) = 4a^2 - 4c^2 = 4b^2$，

$\therefore S = \dfrac{1}{2} r_1 r_2 = b^2 = 9$，$\therefore b = 3$.

解（方法二）：由公式 $S = b^2 \tan \dfrac{\theta}{2} = b^2 \tan 45° = 9$，$\therefore b = 3$.

【变式探究】将本例（2）中的条件"$\overrightarrow{PF_1} \perp \overrightarrow{PF_2}$"和"$\triangle PF_1F_2$ 的面积为 9"分别变为"$\angle F_1PF_2 = 60°$"与"$\triangle PF_1F_2$ 的面积为 $3\sqrt{3}$"，则 b 的值为 _____ .

解（方法一）：因为 $|PF_1| + |PF_2| = 2a$，又 $\angle F_1PF_2 = 60°$，

所以 $|PF_1|^2 + |PF_2|^2 - 2|PF_1| |PF_2| \cos 60° = |F_1F_2|^2$，

即 $(|PF_1| + |PF_2|)^2 - 3|PF_1| |PF_2| = 4c^2$，

所以 $3|PF_1| |PF_2| = 4a^2 - 4c^2 = 4b^2$，

所以 $|PF_1| |PF_2| = \dfrac{4}{3} b^2$，

又因为 $S = \dfrac{1}{2} |PF_1| |PF_2| \sin 60° = \dfrac{1}{2} \times \dfrac{4}{3} b^2 \times \dfrac{\sqrt{3}}{2} = \dfrac{\sqrt{3}}{3} b^2 = 3\sqrt{3}$，

所以 $b = 3$.

解（方法二）：由公式 $S = b^2\tan\dfrac{\theta}{2} = b^2\tan30° = 3\sqrt{3}$，$\therefore b = 3$.

【跟踪训练】已知 F_1，F_2 是双曲线 $\dfrac{x^2}{4} - y^2 = 1$ 的两个焦点，P 在双曲线上，且满足 $\angle F_1PF_2 = 90°$，则 $\triangle F_1PF_2$ 的面积为（　　）

A. 1　　　　　　B. $\dfrac{\sqrt{5}}{2}$　　　　　　C. 2　　　　　　D. $\sqrt{5}$

解（方法一）：设 $|PF_1| = m$，$|PF_2| = n$，则由双曲线的定义可知 $||PF_1| - |PF_2|| = |m - n| = 4$. 又因为 $\angle F_1PF_2 = 90°$，所以 $|PF_1|^2 + |PF_2|^2 = (2c)^2 = 20$，即 $m^2 + n^2 = 20$. 又 $||PF_1| - |PF_2||^2 = |m - n|^2 = 16$，所以 $mn = 2$，所以 $\triangle F_1PF_2$ 的面积为 $S = \dfrac{1}{2}mn = 1$，故选 A.

解（方法二）：由公式 $S = \dfrac{b^2}{\tan\dfrac{\theta}{2}} = 1$，故选 A.

考点二：焦点弦问题

【例2】过椭圆 C 的右焦点 F 作倾斜角为 $45°$ 的直线 l 与该椭圆交于 A，B 两点，若 $AF = 2BF$，则椭圆 C 的离心率的值为 _____.

解：由 $e\cos\theta = \dfrac{n-1}{n+1}$ 知，$e\cos45° = \dfrac{1}{3}$，$e = \dfrac{\sqrt{2}}{3}$.

【跟踪训练】已知椭圆 C：$\dfrac{x^2}{a^2} + \dfrac{y^2}{b^2} = 1$（$a > b > 0$）的离心率为 $\dfrac{\sqrt{3}}{2}$，过右焦点 F 且斜率为 k（$k > 0$）的直线与 C 相交于 A，B 两点，若 $\overrightarrow{AF} = 3\overrightarrow{FB}$，则 $k = $ _____.

解：由 $e\cos\theta = \dfrac{n-1}{n+1}$，所以 $\dfrac{\sqrt{3}}{2}\cos\theta = \dfrac{2}{4}$，$\cos\theta = \dfrac{\sqrt{3}}{3}$，$k = \tan\theta = \sqrt{2}$.

考点三：离心率问题

【例3】（2018年全国Ⅲ卷）设 F_1，F_2 是双曲线 C：$\dfrac{x^2}{a^2} - \dfrac{y^2}{b^2} = 1$（$a > 0$，$b > 0$）的左、右焦点，$O$ 是坐标原点. 过 F_2 作 C 的一条渐近线的垂线，垂足为 P. 若 $|PF_1| = \sqrt{6}|OP|$，则 C 的离心率为（　　）

(A) $\sqrt{5}$　　　(B) 2　　　(C) $\sqrt{3}$　　　(D) $\sqrt{2}$

解：见图 7-5，过点 F_1 向 OP 的反向延长线作垂线，垂足为 P'，连接 $P'F_2$，由题意可知，四边形 $PF_1P'F_2$ 为平行四边形，且 $\triangle PP'F_2$ 是直角三角形．

因为 $|F_2P|=b$，$|F_2O|=c$，所以 $|OP|=a$．

又 $|PF_1|=\sqrt{6}a=|F_2P'|$，$|PP'|=2a$，所以 $|F_2P|=\sqrt{2}a=b$，所以 $c=\sqrt{a^2+b^2}=\sqrt{3}a$，

所以 $e=\dfrac{c}{a}=\sqrt{3}$．故选 C．

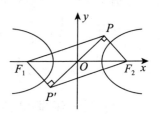

图 7-5

【跟踪训练】设 F 是椭圆 C：$\dfrac{x^2}{a^2}+\dfrac{y^2}{b^2}=1$（$a>b$

>0）的一个焦点，P 是椭圆 C 上的点，圆 $x^2+y^2=\dfrac{a^2}{9}$ 与线段 PF 交于 A，B 两点，若 A，B 三等分线段 PF，则椭圆 C 的离心率为（　　）

A. $\dfrac{\sqrt{3}}{3}$ 　　　　B. $\dfrac{\sqrt{5}}{3}$ 　　　　C. $\dfrac{\sqrt{10}}{4}$ 　　　　D. $\dfrac{\sqrt{17}}{5}$

解：见图 7-6，取线段 PF 的中点 H，连接 OH，OA．设椭圆另一个焦点为 E，连接 PE．

$\because A$，B 三等分线段 PF，$\therefore H$ 也是线段 AB 的中点，即 $OH\perp AB$．

设 $|OH|=d$，则 $|PE|=2d$，$|PF|=2a-2d$，$|AH|=\dfrac{a-d}{3}$．

在 Rt$\triangle OHA$ 中，$|OA|^2=|OH|^2+|AH|^2$，解得 $a=5d$．

在 Rt$\triangle OHF$ 中，$|FH|=\dfrac{4}{5}a$，$|OH|=\dfrac{a}{5}$，$|OF|=c$．

由 $|OF|^2=|OH|^2+|FH|^2$，

化简得 $17a^2=25c^2$，$\dfrac{c}{a}=\dfrac{\sqrt{17}}{5}$．

即椭圆 C 的离心率为 $\dfrac{\sqrt{17}}{5}$．故选 D．

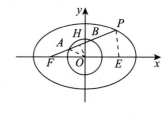

图 7-6

【例4】（2014 年全国Ⅱ卷）设 F_1，F_2 分别是椭圆 C：$\dfrac{x^2}{a^2}+\dfrac{y^2}{b^2}=1$（$a>b>0$）的左，右焦点，$M$ 是 C 上一点且 MF_2 与 x 轴垂直，直线 MF_1 与 C 的另一个交点为 N．若直线 MN 的斜率为 $\dfrac{3}{4}$，求 C 的离心率．

解：根据 $c = \sqrt{a^2 - b^2}$ 及题设知 $M\left(c, \dfrac{b^2}{a}\right)$，$2b^2 = 3ac$.

将 $b^2 = a^2 - c^2$ 代入 $2b^2 = 3ac$，得 $2(a^2 - c^2) = 3ac$，

解得 $\dfrac{c}{a} = \dfrac{1}{2}$，$\dfrac{c}{a} = -2$（舍去）.

故 C 的离心率为 $\dfrac{1}{2}$.

考点四：中点弦问题

【例5】过椭圆 $\dfrac{x^2}{16} + \dfrac{y^2}{4} = 1$ 内一点 $P(3, 1)$，且被点 P 平分的弦所在直线的方程是（　　）

A. $4x + 3y - 13 = 0$ B. $3x + 4y - 13 = 0$

C. $4x - 3y + 5 = 0$ D. $3x - 4y + 5 = 0$

解（方法一）：设所求直线与椭圆交于 $A(x_1, y_1)$，$B(x_2, y_2)$ 两点，由于 A，B 两点均在椭圆上，故 $\dfrac{x_1^2}{16} + \dfrac{y_1^2}{4} = 1$，$\dfrac{x_2^2}{16} + \dfrac{y_2^2}{4} = 1$，

两式相减得 $\dfrac{(x_1 + x_2)(x_1 - x_2)}{16} + \dfrac{(y_1 + y_2)(y_1 - y_2)}{4} = 0$.

$\because P(3, 1)$ 是 $A(x_1, y_1)$，$B(x_2, y_2)$ 的中点，

$\therefore x_1 + x_2 = 6$，$y_1 + y_2 = 2$，故 $k_{AB} = \dfrac{y_1 - y_2}{x_1 - x_2} = -\dfrac{3}{4}$，

直线 AB 的方程为 $y - 1 = -\dfrac{3}{4}(x - 3)$，

即 $3x + 4y - 13 = 0$，故选 B.

解（方法二）：由中点弦公式知，直线 AB 的斜率 $k_{AB} = -\dfrac{b^2 x_0}{a^2 y_0} = -\dfrac{3}{4}$，

直线 AB 的方程为 $y - 1 = -\dfrac{3}{4}(x - 3)$，即 $3x + 4y - 13 = 0$，故选 B.

【跟踪训练】经过椭圆 M：$\dfrac{x^2}{a^2} + \dfrac{y^2}{b^2} = 1$（$a > b > 0$）的右焦点的直线 $x + y - \sqrt{3} = 0$ 交椭圆 M 于 A，B 两点，P 为 AB 的中点，且直线 OP 的斜率为 $\dfrac{1}{2}$. 求椭圆 M 的方程.

解（方法一）：令 $A(x_1, y_1)$，$B(x_2, y_2)$，易知右焦点为 $(\sqrt{3}, 0)$.

联立 $\begin{cases} b^2x^2 + a^2y^2 - a^2b^2 = 0, \\ x = \sqrt{3} - y, \end{cases}$

得 $(a^2 + b^2)\, y^2 - 2\sqrt{3}b^2 y + b^2\, (3 - a^2)\, = 0,$ ①

则 $y_1 + y_2 = \dfrac{2\sqrt{3}b^2}{a^2 + b^2},\ x_1 + x_2 = 2\sqrt{3} - (y_1 + y_2),$

即 $k_{OP} = \dfrac{y_p}{x_p} = \dfrac{y_1 + y_2}{x_1 + x_2} = \dfrac{y_1 + y_2}{2\sqrt{3} - (y_1 + y_2)} = \dfrac{b^2}{a^2} = \dfrac{1}{2} \Rightarrow a^2 = 2b^2.$

因为 $a^2 - b^2 = 3$，所以 $a^2 = 6$，$b^2 = 3$，

所以椭圆 M 的方程为 $\dfrac{x^2}{6} + \dfrac{y^2}{3} = 1.$

解（方法二）：由中点弦公式知，直线 AB 的斜率 $k_{AB} = -\dfrac{b^2 x_0}{a^2 y_0}$，得 $k_{AB} \cdot k_{OP}$

$= -\dfrac{b^2}{a^2} = -\dfrac{1}{2}$，所以 $a^2 = 2b^2.$

因为 $a^2 - b^2 = 3$，所以 $a^2 = 6$，$b^2 = 3$，

所以椭圆 M 的方程为 $\dfrac{x^2}{6} + \dfrac{y^2}{3} = 1.$

【名师方法点拨】

1. 圆锥曲线的性质主要考查焦点三角形面积、离心率、焦点弦性质、中点弦性质等.

2. 掌握一些常用的结论可以简化很多运算，从而达到事半功倍的效果，也可以秒杀一些选填题.

课后目标检测

1. （2019 年六盘水模拟）已知点 F_1，F_2 分别为椭圆 C：$\dfrac{x^2}{4} + \dfrac{y^2}{3} = 1$ 的左、右焦点，若点 P 在椭圆 C 上，且 $\angle F_1 P F_2 = 60°$，则 $|PF_1| \cdot |PF_2| = $ （　　）

A. 4   B. 6   C. 8   D. 12

解（方法一）：由 $|PF_1| + |PF_2| = 4$，$|PF_1|^2 + |PF_2|^2 - 2|PF_1|$

$\cdot \mid PF_2 \mid \cdot \cos 60° = \mid F_1F_2 \mid^2$，

得 $3 \mid PF_1 \mid \cdot \mid PF_2 \mid = 12$，所以 $\mid PF_1 \mid \cdot \mid PF_2 \mid = 4$，故选 A.

解（方法二）：$S = b^2 \tan \dfrac{\theta}{2} = 3\tan 30° = \sqrt{3}$，$S = \dfrac{1}{2} \mid PF_1 \mid \cdot \mid PF_2 \mid \cdot$

$\sin 60° = \sqrt{3}$，

所以 $\mid PF_1 \mid \cdot \mid PF_2 \mid = 4$，故选 A.

2. （2019 年襄阳联考）直线 l：$4x - 5y = 20$ 经过双曲线 C：$\dfrac{x^2}{a^2} - \dfrac{y^2}{b^2} = 1$

（$a > 0$，$b > 0$）的一个焦点和虚轴的一个端点，则双曲线 C 的离心率为（　　）

A. $\dfrac{5}{3}$　　　　B. $\dfrac{3}{5}$　　　　C. $\dfrac{5}{4}$　　　　D. $\dfrac{4}{5}$

解：由题意知，直线 l 与两坐标轴分别交于点 $(5, 0)$，$(0, -4)$，从而 c

$= 5$，$b = 4$，$\therefore a = 3$，双曲线 C 的离心率 $e = \dfrac{c}{a} = \dfrac{5}{3}$. 故选 A.

3. （2014 年重庆卷）设 F_1，F_2 分别为双曲线 $\dfrac{x^2}{a^2} - \dfrac{y^2}{b^2} = 1$（$a > 0$，$b > 0$）的

左、右焦点，双曲线上存在一点 P，使得 $\mid PF_1 \mid + \mid PF_2 \mid = 3b$，$\mid PF_1 \mid \cdot$

$\mid PF_2 \mid = \dfrac{9}{4}ab$，则该双曲线的离心率为（　　）

A. $\dfrac{4}{3}$　　　　B. $\dfrac{5}{3}$　　　　C. $\dfrac{9}{4}$　　　　D. 3

解：由双曲线的定义得 $\mid \mid PF_1 \mid - \mid PF_2 \mid \mid = 2a$，

又 $\mid PF_1 \mid + \mid PF_2 \mid = 3b$，

所以 $(\mid PF_1 \mid + \mid PF_2 \mid)^2 - (\mid PF_1 \mid - \mid PF_2 \mid)^2 = 9b^2 - 4a^2$，

即 $4 \mid PF_1 \mid \cdot \mid PF_2 \mid = 9b^2 - 4a^2$，

又 $4 \mid PF_1 \mid \cdot \mid PF_2 \mid = 9ab$，因此 $9b^2 - 4a^2 = 9ab$，

即 $9\left(\dfrac{b}{a}\right)^2 - \dfrac{9b}{a} - 4 = 0$，则 $\left(\dfrac{3b}{a} + 1\right)\left(\dfrac{3b}{a} - 4\right) = 0$，解得 $\dfrac{b}{a} = \dfrac{4}{3}$

$\left(\dfrac{b}{a} = -\dfrac{1}{3}，舍去\right)$，则双曲线的离心率 $e = \sqrt{1 + \left(\dfrac{b}{a}\right)^2} = \dfrac{5}{3}$. 故选 B.

4. （2018 年全国 Ⅱ 卷）双曲线 $\dfrac{x^2}{a^2} - \dfrac{y^2}{b^2} = 1$（$a > 0$，$b > 0$）的离心率为 $\sqrt{3}$，

则其渐近线方程为（　　）

A. $y = \pm\sqrt{2}x$ B. $y = \pm\sqrt{3}x$ C. $y = \pm\frac{\sqrt{2}}{2}x$ D. $y = \pm\frac{\sqrt{3}}{2}x$

解：由 $e = \frac{c}{a} = \sqrt{3}$，得 $\frac{b}{a} = \sqrt{2}$，所以该双曲线的渐近线方程为 $y = \pm\frac{b}{a}x =$

$\pm\sqrt{2}x$，故选 A.

5. （2015 年全国 II 卷）已知 A，B 为双曲线 E 的左、右顶点，点 M 在 E

上，$\triangle ABM$ 为等腰三角形，且顶角为 $120°$，则 E 的离心率为（   ）

A. $\sqrt{5}$ B. 2 C. $\sqrt{3}$ D. $\sqrt{2}$

解：设双曲线方程为 $\frac{x^2}{a^2} - \frac{y^2}{b^2} = 1$（$a > 0$，$b > 0$），

不妨设点 M 在双曲线的右支上，

见图 7 - 7，$AB = BM = 2a$，

$\angle MBA = 120°$，作 $MH \perp x$ 轴于 H，

则 $\angle MBH = 60°$，$BH = a$，$MH = \sqrt{3}a$，

所以 $M(2a, \sqrt{3}a)$.

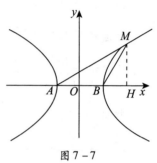

图 7 - 7

将点 M 的坐标代入双曲线方程 $\frac{x^2}{a^2} - \frac{y^2}{b^2} = 1$，得 $a = b$，

所以 $e = \sqrt{2}$，故选 D.

6. （2016 年全国 III 卷）已知点 O 为坐标原点，F 是椭圆 C：$\frac{x^2}{a^2} + \frac{y^2}{b^2} = 1$（$a$

$> b > 0$）的左焦点，A，B 分别为 C 的左、右顶点，P 为 C 上一点，且 $PF \perp x$

轴，过点 A 的直线 l 与线段 PF 交于点 M，与 y 轴交于点 E，若直线 BM 经过 OE

的中点，则 C 的离心率为（   ）

A. $\frac{1}{3}$ B. $\frac{1}{2}$ C. $\frac{2}{3}$ D. $\frac{3}{4}$

解：见图 7 - 8，设 MB 交 y 轴于 H，

由题意 $OH = \frac{1}{2}OE$，因为 $PF \perp x$ 轴，

所以 $MF /\!/ EO$，

所以 $\frac{MF}{OE} = \frac{AF}{AO}$，

$\frac{OH}{MF} = \frac{OB}{FB}$，

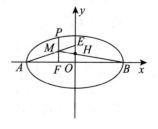

图 7 - 8

①×②得, $\dfrac{1}{2} = \dfrac{AF}{AO} \cdot \dfrac{OB}{FB}$, 所以 $\dfrac{1}{2} = \dfrac{a-c}{a} \cdot \dfrac{a}{a+c}$, 整理得, $\dfrac{c}{a} = \dfrac{1}{3}$. 故选 A.

7. (2017 年全国Ⅱ卷) 若双曲线 C: $\dfrac{x^2}{a^2} - \dfrac{y^2}{b^2} = 1$ ($a > 0$, $b > 0$) 的一条渐近线被圆 $(x-2)^2 + y^2 = 4$ 所截得的弦长为 2, 则 C 的离心率为 (   )

A. 2   B. $\sqrt{3}$ C. $\sqrt{2}$ D. $\dfrac{2\sqrt{3}}{3}$

解: 双曲线的一条渐近线方程为 $y = \dfrac{b}{a}x$, 即 $bx - ay = 0$,

圆 $(x-2)^2 + y^2 = 4$ 的圆心为 $(2, 0)$, 半径为 2.

依题意可得 $2\sqrt{r^2 - d^2} = 2$, 即 $\sqrt{4 - d^2} = 1$, 所以 $d = \sqrt{3}$.

又 $d = \dfrac{|2b|}{\sqrt{b^2 + a^2}} = \sqrt{3}$, 所以 $4b^2 = 3c^2$, 所以 $4(c^2 - a^2) = 3c^2$,

所以 $\dfrac{c^2}{a^2} = 4$, 即 $e^2 = 4$.

所以 $e = 2$. 故选 A.

8. (2018 年全国Ⅱ卷) 已知 F_1, F_2 是椭圆 C: $\dfrac{x^2}{a^2} + \dfrac{y^2}{b^2} = 1$ ($a > b > 0$) 的左、右焦点, A 是 C 的左顶点, 点 P 在过 A 且斜率为 $\dfrac{\sqrt{3}}{6}$ 的直线上, $\triangle PF_1F_2$ 为等腰三角形, $\angle F_1F_2P = 120°$, 则 C 的离心率为 (   )

A. $\dfrac{2}{3}$ B. $\dfrac{1}{2}$ C. $\dfrac{1}{3}$ D. $\dfrac{1}{4}$

解: 由题意可知椭圆的焦点在 x 轴上, 见图 7-9,

设 $|F_1F_2| = 2c$,

因为 $\triangle PF_1F_2$ 为等腰三角形, 且 $\angle F_1F_2P = 120°$,

所以 $|PF_2| = |F_1F_2| = 2c$.

因为 $|OF_2| = c$,

所以点 P 坐标为 $(c + 2c\cos 60°, 2c\sin 60°)$,

即点 P $(2c, \sqrt{3}c)$.

因为点 P 在过点 A, 且斜率为 $\dfrac{\sqrt{3}}{6}$ 的直线上,

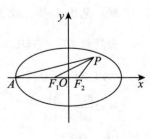

图 7-9

所以 $\dfrac{\sqrt{3}c}{2c+a}=\dfrac{\sqrt{3}}{6}$，解得 $\dfrac{c}{a}=\dfrac{1}{4}$，

所以 $e=\dfrac{1}{4}$，故选 D.

9. 已知双曲线 C：$\dfrac{x^2}{a^2}-\dfrac{y^2}{b^2}=1$ （$a>0$，$b>0$）的右焦点为 F，过 F 且斜率为 $\sqrt{3}$ 的直线交 C 于 A，B 两点，若 $\overrightarrow{AF}=4\overrightarrow{FB}$，则 C 的离心率为_____.

解：由 $e\cos\theta=\dfrac{n-1}{n+1}$，所以 $e\cos60°=\dfrac{3}{5}$，所以 $e=\dfrac{6}{5}$.

10. （2014 年江西卷）过点 M（1，1）作斜率为 $-\dfrac{1}{2}$ 的直线与椭圆 C：$\dfrac{x^2}{a^2}$ $+\dfrac{y^2}{b^2}=1$ （$a>b>0$）相交于 A，B 两点，若 M 是线段 AB 的中点，则椭圆 C 的离心率等于_____.

解：设 A（x_1，y_1），B（x_2，y_2），

分别代入椭圆方程相减得，$\dfrac{(x_1-x_2)(x_1+x_2)}{a^2}+\dfrac{(y_1-y_2)(y_1+y_2)}{b^2}=0$，

根据题意有 $x_1+x_2=2\times1=2$，$y_1+y_2=2\times1=2$，且 $\dfrac{y_1-y_2}{x_1-x_2}=-\dfrac{1}{2}$，

所以 $\dfrac{2}{a^2}+\dfrac{2}{b^2}\times\left(-\dfrac{1}{2}\right)=0$，得 $a^2=2b^2$，

所以 $a^2=2$（a^2-c^2），整理得 $a^2=2c^2$，得 $\dfrac{c}{a}=\dfrac{\sqrt{2}}{2}$，

所以 $e=\dfrac{\sqrt{2}}{2}$，所以答案为 $\dfrac{\sqrt{2}}{2}$.

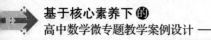

微专题3 圆锥曲线定点、定值问题

核心知识归纳

1. 定点问题的求解方法

引进参数法：引进动点的坐标或动线中系数，并用参数表示变化量，再研究变化的量与参数何时没有关系，从而找到定点．

2. 定值问题的求解方法

（1）从特殊到一般法：根据动点或动线的特殊情况探索出定值，再证明该定值与变量无关．

（2）直接消参法：先引进变化的参数表示直线方程、数量积、比例关系等，然后根据等式恒成立、数式变换等直接消去参数得到不受参数影响的定值．

考点题型剖析

考点一：定点问题

【例1】（2017年全国Ⅰ卷）已知椭圆 $C: \dfrac{x^2}{a^2} + \dfrac{y^2}{b^2} = 1$（$a > b > 0$），四点 $P_1(1, 1)$，$P_2(0, 1)$，$P_3\left(-1, \dfrac{\sqrt{3}}{2}\right)$，$P_4\left(1, \dfrac{\sqrt{3}}{2}\right)$ 中恰有三点在椭圆 C 上．

（1）求 C 的方程；

（2）设直线 l 不经过 P_2 点且与 C 相交于 A，B 两点．若直线 P_2A 与直线 P_2B 的斜率的和为 -1，证明：l 过定点．

解：（1）由于 P_3，P_4 两点关于 y 轴对称，故由题设知 C 经过 P_3，P_4 两点．

又由 $\frac{1}{a^2}+\frac{1}{b^2}>\frac{1}{a^2}+\frac{3}{4b^2}$ 知，C 不经过点 P_1，所以点 P_2 在 C 上．

因此 $\begin{cases}\dfrac{1}{b^2}=1,\\[2mm]\dfrac{1}{a^2}+\dfrac{3}{4b^2}=1,\end{cases}$ 解得 $\begin{cases}a^2=4,\\b^2=1.\end{cases}$

故 C 的方程为 $\dfrac{x^2}{4}+y^2=1$．

（2）设直线 P_2A 与直线 P_2B 的斜率分别为 k_1，k_2．

如果 l 与 x 轴垂直，设 l：$x=t$，由题设知 $t\neq0$，且 $|t|<2$，可得 A，B 的坐标分别为 $\left(t,\dfrac{\sqrt{4-t^2}}{2}\right)$，$\left(t,-\dfrac{\sqrt{4-t^2}}{2}\right)$，则 $k_1+k_2=-1$，得 $t=2$，不符合题意．

从而可设 l：$y=kx+m$ $(m\neq1)$，将 $y=kx+m$ 代入 $\dfrac{x^2}{4}+y^2=1$ 得，$(4k^2+1)x^2+8kmx+4m^2-4=0$．由题设可知 $\Delta=16(4k^2-m^2+1)>0$．

设 $A(x_1,y_1)$，$B(x_2,y_2)$，则 $x_1+x_2=-\dfrac{8km}{4k^2+1}$，$x_1x_2=\dfrac{4m^2-4}{4k^2+1}$，

而 $k_1+k_2=\dfrac{y_1-1}{x_1}+\dfrac{y_2-1}{x_2}$

$=\dfrac{kx_1+m-1}{x_1}+\dfrac{kx_2+m-1}{x_2}=\dfrac{2kx_1x_2+(m-1)(x_1+x_2)}{x_1x_2}$．

由题设 $k_1+k_2=-1$，故 $(2k+1)x_1x_2+(m-1)(x_1+x_2)=0$，

即 $(2k+1)\cdot\dfrac{4m^2-4}{4k^2+1}+(m-1)\dfrac{-8km}{4k^2+1}=0$，解得 $k=-\dfrac{m+1}{2}$，

当且仅当 $m>-1$ 时，$\Delta>0$，于是 l：$y=-\dfrac{m+1}{2}x+m$，

即 $y+1=-\dfrac{m+1}{2}(x-2)$．

所以 l 过定点 $(2,-1)$．

【跟踪训练】 已知动圆过定点 $A(4,0)$，且在 y 轴上截得的弦 MN 的长为8．

（1）求动圆圆心的轨迹 C 的方程；

（2）已知点 $B(-1,0)$，设不垂直于 x 轴的直线 l 与轨迹 C 交于不同的两点 P，Q，若 x 轴是 $\angle PBQ$ 的角平分线，求证：直线 l 过定点．

解：（1）设动圆圆心为点 P $(x,\ y)$，则由勾股定理得 $x^2+4^2=(x-4)^2+y^2$，化简即得圆心的轨迹 C 的方程为 $y^2=8x$.

证明（方法一）：（2）由题意，可设直线 l 的方程为 $y=kx+b\ (k\neq0)$.

联立 $\begin{cases} y=kx+b, \\ y^2=8x, \end{cases}$ 得 $k^2x^2+2\ (kb-4)\ x+b^2=0$.

由 $\Delta=4\ (kb-4)^2-4k^2b^2>0$，得 $kb<2$.

设点 P $(x_1,\ y_1)$，Q $(x_2,\ y_2)$，

则 $x_1+x_2=-\dfrac{2\ (kb-4)}{k^2}$，$x_1x_2=\dfrac{b^2}{k^2}$.

因为 x 轴是 $\angle PBQ$ 的角平分线，所以 $k_{PB}+k_{QB}=0$，即：

$$k_{PB}+k_{QB}=\frac{y_1}{x_1+1}+\frac{y_2}{x_2+1}=\frac{2kx_1x_2+(k+b)\ (x_1+x_2)\ +2b}{(x_1+1)\ (x_2+1)}$$

$$=\frac{8\ (k+b)}{(x_1+1)\ (x_2+1)\ k^2}=0,$$

所以 $k+b=0$，即 $b=-k$，所以 l 的方程为 $y=k\ (x-1)$.

故直线 l 恒过定点 $(1,\ 0)$.

证明（方法二）：设直线 PB 的方程为 $x=my-1$，它与抛物线 C 的另一个交点为 Q'，设点 P $(x_1,\ y_1)$，Q' $(x_2,\ y_2)$，由条件可得，Q 与 Q' 关于 x 轴对称，故 Q $(x_2,\ -y_2)$.

联立 $\begin{cases} x=my-1, \\ y^2=8x, \end{cases}$ 消去 x 得 $y^2-8my+8=0$，

其中 $\Delta=64m^2-32>0$，$y_1+y_2=8m$，$y_1y_2=8$.

所以 $k_{PQ}=\dfrac{y_1+y_2}{x_1-x_2}=\dfrac{8}{y_1-y_2}$，

因而直线 PQ 的方程为 $y-y_1=\dfrac{8}{y_1-y_2}\ (x-x_1)$.

又 $y_1y_2=8$，$y_1^2=8x_1$，

将 PQ 的方程化简得 $(y_1-y_2)\ y=8\ (x-1)$，

故直线 l 过定点 $(1,\ 0)$.

证明（方法三）：由抛物线的对称性可知，

如果定点存在，则它一定在 x 轴上，

所以设定点坐标为 $(a,\ 0)$，直线 PQ 的方程为 $x=my+a$.

联立 $\begin{cases} x = my + a, \\ y^2 = 8x, \end{cases}$ 消去 x，整理得 $y^2 - 8my - 8a = 0$，$\Delta > 0$.

设点 $P（x_1，y_1）$，$Q（x_2，y_2）$，则 $\begin{cases} y_1 + y_2 = 8m, \\ y_1 y_2 = -8a. \end{cases}$

由条件可知 $k_{PB} + k_{QB} = 0$，

即 $k_{PB} + k_{QB} = \dfrac{y_1}{x_1 + 1} + \dfrac{y_2}{x_2 + 1}$

$= \dfrac{（my_1 + a）y_2 + （my_2 + a）y_1 + y_1 + y_2}{（x_1 + 1）（x_2 + 1）}$

$= \dfrac{2my_1 y_2 + （a + 1）（y_1 + y_2）}{（x_1 + 1）（x_2 + 1）} = 0$，

所以 $-8ma + 8m = 0$.

由 m 的任意性可知 $a = 1$，所以直线 l 恒过定点 $（1，0）$.

证明（方法四）：设 $P\left(\dfrac{y_1^2}{8}，y_1\right)$，$Q\left(\dfrac{y_2^2}{8}，y_2\right)$，

因为 x 轴是 $\angle PBQ$ 的角平分线，

所以 $k_{PB} + k_{QB} = \dfrac{y_1}{\dfrac{y_1^2}{8} + 1} + \dfrac{y_2}{\dfrac{y_2^2}{8} + 1} = 0$，

整理得 $（y_1 + y_2）\left(\dfrac{y_1 y_2}{8} + 1\right) = 0$.

因为直线 l 不垂直于 x 轴，

所以 $y_1 + y_2 \neq 0$，可得 $y_1 y_2 = -8$.

因为 $k_{PQ} = \dfrac{y_1 - y_2}{\dfrac{y_1^2}{8} - \dfrac{y_2^2}{8}} = \dfrac{8}{y_1 + y_2}$，

所以直线 PQ 的方程为 $y - y_1 = \dfrac{8}{y_1 + y_2}\left(x - \dfrac{y_1^2}{8}\right)$，

即 $y = \dfrac{8}{y_1 + y_2}（x - 1）$，

故直线 l 恒过定点 $（1，0）$.

【名师方法点拨】

本题前面的三种解法属于比较常规的解法，主要是设点与直线方程，联立

方程，并借助判别式、根与系数的关系等知识解题，计算量较大．解法四巧妙地运用了抛物线的参数方程进行设点，避免了联立方程组，计算相对简单，但是解法二和解法四中含有两个参数 y_1，y_2，因此判定直线过定点时，要注意将直线的方程变为特殊的形式．

考点二：定值问题

【例2】见图 $7-10$，已知椭圆 C：$\dfrac{x^2}{4}+y^2=1$．点 P 是椭圆 C 上异于 M，N（M，N 在椭圆上关于 y 轴对称）的任意一点，且直线 MP，NP 分别与 y 轴交于点 S 和 R，O 为坐标原点，求证：$\overrightarrow{OR}\cdot\overrightarrow{OS}$ 为定值．

解：设 P $(x_0$，$y_0)$，M $(x_1$，$y_1)$，N $(-x_1$，

$y_1)$，则直线 MP 的方程为：$\dfrac{y-y_0}{y_1-y_0}=\dfrac{x-x_0}{x_1-x_0}$，

令 $x=0$，得 $y_S=\dfrac{-x_0(y_1-y_0)}{x_1-x_0}+y_0$

$=\dfrac{-x_0(y_1-y_0)+y_0(x_1-x_0)}{x_1-x_0}=\dfrac{x_1y_0-x_0y_1}{x_1-x_0}$，

同理：$y_R=\dfrac{x_1y_0+x_0y_1}{x_1+x_0}$，

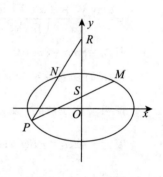

图 $7-10$

故 $y_R\cdot y_S=\dfrac{x_1^2y_0^2-x_0^2y_1^2}{x_1^2-x_0^2}$ （＊）

又点 M 与点 P 在椭圆上，故 $y_1^2=1-\dfrac{x_1^2}{4}$，$y_0^2=1-\dfrac{x_0^2}{4}$．

代入（＊）式，得：$y_R\cdot y_S=\dfrac{x_1^2\left(1-\dfrac{x_0^2}{4}\right)-x_0^2\left(1-\dfrac{x_1^2}{4}\right)}{x_1^2-x_0^2}=\dfrac{x_1^2-x_0^2}{x_1^2-x_0^2}=1$，

所以 $OR\cdot OS=|y_R|\cdot|y_S|=|y_R\cdot y_S|=1$ 为定值．

【跟踪训练】已知椭圆 C：$\dfrac{x^2}{a^2}+\dfrac{y^2}{b^2}=1$ （$a>b>0$）的离心率为 $\dfrac{\sqrt{3}}{2}$，点 A $\left(1,\dfrac{\sqrt{3}}{2}\right)$ 在椭圆 C 上，O 为坐标原点．

（1）求椭圆 C 的方程；

（2）设动直线 l 与椭圆 C 有且仅有一个公共点，且 l 与圆 $x^2+y^2=5$ 相交于不在坐标轴上的两个点 P_1，P_2，记直线 OP_1，OP_2 的斜率分别为 k_1，k_2，求证：

$k_1 \cdot k_2$ 为定值.

解：（1）由题意，得 $\dfrac{c}{a} = \dfrac{\sqrt{3}}{2}$，$a^2 = b^2 + c^2$，

又因为点 $A\left(1, \dfrac{\sqrt{3}}{2}\right)$ 在椭圆 C 上，

所以 $\dfrac{1}{a^2} + \dfrac{3}{4b^2} = 1$，

解得 $a = 2$，$b = 1$，$c = \sqrt{3}$，

所以椭圆 C 的方程为 $\dfrac{x^2}{4} + y^2 = 1$.

证明：（2）当直线 l 的斜率不存在时，由题意知 l 的方程为 $x = \pm 2$，

易得直线 OP_1，OP_2 的斜率之积 $k_1 \cdot k_2 = -\dfrac{1}{4}$.

当直线 l 的斜率存在时，设 l 的方程为 $y = kx + m$.

由方程组 $\begin{cases} y = kx + m, \\ \dfrac{x^2}{4} + y^2 = 1, \end{cases}$ 得 $(4k^2 + 1)x^2 + 8kmx + 4m^2 - 4 = 0$，

因为直线 l 与椭圆 C 有且仅有一个公共点，

所以 $\Delta = (8km)^2 - 4(4k^2 + 1)(4m^2 - 4) = 0$，即 $m^2 = 4k^2 + 1$，

由方程组 $\begin{cases} y = kx + m, \\ x^2 + y^2 = 5, \end{cases}$ 得 $(k^2 + 1)x^2 + 2kmx + m^2 - 5 = 0$，

设 $P_1(x_1, y_1)$，$P_2(x_2, y_2)$，则 $x_1 + x_2 = \dfrac{-2km}{k^2 + 1}$，$x_1 \cdot x_2 = \dfrac{m^2 - 5}{k^2 + 1}$，

所以 $k_1 \cdot k_2 = \dfrac{y_1 y_2}{x_1 x_2} = \dfrac{(kx_1 + m)(kx_2 + m)}{x_1 x_2} = \dfrac{k^2 x_1 x_2 + km(x_1 + x_2) + m^2}{x_1 x_2}$

$= \dfrac{k^2 \cdot \dfrac{m^2 - 5}{k^2 + 1} + km \cdot \dfrac{-2km}{k^2 + 1} + m^2}{\dfrac{m^2 - 5}{k^2 + 1}} = \dfrac{m^2 - 5k^2}{m^2 - 5}$，

将 $m^2 = 4k^2 + 1$ 代入上式，得 $k_1 \cdot k_2 = \dfrac{-k^2 + 1}{4k^2 - 4} = -\dfrac{1}{4}$.

综上，$k_1 \cdot k_2$ 为定值 $-\dfrac{1}{4}$.

课后目标检测

1. 见图 7-11，已知椭圆 $C: \dfrac{x^2}{4} + y^2 = 1$ 的上、下顶点分别为 A，B，点 P 在椭圆上，且异于点 A，B 的直线 AP，BP 与直线 $l: y = -2$ 分别交于点 M，N. 当点 P 运动时，以 MN 为直径的圆经过的定点是_____.

解：设点 $P\ (x_0,\ y_0)$，直线 AP，BP 的斜率分别

为 k_1，k_2，易得 $k_1 k_2 = \dfrac{y_0 - 1}{x_0} \cdot \dfrac{y_0 + 1}{x_0} = \dfrac{y_0^2 - 1}{x_0^2} = -\dfrac{1}{4}$，

所以 AP 的方程为 $y = k_1 x + 1$，BP 的方程为 $y = k_2 x - 1$

$= -\dfrac{1}{4k_1} x - 1$，所以 $M\left(-\dfrac{3}{k_1},\ -2\right)$，$N\ (4k_1,\ -2)$，

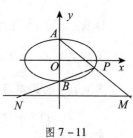

图 7-11

则以 MN 为直径的圆的方程为 $\left(x + \dfrac{3}{k_1}\right)\ (x - 4k_1)\ +$

$(y + 2)^2 = 0$，即 $x^2 + y^2 + \left(\dfrac{3}{k_1} - 4k_1\right) x + 4y - 8 = 0$，所以 $\begin{cases} x = 0, \\ y^2 + 4y - 8 = 0, \end{cases}$ 所以以

MN 为直径的圆过定点 $(0,\ -2 \pm 2\sqrt{3})$.

2. 已知椭圆 $C: \dfrac{x^2}{4} + \dfrac{y^2}{2} = 1$ 的上顶点为 A（见图 7-12），直线 $l: y = kx + m$ 交椭圆于 P，Q 两点，设直线 AP，AQ 的斜率分别为 k_1，k_2，若 $k_1 \cdot k_2 = -1$ 时，证明直线 $l: y = kx + m$ 过定点.

解：设 $P\ (x_1,\ y_1)$，$Q\ (x_2,\ y_2)$，将直线 $l: y = kx + m$ 代入椭圆 $C: \dfrac{x^2}{4} + \dfrac{y^2}{2} = 1$ 的方程，并整理得

到 $(1 + 2k^2)\ x^2 + 4kmx + 2m^2 - 4 = 0$，

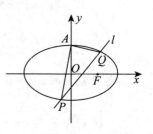

图 7-12

则 $\Delta > 0$ 且 $x_1 + x_2 = -\dfrac{4km}{1 + 2k^2}$，$x_1 \cdot x_2 = \dfrac{2m^2 - 4}{1 + 2k^2}$.

由 $k_1 \cdot k_2 = -1$ 知，$\dfrac{y_1 - \sqrt{2}}{x_1} \cdot \dfrac{y_2 - \sqrt{2}}{x_2} = -1$，

即 $y_1 y_2 - \sqrt{2}(y_1 + y_2) + 2 + x_1 x_2 = 0$,

$(kx_1 + m)(kx_2 + m) - \sqrt{2}(kx_1 + m + kx_2 + m) + x_1 x_2 + 2 = 0$,

$k^2 x_1 x_2 + mk(x_1 + x_2) + m^2 - \sqrt{2}k(x_1 + x_2) - 2\sqrt{2}m + x_1 x_2 + 2 = 0$,

$(k^2 + 1)\dfrac{2m^2 - 4}{1 + 2k^2} + k(m - \sqrt{2})\left(-\dfrac{4km}{1 + 2k^2}\right) + m^2 - 2\sqrt{2}m + 2 = 0$,

$(k^2 + 1)(2m^2 - 4) + k(m - \sqrt{2})(-4km) + (m^2 - 2\sqrt{2}m + 2)(1 + 2k^2) = 0$,

所以 $3m^2 - 2\sqrt{2}m - 2 = 0$,所以 $m = \sqrt{2}$(舍) 或 $m = -\dfrac{\sqrt{2}}{3}$,

所以直线 l 过定点 $\left(0, -\dfrac{\sqrt{2}}{3}\right)$.

3.(2017 年全国 Ⅱ 卷)设 O 为坐标原点,动点 M 在椭圆 $C: \dfrac{x^2}{2} + y^2 = 1$ 上,过 M 作 x 轴的垂线,垂足为 N,点 P 满足 $\overrightarrow{NP} = \sqrt{2}\overrightarrow{NM}$.

(1)求点 P 的轨迹方程;

(2)设点 Q 在直线 $x = -3$ 上,且 $\overrightarrow{OP} \cdot \overrightarrow{PQ} = 1$. 证明:过点 P 且垂直于 OQ 的直线 l 过 C 的左焦点 F.

解:(1)设 $P(x, y)$,$M(x_0, y_0)$,则 $N(x_0, 0)$,$\overrightarrow{NP} = (x - x_0, y)$,$\overrightarrow{NM} = (0, y_0)$,

由 $\overrightarrow{NP} = \sqrt{2}\overrightarrow{NM}$,得 $x_0 = x$,$y_0 = \dfrac{\sqrt{2}}{2}y$.

因为 $M(x_0, y_0)$ 在 C 上,所以 $\dfrac{x^2}{2} + \dfrac{y^2}{2} = 1$,

因此点 P 的轨迹方程为 $x^2 + y^2 = 2$.

证明:(2)由题意知 $F(-1, 0)$. 设 $Q(-3, t)$,$P(m, n)$,

则 $\overrightarrow{OQ} = (-3, t)$,$\overrightarrow{PF} = (-1 - m, -n)$,

$\overrightarrow{OQ} \cdot \overrightarrow{PF} = 3 + 3m - tn$,$\overrightarrow{OP} = (m, n)$,$\overrightarrow{PQ} = (-3 - m, t - n)$.

由 $\overrightarrow{OP} \cdot \overrightarrow{PQ} = 1$ 得 $-3m - m^2 + tn - n^2 = 1$,

又由(1)知 $m^2 + n^2 = 2$,故 $3 + 3m - tn = 0$,

所以 $\overrightarrow{OQ} \cdot \overrightarrow{PF} = 0$,即 $\overrightarrow{OQ} \perp \overrightarrow{PF}$.

又过点 P 存在唯一直线垂直于 OQ,

所以过点 P 且垂直于 OQ 的直线 l 过 C 的左焦点 F.

4. 见图 7-13，在平面直角坐标系 xOy 中，椭圆 $\frac{x^2}{a^2}+\frac{y^2}{b^2}=1$（$a>b>0$）的

右顶点和上顶点分别为 A，B，M 为线段 AB 的中点，且 $\overrightarrow{OM}\cdot\overrightarrow{AB}=-\frac{3}{2}b^2$.

（1）求椭圆的离心率；

（2）已知 $a=2$，四边形 $ABCD$ 内接于椭圆，
$AB\parallel DC$. 记直线 AD，BC 的斜率分别为 k_1，k_2，求
证：$k_1\cdot k_2$ 为定值.

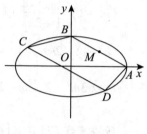

图 7-13

解：（1）$A(a,0)$，$B(0,b)$，由 M 为线段

AB 的中点，得 $M\left(\frac{a}{2},\frac{b}{2}\right)$.

所以 $\overrightarrow{OM}=\left(\frac{a}{2},\frac{b}{2}\right)$，$\overrightarrow{AB}=(-a,b)$.

因为 $\overrightarrow{OM}\cdot\overrightarrow{AB}=-\frac{3}{2}b^2$，所以 $\left(\frac{a}{2},\frac{b}{2}\right)\cdot(-a,b)=-\frac{a^2}{2}+\frac{b^2}{2}=-\frac{3}{2}b^2$，

整理得 $a^2=4b^2$，即 $a=2b$.

因为 $a^2=b^2+c^2$，所以 $3a^2=4c^2$，即 $\sqrt{3}a=2c$，所以椭圆的离心率 $e=\frac{c}{a}=\frac{\sqrt{3}}{2}$.

解（方法一）：（2）由 $a=2$，得 $b=1$，故椭圆方程为 $\frac{x^2}{4}+y^2=1$.

从而 $A(2,0)$，$B(0,1)$，直线 AB 的斜率为 $-\frac{1}{2}$.

设 $C(x_0,y_0)$，则 $\frac{x_0^2}{4}+y_0^2=1$.

因为 $AB\parallel CD$，故 CD 的方程为 $y=-\frac{1}{2}(x-x_0)+y_0$，

联立 $\begin{cases} y=-\frac{1}{2}(x-x_0)+y_0, \\ \frac{x^2}{4}+y^2=1, \end{cases}$ 消去 y，得 $x^2-(x_0+2y_0)x+2x_0y_0=0$，

解得 $x=x_0$（舍去）或 $x=2y_0$，所以点 D 的坐标为 $\left(2y_0,\frac{1}{2}x_0\right)$，所以

$$k_1\cdot k_2=\frac{\frac{1}{2}x_0}{2y_0-2}\cdot\frac{y_0-1}{x_0}=\frac{1}{4}$$，即 $k_1\cdot k_2$ 为定值 $\frac{1}{4}$.

解（方法二）：由 $a=2$，得 $b=1$，故椭圆方程为 $\dfrac{x^2}{4}+y^2=1$.

从而 $A\,(2,\,0)$，$B\,(0,\,1)$，直线 AB 的斜率为 $-\dfrac{1}{2}$.

因为 $AB\,/\!/\,DC$，故可设 DC 的方程为 $y=-\dfrac{1}{2}x+m$.

设 $D\,(x_1,\,y_1)$，$C\,(x_2,\,y_2)$，

联立 $\begin{cases} y=-\dfrac{1}{2}x+m, \\[2mm] \dfrac{x^2}{4}+y^2=1, \end{cases}$ 消去 y，得 $x^2-2mx+2m^2-2=0$，

所以 $x_1+x_2=2m$，从而 $x_1=2m-x_2$.

直线 AD 的斜率 $k_1=\dfrac{y_1}{x_1-2}=\dfrac{-\dfrac{1}{2}x_1+m}{x_1-2}$，

直线 BC 的斜率 $k_2=\dfrac{y_2-1}{x_2}=\dfrac{-\dfrac{1}{2}x_2+m-1}{x_2}$，

所以 $k_1\cdot k_2=\dfrac{-\dfrac{1}{2}x_1+m}{x_1-2}\cdot\dfrac{-\dfrac{1}{2}x_2+m-1}{x_2}$

$=\dfrac{\dfrac{1}{4}x_1x_2-\dfrac{1}{2}(m-1)\,x_1-\dfrac{1}{2}mx_2+m\,(m-1)}{(x_1-2)\,x_2}$

$=\dfrac{\dfrac{1}{4}x_1x_2-\dfrac{1}{2}m\,(x_1+x_2)\,+\dfrac{1}{2}x_1+m\,(m-1)}{x_1x_2-2x_2}$

$=\dfrac{\dfrac{1}{4}x_1x_2-\dfrac{1}{2}m\cdot 2m+\dfrac{1}{2}\,(2m-x_2)\,+m\,(m-1)}{x_1x_2-2x_2}$

$=\dfrac{\dfrac{1}{4}x_1x_2-\dfrac{1}{2}x_2}{x_1x_2-2x_2}=\dfrac{1}{4}$，

即 $k_1\cdot k_2$ 为定值 $\dfrac{1}{4}$.

5. （2018 年江西九校联考）已知椭圆 C：$\dfrac{x^2}{a^2}+\dfrac{y^2}{b^2}=1$ 过点 $A\,(2,\,0)$，B

$(0,1)$ 两点.

(1) 求椭圆 C 的方程及离心率;

(2) 设 P 为第三象限内一点且在椭圆 C 上,直线 PA 与 y 轴交于点 M,直线 PB 与 x 轴交于点 N,求证:四边形 $ABNM$ 的面积为定值.

解:(1) 由题意得,$a=2$,$b=1$,所以椭圆 C 的方程为 $\dfrac{x^2}{4}+y^2=1$,

又 $c=\sqrt{a^2-b^2}=\sqrt{3}$,所以离心率 $e=\dfrac{c}{a}=\dfrac{\sqrt{3}}{2}$.

证明:(2) 设 $P\,(x_0,y_0)\,(x_0<0,y_0<0)$,则 $x_0^2+4y_0^2=4$,

又 $A\,(2,0)$,$B\,(0,1)$,所以直线 PA 的方程为 $y=\dfrac{y_0}{x_0-2}\,(x-2)$,

令 $x=0$,得 $y_M=-\dfrac{2y_0}{x_0-2}$,从而 $|BM|=1-y_M=1+\dfrac{2y_0}{x_0-2}$,

直线 PB 的方程为 $y=\dfrac{y_0-1}{x_0}x+1$.

令 $y=0$,得 $x_N=-\dfrac{x_0}{y_0-1}$,

从而 $|AN|=2-x_N=2+\dfrac{x_0}{y_0-1}$,

所以四边形 $ABNM$ 的面积为

$$S=\dfrac{1}{2}\,|AN|\cdot|BM|=\dfrac{1}{2}\left(2+\dfrac{x_0}{y_0-1}\right)\left(1+\dfrac{2y_0}{x_0-2}\right)$$

$$=\dfrac{x_0^2+4y_0^2+4x_0y_0-4x_0-8y_0+4}{2\,(x_0y_0-x_0-2y_0+2)}$$

$$=\dfrac{2x_0y_0-2x_0-4y_0+4}{x_0y_0-x_0-2y_0+2}=2,$$

从而得证四边形 $ABNM$ 的面积为定值.

微专题 4 圆锥曲线最值、范围、存在性问题

核心知识归纳

1. 最值问题的求解方法

圆锥曲线中的最值问题类型较多，解法灵活多变，但总体上主要有两种方法：一是利用几何法，即通过利用曲线的定义、几何性质以及平面几何中的定理、性质等进行求解；二是利用代数法，即把要求最值的几何量或代数表达式表示为某个（些）参数的函数（解析式），然后利用函数、不等式等方法进行求解.

2. 圆锥曲线中的取值范围问题求解方法

（1）利用圆锥曲线的几何性质或判别式构造不等关系，从而确定参数的取值范围；

（2）利用已知参数的范围求新参数的范围，解这类问题的核心是建立两个参数之间的等量关系；

（3）利用隐含的不等关系建立不等式，从而求出参数的取值范围；

（4）利用已知的不等关系构造不等式，从而求出参数的取值范围；

（5）利用求函数的值域的方法将待求量表示为其他变量的函数，求其值域，从而确定参数的取值范围.

3. 存在性问题的求解方法

（1）存在性问题通常采用"肯定顺推法"，将不确定性问题明朗化. 其步骤为：假设满足条件的元素（点、直线、曲线或参数）存在，用待定系数法设出，列出关于待定系数的方程组，若方程组有实数解，则元素（点、直线、曲线或参数）存在；否则，元素（点、直线、曲线或参数）不存在.

（2）反证法与验证法也是求解存在性问题常用的方法.

考点题型剖析

考点一：最值、范围问题

【例1】设椭圆的中心在坐标原点，A（2，0），B（0，1）是它的两个顶点，直线 $y = kx$（$k > 0$）与椭圆交于 E，F 两点，求四边形 $AEBF$ 的面积的最大值.

解（方法一）：见图 7 - 14，

依题意得，椭圆的方程为 $\dfrac{x^2}{4} + y^2 = 1$，

直线 AB，EF 的方程分别为

$x + 2y = 2$，$y = kx$（$k > 0$）.

设点 E（x_1，kx_1），F（x_2，kx_2），其中 $x_1 < x_2$，

且 x_1，x_2 满足方程（$1 + 4k^2$）$x^2 = 4$，

故 $x_2 = - x_1 = \dfrac{2}{\sqrt{1 + 4k^2}}$，　　　　　　　　①

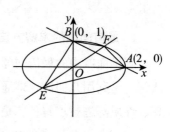

图 7 - 14

根据点到直线的距离公式和①，得点 E，F 到直线 AB 的距离分别为

$$h_1 = \frac{\mid x_1 + 2kx_1 - 2 \mid}{\sqrt{5}} = \frac{2\,(1 + 2k + \sqrt{1 + 4k^2})}{\sqrt{5\,(1 + 4k^2)}}，$$

$$h_2 = \frac{\mid x_2 + 2kx_2 - 2 \mid}{\sqrt{5}} = \frac{2\,(1 + 2k - \sqrt{1 + 4k^2})}{\sqrt{5\,(1 + 4k^2)}}.$$

又 $\mid AB \mid = \sqrt{2^2 + 1^2} = \sqrt{5}$，

所以四边形 $AEBF$ 的面积为

$$S = \frac{1}{2}\mid AB \mid \cdot (h_1 + h_2) = \frac{1}{2} \cdot \sqrt{5} \cdot \frac{4\,(1 + 2k)}{\sqrt{5\,(1 + 4k^2)}} = \frac{2\,(1 + 2k)}{\sqrt{1 + 4k^2}}$$

$$= 2\sqrt{\frac{1 + 4k^2 + 4k}{1 + 4k^2}} = 2\sqrt{1 + \frac{4k}{1 + 4k^2}} = 2\sqrt{1 + \frac{4}{\frac{1}{k} + 4k}} \leqslant 2\sqrt{2}，$$

当且仅当 $\dfrac{1}{k} = 4k$，即 $k = \dfrac{1}{2}$ 时取等号.

因此四边形 $AEBF$ 的面积的最大值为 $2\sqrt{2}$.

解（方法二）：依题意得椭圆的方程为 $\dfrac{x^2}{4}+y^2=1$.

直线 EF 的方程为 $y=kx$（$k>0$）.

设点 E（x_1，kx_1），F（x_2，kx_2），其中 $x_1<x_2$.

联立 $\begin{cases} y=kx, \\ \dfrac{x^2}{4}+y^2=1, \end{cases}$ 消去 y，得（$1+4k^2$）$x^2=4$.

故 $x_1=\dfrac{-2}{\sqrt{1+4k^2}}$，$x_2=\dfrac{2}{\sqrt{1+4k^2}}$，

$|EF|=\sqrt{1+k^2}\cdot|x_1-x_2|=\dfrac{4\sqrt{1+k^2}}{\sqrt{1+4k^2}}$.

根据点到直线的距离公式，得点 A，B 到直线 EF 的距离分别为

$d_1=\dfrac{|2k|}{\sqrt{1+k^2}}=\dfrac{2k}{\sqrt{1+k^2}}$，$d_2=\dfrac{1}{\sqrt{1+k^2}}$，

因此四边形 $AEBF$ 的面积为

$S=\dfrac{1}{2}|EF|\cdot(d_1+d_2)=\dfrac{1}{2}\cdot\dfrac{4\sqrt{1+k^2}}{\sqrt{1+4k^2}}\cdot\dfrac{1+2k}{\sqrt{1+k^2}}=\dfrac{2(1+2k)}{\sqrt{1+4k^2}}$

$=2\sqrt{\dfrac{4k^2+4k+1}{1+4k^2}}=2\sqrt{1+\dfrac{4k}{1+4k^2}}=2\sqrt{1+\dfrac{4}{\dfrac{1}{k}+4k}}\leqslant2\sqrt{2}$，

当且仅当 $\dfrac{1}{k}=4k$，即 $k=\dfrac{1}{2}$ 时取等号.

因此四边形 $AEBF$ 的面积的最大值为 $2\sqrt{2}$.

【名师方法点拨】

如果利用常规方法理解为 $S_{四边形AEBF}=S_{\triangle AEF}+S_{\triangle BEF}=\dfrac{1}{2}|EF|\cdot(d_1+d_2)$

（其中 d_1，d_2 分别表示点 A，B 到直线 EF 的距离），则需要通过联立直线与椭圆的方程，先由根与系数的关系求出 EF 的弦长，再表示出两个点线距，其过程很复杂. 而通过分析，若把四边形 $AEBF$ 的面积拆成两个小三角形——$\triangle ABE$ 和 $\triangle ABF$ 的面积之和，则更为简单. 因为直线 AB 的方程及其长度易求出，故只需表示出点 E 与点 F 到直线 AB 的距离即可.

【跟踪训练】（2019 年合肥模拟）已知椭圆 C：$\dfrac{x^2}{a^2}+\dfrac{y^2}{b^2}=1$ （$a>b>0$）的离

心率为 $\dfrac{\sqrt{2}}{2}$，且以原点为圆心，椭圆的焦距为直径的圆与直线 $x\sin\theta+y\cos\theta-1=0$

相切（θ 为常数）.

（1）求椭圆 C 的标准方程；

（2）若椭圆 C 的左、右焦点分别为 F_1，F_2，过 F_2 作直线 l 与椭圆交于 M，N 两点，求 $\overrightarrow{F_1M}\cdot\overrightarrow{F_1N}$ 的取值范围.

解：（1）由题意，得 $\begin{cases} \dfrac{c}{a}=\dfrac{\sqrt{2}}{2}, \\ \dfrac{1}{\sqrt{\sin^2\theta+\cos^2\theta}}=c, \\ a^2=b^2+c^2, \end{cases}$ 解得 $\begin{cases} c^2=1, \\ a^2=2, \\ b^2=1, \end{cases}$

故椭圆 C 的标准方程为 $\dfrac{x^2}{2}+y^2=1$.

（2）由（1）得 F_1（-1，0），F_2（1，0）.

① 若直线 l 的斜率不存在，则直线 $l\perp x$ 轴，

直线 l 的方程为 $x=1$，不妨记 $M\left(1,\dfrac{\sqrt{2}}{2}\right)$，$N\left(1,-\dfrac{\sqrt{2}}{2}\right)$，

$\therefore \overrightarrow{F_1M}=\left(2,\dfrac{\sqrt{2}}{2}\right)$，$\overrightarrow{F_1N}=\left(2,-\dfrac{\sqrt{2}}{2}\right)$，

故 $\overrightarrow{F_1M}\cdot\overrightarrow{F_1N}=\dfrac{7}{2}$.

② 若直线 l 的斜率存在，设直线 l 的方程为 $y=k$（$x-1$），

由 $\begin{cases} y=k（x-1）, \\ \dfrac{x^2}{2}+y^2=1, \end{cases}$ 消去 y 得，

$(1+2k^2)$ $x^2-4k^2x+2k^2-2=0$，

设 M（x_1，y_1），N（x_2，y_2），

则 $x_1+x_2=\dfrac{4k^2}{1+2k^2}$，$x_1x_2=\dfrac{2k^2-2}{1+2k^2}$. ①

$\overrightarrow{F_1M}=$ （x_1+1，y_1），$\overrightarrow{F_1N}=$ （x_2+1，y_2），

则 $\overrightarrow{F_1M}\cdot\overrightarrow{F_1N}=$ （x_1+1）（x_2+1）$+y_1y_2$

$$= (x_1+1)(x_2+1) + k(x_1-1) \cdot k(x_2-1)$$

$$= (1+k^2)x_1x_2 + (1-k^2)(x_1+x_2) + 1+k^2,$$

结合①可得 $\overrightarrow{F_1M} \cdot \overrightarrow{F_1N} = \dfrac{2(k^4-1)}{2k^2+1} + \dfrac{4k^2-4k^4}{2k^2+1} + 1 + k^2$

$$= \frac{7k^2-1}{2k^2+1} = \frac{7}{2} - \frac{\dfrac{9}{2}}{2k^2+1},$$

由 $k^2 \geq 0$ 可得 $\overrightarrow{F_1M} \cdot \overrightarrow{F_1N} \in \left[-1, \dfrac{7}{2}\right)$.

综上可知,$\overrightarrow{F_1M} \cdot \overrightarrow{F_1N}$ 的取值范围是 $\left[-1, \dfrac{7}{2}\right]$.

考点二:存在性问题

【例2】(2019年福州四校联考)已知椭圆 $C: \dfrac{x^2}{a^2} + \dfrac{y^2}{b^2} = 1$ ($a > b > 0$) 的两个焦点分别为 F_1,F_2,短轴的一个端点为 P,$\triangle PF_1F_2$ 内切圆的半径为 $\dfrac{b}{3}$,设过点 F_2 的直线 l 被椭圆 C 截得的线段为 RS,当 $l \perp x$ 轴时,$|RS| = 3$.

(1)求椭圆 C 的标准方程;

(2)在 x 轴上是否存在一点 T,使得当 l 变化时,总有 TS 与 TR 所在直线关于 x 轴对称?若存在,请求出点 T 的坐标;若不存在,请说明理由.

解:(1)由内切圆的性质,

得 $\dfrac{1}{2} \times 2c \times b = \dfrac{1}{2} \times (2a+2c) \times \dfrac{b}{3}$,得 $\dfrac{c}{a} = \dfrac{1}{2}$.

将 $x = c$ 代入 $\dfrac{x^2}{a^2} + \dfrac{y^2}{b^2} = 1$,得 $y = \pm\dfrac{b^2}{a}$,所以 $\dfrac{2b^2}{a} = 3$.

又 $a^2 = b^2 + c^2$,所以 $a = 2$,$b = \sqrt{3}$,

故椭圆 C 的标准方程为 $\dfrac{x^2}{4} + \dfrac{y^2}{3} = 1$.

(2)当直线 l 垂直于 x 轴时,显然 x 轴上任意一点 T 都满足 TS 与 TR 所在直线关于 x 轴对称.

当直线 l 不垂直于 x 轴时,假设存在 $T(t, 0)$ 满足条件,设 l 的方程为 $y = k(x-1)$,$R(x_1, y_1)$,$S(x_2, y_2)$.

联立 $\begin{cases} y = k(x-1), \\ 3x^2 + 4y^2 - 12 = 0, \end{cases}$

得 $(3+4k^2) x^2 - 8k^2x + 4k^2 - 12 = 0$,

由根与系数的关系得 $\begin{cases} x_1 + x_2 = \dfrac{8k^2}{3+4k^2}, \\ x_1x_2 = \dfrac{4k^2-12}{3+4k^2}, \end{cases}$ ①

其中 $\Delta > 0$ 恒成立,

由 TS 与 TR 所在直线关于 x 轴对称,

得 $k_{TS} + k_{TR} = 0$ (显然 TS, TR 的斜率存在),

即 $\dfrac{y_1}{x_1 - t} + \dfrac{y_2}{x_2 - t} = 0.$ ②

因为 R, S 两点在直线 $y = k (x-1)$ 上,

所以 $y_1 = k (x_1 - 1)$, $y_2 = k (x_2 - 1)$, 代入②得:

$$\frac{k (x_1 - 1) (x_2 - t) + k (x_2 - 1) (x_1 - t)}{(x_1 - t) (x_2 - t)}$$

$$= \frac{k [2x_1x_2 - (t+1) (x_1 + x_2) + 2t]}{(x_1 - t) (x_2 - t)} = 0,$$

即 $2x_1x_2 - (t+1) (x_1 + x_2) + 2t = 0$, ③

将①代入③得:

$$\frac{8k^2 - 24 - (t+1) 8k^2 + 2t (3+4k^2)}{3+4k^2} = \frac{6t-24}{3+4k^2} = 0,$$ ④

则 $t = 4$, 综上所述, 存在 $T (4, 0)$, 使得当 l 变化时, 总有 TS 与 TR 所在直线关于 x 轴对称.

【跟踪训练】 (2019 年合肥质检) 见图 7 – 15, 在平面直角坐标系中, 点 $F (-1, 0)$, 过直线 l: $x = -2$ 右侧的动点 P 作 $PA \perp l$ 于点 A, $\angle APF$ 的平分线交 x 轴于点 B, $|PA| = \sqrt{2} |BF|$.

(1) 求动点 P 的轨迹 C 的方程;

(2) 过点 F 的直线 q 交曲线 C 于 M, N, 试问: x 轴正半轴上是否存在点 E, 直线 EM, EN 分别交直线 l 于 R, S 两点, 使 $\angle RFS$ 为直角? 若存在, 求出点 E 的坐标, 若不存在, 请说明理由.

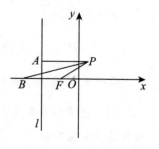

图 7 – 15

解：(1) 设 P (x, y)，由平面几何知识得 $\dfrac{|PF|}{|PA|} = \dfrac{\sqrt{2}}{2}$，

即 $\dfrac{\sqrt{(x+1)^2 + y^2}}{|x+2|} = \dfrac{\sqrt{2}}{2}$，化简得 $\dfrac{x^2}{2} + y^2 = 1$，

所以动点 P 的轨迹 C 的方程为 $\dfrac{x^2}{2} + y^2 = 1$ $(x \neq \sqrt{2})$．

(2) 假设满足条件的点 E $(n, 0)$ $(n>0)$ 存在，设直线 q 的方程为 $x = my - 1$，M (x_1, y_1)，N (x_2, y_2)，R $(-2, y_3)$，S $(-2, y_4)$．

联立 $\begin{cases} x^2 + 2y^2 = 2, \\ x = my - 1, \end{cases}$ 消去 x，得 $(m^2 + 2)y^2 - 2my - 1 = 0$，

$y_1 + y_2 = \dfrac{2m}{m^2 + 2}$，$y_1 y_2 = -\dfrac{1}{m^2 + 2}$，

$x_1 x_2 = (my_1 - 1)(my_2 - 1) = m^2 y_1 y_2 - m(y_1 + y_2) + 1$

$= -\dfrac{m^2}{m^2 + 2} - \dfrac{2m^2}{m^2 + 2} + 1 = \dfrac{2 - 2m^2}{m^2 + 2}$，

$x_1 + x_2 = m(y_1 + y_2) - 2 = \dfrac{2m^2}{m^2 + 2} - 2 = -\dfrac{4}{m^2 + 2}$，

由条件知，$\dfrac{y_1}{x_1 - n} = \dfrac{y_3}{-2 - n}$，$y_3 = -\dfrac{(2 + n)y_1}{x_1 - n}$，

同理，$y_4 = -\dfrac{(2 + n)y_2}{x_2 - n}$，

$k_{RF} = \dfrac{y_3}{-2 + 1} = -y_3$，$k_{SF} = -y_4$．

因为 $\angle RFS$ 为直角，所以 $y_3 y_4 = -1$，

所以 $(2 + n)^2 y_1 y_2 = -[x_1 x_2 - n(x_1 + x_2) + n^2]$，

即 $(2 + n)^2 \dfrac{1}{m^2 + 2} = \dfrac{2 - 2m^2}{m^2 + 2} + \dfrac{4n}{m^2 + 2} + n^2$，

所以 $(n^2 - 2)(m^2 + 1) = 0$，$n = \sqrt{2}$，

故满足条件的点 E 存在，其坐标为 $(\sqrt{2}, 0)$．

课后目标检测

1. （2018 年河南郑州质检一）已知椭圆

$C: \dfrac{x^2}{a^2} + \dfrac{y^2}{b^2} = 1$（$a > b > 0$）的左、右焦点分别

为 F_1，F_2，以 F_1F_2 为直径的圆与直线 $ax + 2by$

$-\sqrt{3}ab = 0$ 相切.

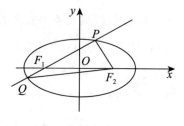

图 7 - 16

（1）求椭圆 C 的离心率；

（2）见图 7 - 16，过 F_1 作直线 l 与椭圆分

别交于两点 P，Q，若 $\triangle PQF_2$ 的周长为 $4\sqrt{2}$，求 $\overrightarrow{F_2P} \cdot \overrightarrow{F_2Q}$ 的最大值.

解：（1）由题意知 $\dfrac{|-\sqrt{3}ab|}{\sqrt{a^2 + 4b^2}} = c$，

即 $3a^2b^2 = c^2\ (a^2 + 4b^2)\ =\ (a^2 - b^2)\ (a^2 + 4b^2)$.

所以 $a^2 = 2b^2$，所以 $e = \dfrac{\sqrt{2}}{2}$.

（2）因为 $\triangle PQF_2$ 的周长为 $4\sqrt{2}$，所以 $4a = 4\sqrt{2}$，

所以 $a = \sqrt{2}$，所以 $b^2 = 1$，

所以椭圆方程为 $\dfrac{x^2}{2} + y^2 = 1$，且焦点 $F_1\ (-1, 0)$，$F_2\ (1, 0)$.

① 若直线 l 斜率不存在，则可得 $l \perp x$ 轴，方程为 $x = -1$，

解方程组 $\begin{cases} x = -1, \\ \dfrac{x^2}{2} + y^2 = 1, \end{cases}$ 可得 $\begin{cases} x = -1, \\ y = \dfrac{\sqrt{2}}{2}, \end{cases}$ 或 $\begin{cases} x = -1, \\ y = -\dfrac{\sqrt{2}}{2}, \end{cases}$

所以 $P\left(-1, \dfrac{\sqrt{2}}{2}\right)$，$Q\left(-1, -\dfrac{\sqrt{2}}{2}\right)$，

所以 $\overrightarrow{F_2P} = \left(-2, \dfrac{\sqrt{2}}{2}\right)$，$\overrightarrow{F_2Q} = \left(-2, -\dfrac{\sqrt{2}}{2}\right)$，故 $\overrightarrow{F_2P} \cdot \overrightarrow{F_2Q} = \dfrac{7}{2}$.

② 若直线 l 斜率存在，设直线 l 的方程为 $y = k\ (x + 1)$，

由 $\begin{cases} y = k(x+1), \\ x^2 + 2y^2 = 2, \end{cases}$ 消去 y 整理得 $(2k^2+1)x^2 + 4k^2x + 2k^2 - 2 = 0$,

设 $P(x_1, y_1)$, $Q(x_2, y_2)$, 则 $x_1 + x_2 = -\dfrac{4k^2}{2k^2+1}$, $x_1x_2 = \dfrac{2k^2-2}{2k^2+1}$.

所以 $\overrightarrow{F_2P} \cdot \overrightarrow{F_2Q} = (x_1 - 1, y_1) \cdot (x_2 - 1, y_2)$

$= (x_1 - 1)(x_2 - 1) + y_1y_2 = (k^2+1)x_1x_2 + (k^2-1)(x_1+x_2) + k^2 + 1$

$= (k^2+1)\dfrac{2k^2-2}{2k^2+1} + (k^2-1)\left(-\dfrac{4k^2}{2k^2+1}\right) + k^2 + 1 = \dfrac{7k^2-1}{2k^2+1} = \dfrac{7}{2} - \dfrac{9}{2(2k^2+1)}$,

因为 $k^2 > 0$,

所以可得 $-1 < \overrightarrow{F_2P} \cdot \overrightarrow{F_2Q} < \dfrac{7}{2}$.

综上可得 $-1 < \overrightarrow{F_2P} \cdot \overrightarrow{F_2Q} \leqslant \dfrac{7}{2}$, 所以 $\overrightarrow{F_2P} \cdot \overrightarrow{F_2Q}$ 的最大值是 $\dfrac{7}{2}$.

2. 已知抛物线 $C: y^2 = 4x$, 过其焦点 F 作两条相互垂直且不平行于坐标轴的直线, 它们分别交抛物线 C 于点 P_1, P_2 和点 P_3, P_4, 线段 P_1P_2, P_3P_4 的中点分别为 M_1, M_2.

(1) 求线段 P_1P_2 的中点 M_1 的轨迹方程.

(2) 求 $\triangle FM_1M_2$ 面积的最小值.

(3) 过 M_1, M_2 的直线 l 是否恒过定点? 若是, 求出定点坐标; 若不是, 请说明理由.

解: (1) 由题设条件得, 焦点 $F(1, 0)$,

设直线 P_1P_2 的方程为 $y = k(x-1)$, $k \neq 0$.

联立 $\begin{cases} y = k(x-1), \\ y^2 = 4x, \end{cases}$ 得 $k^2x^2 - 2(2+k^2)x + k^2 = 0$,

则 $\Delta = [-2(2+k^2)]^2 - 4k^2 \cdot k^2 = 16(1+k^2) > 0$.

设 $P_1(x_1, y_1)$, $P_2(x_2, y_2)$, 设 $M_1(x_{M_1}, y_{M_1})$,

则 $x_{M_1} = \dfrac{1}{2}(x_1 + x_2) = 1 + \dfrac{2}{k^2} > 1$,

$y_{M_1} = k(x_{M_1} - 1) = \dfrac{2}{k}$, $\therefore x_{M_1} = 1 + \dfrac{1}{2}y_{M_1}^2$,

$\therefore$ 线段 P_1P_2 的中点 M_1 的轨迹方程为 $y^2 = 2(x-1)$ $(x > 1)$.

(2) 由 (1) 知 $\begin{cases} x_{M_1} = \dfrac{2+k^2}{k^2}, \\ y_{M_1} = \dfrac{2}{k}. \end{cases}$

同理，设 $M_2\,(x_{M_2},\ y_{M_2})$，则 $\begin{cases} x_{M_2} = 2k^2 + 1, \\ y_{M_2} = -2k, \end{cases}$

$\therefore |FM_1| = \sqrt{\left(1 - \dfrac{2+k^2}{k^2}\right)^2 + \left(\dfrac{2}{k}\right)^2} = \dfrac{2}{k^2}\sqrt{1+k^2}$,

$|FM_2| = \sqrt{(2k^2)^2 + (-2k)^2} = 2|k|\sqrt{1+k^2}$,

因此 $S_{\triangle FM_1M_2} = \dfrac{1}{2}|FM_1| \cdot |FM_2| = 2\left(\dfrac{1}{|k|} + |k|\right) \geqslant 4$,

当且仅当 $\dfrac{1}{|k|} = |k|$，即 $k = \pm 1$ 时，$S_{\triangle FM_1M_2}$ 取得最小值 4.

(3) 当 $k \neq \pm 1$ 时，由 (2) 知直线 l 的斜率为 $k' = \dfrac{k}{1-k^2}$,

$\therefore$ 直线 l 的方程为 $y + 2k = \dfrac{k}{1-k^2}(x - 2k^2 - 1)$,

即 $yk^2 + (x-3)k - y = 0$, （＊）

当 $x = 3$，$y = 0$ 时，方程 （＊） 对任意 $k\,(k \neq \pm 1)$ 均成立,

即直线 l 过定点 $(3, 0)$.

当 $k = \pm 1$ 时，直线 l 的方程为 $x = 3$，也过定点 $(3, 0)$.

综上可知，直线 l 恒过定点 $(3, 0)$.

极坐标与参数方程

考点情况分析

1. 2013—2019 年新课标全国卷 I 试题分析（见表 8 – 1）

表 8 – 1

考 点	2013	2014	2015	2016	2017	2018	2019
方程（坐标）互化	√	√	√	√	√	√	√
极坐标方程问题的应用	√		√	√			
参数方程问题的应用	√	√			√		√
综合问题应用	√		√	√	√	√	√

2. 考题特点

（1）高考在本专题都是作为选做题进行命制，分值占 10 分.

（2）本题都是以大题形式出现，一般设置两问. 第一问基本上是考查极坐标方程与直角坐标方程互化、参数方程与普通方程互化，第二问多数考查利用极坐标、直线的参数方程、椭圆的参数方程、圆的参数方程处理弦长、最值、参数取值、面积等问题，难度多为基础题.

3. 学科素养考查分析

本专题主要对直观想象、数学运算、数学抽象三种核心素养进行考查.

核心知识归纳

1. 直角坐标与极坐标互化及参数方程与普通方程互化：

（1）直角坐标与极坐标的互化：把直角坐标系的原点作为极点，x 轴的正半轴作为极轴，并在两坐标系中取相同的长度单位，设 P 是平面内任意一点，其直角坐

标和极坐标分别是 (x, y) 和 (ρ, θ)，则 $\begin{cases} x = \rho\cos\theta, \\ y = \rho\sin\theta, \end{cases}$ 且 $\begin{cases} \rho^2 = x^2 + y^2, \\ \tan\theta = \dfrac{y}{x}(x \neq 0). \end{cases}$

附：

常用简单曲线的极坐标方程（见表 8−2）.

表 8−2

曲　线	图　形	极坐标方程
圆心在极点，半径为 r 的圆	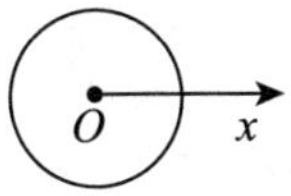	$\rho = r$
圆心为 $(r, 0)$，半径为 r 的圆	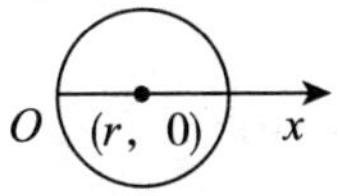	$\rho = 2r\cos\theta$ $\left(-\dfrac{\pi}{2} < \theta \leqslant \dfrac{\pi}{2}\right)$
圆心为 $\left(r, \dfrac{\pi}{2}\right)$，半径为 r 的圆	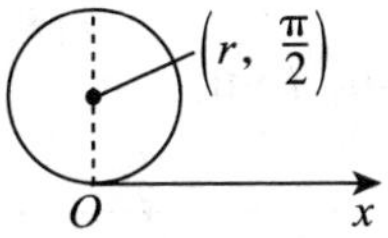	$\rho = 2r\sin\theta$ $(0 \leqslant \theta < \pi)$
过极点，倾斜角为 α 的直线	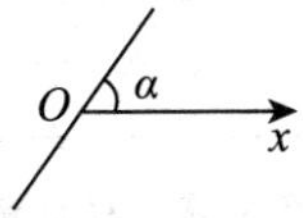	$\theta = \alpha \ (\rho \in \mathbf{R})$ 或 $\theta = \pi + \alpha \ (\rho \in \mathbf{R})$
过点 $(a, 0)$，与极轴垂直的直线	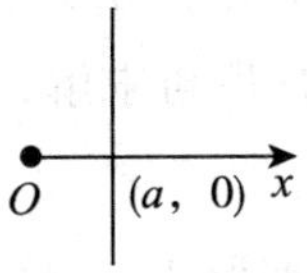	$\rho\cos\theta = a$
过点 $\left(a, \dfrac{\pi}{2}\right)$，与极轴平行的直线	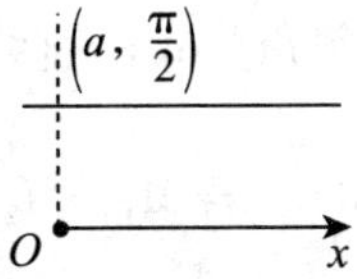	$\rho\sin\theta = a$

（2）参数方程化为普通方程的常用方法（核心：消参）：

① 代入法：利用解方程求出参数，然后代入消去参数；

② 三角法：通过三角恒等公式进行消参；

③ 整体法：根据含参方程的整体特征，从整体上消去；

附：

常见曲线的普通方程与参数方程（见表 8 - 3）.

表 8 - 3

方程类别	普通方程	参数方程
直线	过点 (x_0, y_0)，倾斜角为 α： $y - y_0 = \tan\alpha (x - x_0)$ 或 $x = x_0$	$\begin{cases} x = x_0 + t\cos\alpha, \\ y = y_0 + t\sin\alpha \end{cases}$ （t 为参数）
圆	$(x - x_0)^2 + (y - y_0)^2 = r^2$	$\begin{cases} x = x_0 + r\cos\theta, \\ y = y_0 + r\sin\theta \end{cases}$ （θ 为参数）
椭圆	$\dfrac{x^2}{a^2} + \dfrac{y^2}{b^2} = 1$ （$a > b > 0$）	$\begin{cases} x = a\cos\theta, \\ y = b\sin\theta \end{cases}$ （θ 为参数）
双曲线	$\dfrac{x^2}{a^2} - \dfrac{y^2}{b^2} = 1$ （$a > 0$，$b > 0$）	$\begin{cases} x = \dfrac{a}{\cos\theta}, \\ y = b\tan\theta \end{cases}$ （θ 为参数）
抛物线	$y^2 = 2px$ （$p > 0$）	$\begin{cases} x = 2pt^2, \\ y = 2pt \end{cases}$ （t 为参数）

注意：在消参过程中要注意定义域，根据参数方程确保变量 x，y 取值范围的一致性.

2. 解决坐标系与参数方程中关于交点、距离、面积、最值等问题时，一般方法是先转化为直角坐标方程后再求解，也可直接利用极坐标或参数的几何意义求解.

3. 直线的参数方程的标准形式与参数的几何意义：

过点 $M_0(x_0, y_0)$，倾斜角为 α 的直线 l 的参数方程是 $\begin{cases} x = x_0 + t\cos\alpha, \\ y = y_0 + t\sin\alpha, \end{cases}$ （t 是参数，t 可正，可负，可为 0），若 M_1，M_2 是 l 上的两点，其对应参数分别为 t_1，t_2，则：

（1）M_1，M_2 两点的坐标分别是 $(x_0 + t_1\cos\alpha, y_0 + t_1\sin\alpha)$，$(x_0 + t_2\cos\alpha, y_0 + t_2\sin\alpha)$.

（2）$|M_1M_0| = |t_1|$，$|M_2M_0| = |t_2|$，$|M_1M_2| = |t_1 - t_2|$.

（3）若线段 M_1M_2 的中点 M 所对应的参数为 t，则 $t = \dfrac{t_1 + t_2}{2}$，中点 M 到定点 M_0 的距离 $|MM_0| = |t| = \left| \dfrac{t_1 + t_2}{2} \right|$.

（4）若 M_0 为线段 M_1M_2 的中点，则 $t_1 + t_2 = 0$.

微专题1　极坐标与参数方程互化问题

考点题型剖析

考点一：极坐标

【例1】（2019年全国Ⅱ卷）在极坐标系中，O 为极点，点 $M\ (\rho_0,\ \theta_0)\ (\rho_0 > 0)$ 在曲线 $C: \rho = 4\sin\theta$ 上，直线 l 过点 $A\ (4,\ 0)$ 且与 OM 垂直，垂足为 P.

(1) 当 $\theta_0 = \dfrac{\pi}{3}$ 时，求 ρ_0 及 l 的极坐标方程；

(2) 当 M 在 C 上运动且 P 在线段 OM 上时，求 P 点轨迹的极坐标方程.

【分析】（1）先由题意，将 $\theta_0 = \dfrac{\pi}{3}$ 代入 $\rho = 4\sin\theta$ 即可求出 ρ_0；根据题意求出直线 l 的直角坐标方程，再化为极坐标方程即可；（2）先由题意得到 P 点轨迹的直角坐标方程，再化为极坐标方程即可，要注意变量的取值范围.

解：（1）因为点 $M\ (\rho_0,\ \theta_0)\ (\rho_0 > 0)$ 在曲线 $C: \rho = 4\sin\theta$ 上，

所以 $\rho_0 = 4\sin\theta_0 = 4\sin\dfrac{\pi}{3} = 2\sqrt{3}$，

即 $M\left(2\sqrt{3},\ \dfrac{\pi}{3}\right)$，所以 $k_{OM} = \tan\dfrac{\pi}{3} = \sqrt{3}$.

因为直线 l 过点 $A\ (4,\ 0)$ 且与 OM 垂直，

所以直线 l 的直角坐标方程为 $y = -\dfrac{\sqrt{3}}{3}\ (x - 4)$，即 $x + \sqrt{3}y - 4 = 0$.

因此，其极坐标方程为 $\rho\cos\theta + \sqrt{3}\rho\sin\theta = 4$，

即 l 的极坐标方程为 $\rho\sin\left(\theta + \dfrac{\pi}{6}\right) = 2$.

所以答案为 $\rho_0 = 2\sqrt{3}$，l 的极坐标方程为 $\rho\sin\left(\theta + \dfrac{\pi}{6}\right) = 2$.

(2) 设 $P(x, y)$，则 $k_{OP} = \dfrac{y}{x}$，$k_{AP} = \dfrac{y}{x-4}$，

由题意，$OP \perp AP$，所以 $k_{OP}k_{AP} = -1$，故 $\dfrac{y^2}{x^2-4x} = -1$，整理得 $x^2 + y^2 - 4x = 0$，

因为 P 在线段 OM 上，M 在 C 上运动，所以 $0 \leqslant x \leqslant 2$，$2 \leqslant y \leqslant 4$，

所以，P 点轨迹的极坐标方程为 $\rho^2 - 4\rho\cos\theta = 0$，即 $\rho = 4\cos\theta\left(\dfrac{\pi}{4} \leqslant \theta \leqslant \dfrac{\pi}{2}\right)$.

所以答案为 $\rho = 4\cos\theta\left(\dfrac{\pi}{4} \leqslant \theta \leqslant \dfrac{\pi}{2}\right)$.

【点睛】本题主要考查极坐标方程与直角坐标方程的互化，熟记公式即可，属于常考题型.

【跟踪训练】1. (2019 年全国Ⅲ卷) 见图 8 – 1，在极坐标系 Ox 中，$A(2, 0)$，$B\left(\sqrt{2}, \dfrac{\pi}{4}\right)$，$C$ $\left(\sqrt{2}, \dfrac{3\pi}{4}\right)$，$D(2, \pi)$，弧 $\overarc{AB}$，$\overarc{BC}$，$\overarc{CD}$ 所在圆的圆心分别是 $(1, 0)$，$\left(1, \dfrac{\pi}{2}\right)$，$(1, \pi)$，曲线 M_1 是弧 $\overarc{AB}$，曲线 M_2 是弧 $\overarc{BC}$，曲线 M_3 是弧 $\overarc{CD}$.

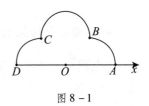

图 8 – 1

(1) 分别写出 M_1，M_2，M_3 的极坐标方程；

(2) 曲线 M 由 M_1，M_2，M_3 构成，若点 P 在 M 上，且 $|OP| = \sqrt{3}$，求 P 点的极坐标.

【分析】(1) 将三个过原点的圆方程列出，注意题中要求的是弧，所以要注意方程中 θ 的取值范围；(2) 将条件 $\rho = \sqrt{3}$ 逐个方程代入求解，最后解出 P 点的极坐标.

解：(1) 由题意得，这三个圆的直径都是 2，并且都过原点.

$M_1 : \rho = 2\cos\theta\left(\theta \in \left[0, \dfrac{\pi}{4}\right]\right)$，

$M_2 : \rho = 2\cos\left(\theta - \dfrac{\pi}{2}\right) = 2\sin\theta\left(\theta \in \left[\dfrac{\pi}{4}, \dfrac{3\pi}{4}\right]\right)$，

$M_3 : \rho = 2\cos(\theta - \pi) = -2\cos\theta\left(\theta \in \left[\dfrac{3\pi}{4}, \pi\right]\right)$.

所以答案为 $\rho = 2\cos\theta\left(\theta \in \left[0, \dfrac{\pi}{4}\right]\right)$，$\rho = 2\sin\theta\left(\theta \in \left[\dfrac{\pi}{4}, \dfrac{3\pi}{4}\right]\right)$，

$$\rho = -2\cos\theta\left(\theta \in \left[\frac{3\pi}{4}, \pi\right]\right).$$

（2）解方程 $2\cos\theta = \sqrt{3}\left(\theta \in \left[0, \frac{\pi}{4}\right]\right)$，得 $\theta = \frac{\pi}{6}$，此时 P 的极坐标为 $\left(\sqrt{3}, \frac{\pi}{6}\right)$.

解方程 $2\sin\theta = \sqrt{3}\left(\theta \in \left[\frac{\pi}{4}, \frac{3\pi}{4}\right]\right)$，得 $\theta = \frac{\pi}{3}$ 或 $\theta = \frac{2\pi}{3}$，此时 P 的极坐标为 $\left(\sqrt{3}, \frac{\pi}{3}\right)$ 或 $\left(\sqrt{3}, \frac{2\pi}{3}\right)$.

解方程 $-2\cos\theta = \sqrt{3}\left(\theta \in \left[\frac{3\pi}{4}, \pi\right]\right)$，得 $\theta = \frac{5\pi}{6}$，此时 P 的极坐标为 $\left(\sqrt{3}, \frac{5\pi}{6}\right)$.

故答案为 P 的极坐标是 $\left(\sqrt{3}, \frac{\pi}{6}\right)$，$\left(\sqrt{3}, \frac{\pi}{3}\right)$，$\left(\sqrt{3}, \frac{2\pi}{3}\right)$，$\left(\sqrt{3}, \frac{5\pi}{6}\right)$.

【点睛】此题考查了极坐标中过极点的圆的方程，难度不高，运算量不大，属于中档题.

2. （2019 年佛山二模）在平面直角坐标系 xOy 中，曲线 C 的参数方程为 $\begin{cases} x = 1 + \cos t, \\ y = \sqrt{3} + \sin t \end{cases}$（$t$ 为参数）.

（1）以坐标原点为极点，x 轴正半轴为极轴建立极坐标系，求曲线 C 的极坐标方程；

（2）若射线 $\theta = \alpha$ 与 C 有两个不同的交点 M，N，求 $|OM| + |ON|$ 的取值范围.

【分析】（1）先消去参数得曲线 C 的直角坐标方程，再利用直角坐标与极坐标互化公式可得曲线 C 的极坐标方程；（2）联立射线 $\theta = \alpha$ 与曲线 C，利用极径的几何意义可得：$\rho_1 + \rho_2 = 2(\cos\alpha + \sqrt{3}\sin\alpha)$，化简得：$\rho_1 + \rho_2 = 4\sin(\alpha + \frac{\pi}{6})$，再利用三角函数的性质得解.

解：（1）曲线 C 的直角坐标方程为 $(x-1)^2 + (y-\sqrt{3})^2 = 1$，

即 $x^2 + y^2 - 2x - 2\sqrt{3}y + 3 = 0$，

又 $x^2 + y^2 = \rho^2$，$x = \rho\cos\theta$，$y = \rho\sin\theta$，

所以曲线 C 的极坐标方程为 $\rho^2 - 2(\cos\theta + \sqrt{3}\sin\theta)\rho + 3 = 0$.

（2）联立射线 $\theta = \alpha$ 与曲线 C，得 $\rho^2 - 2\left(\cos\alpha + \sqrt{3}\sin\alpha\right)\rho + 3 = 0$，设 M (ρ_1, α)，$N(\rho_2, \alpha)$，

$|OM| + |ON| = \rho_1 + \rho_2 = 2\left(\cos\alpha + \sqrt{3}\sin\alpha\right) = 4\sin\left(\alpha + \dfrac{\pi}{6}\right)$，

又圆心 $C(1, \sqrt{3})$ 的极坐标为 $\left(2, \dfrac{\pi}{3}\right)$，所以 α 的取值范围是 $\dfrac{\pi}{6} < \alpha < \dfrac{\pi}{2}$，

所以 $\dfrac{\pi}{3} < \alpha + \dfrac{\pi}{6} < \dfrac{2\pi}{3}$，$\dfrac{\sqrt{3}}{2} < \sin\left(\alpha + \dfrac{\pi}{6}\right) \leqslant 1$，$2\sqrt{3} < 4\sin\left(\alpha + \dfrac{\pi}{6}\right) \leqslant 4$，

所以 $|OM| + |ON|$ 的取值范围为 $(2\sqrt{3}, 4]$．

【名师方法点拨】

解决极坐标问题时，通常利用极坐标与直角坐标间的转换关系：

$$\begin{cases} x = \rho\cos\theta, \\ y = \rho\sin\theta, \end{cases} \text{且} \begin{cases} \rho^2 = x^2 + y^2, \\ \tan\theta = \dfrac{y}{x}(x \neq 0), \end{cases}$$

先将极坐标转化为直角坐标再进行求解，但有时从极坐标的概念及几何意义进行思考和解题，会显得更加简便快捷．

考点二：参数方程

【例2】（2019 年全国 I 卷）在直角坐标系 xOy 中，曲线 C 的参数方程为

$$\begin{cases} x = \dfrac{1 - t^2}{1 + t^2}, \\ y = \dfrac{4t}{1 + t^2}, \end{cases}$$（t 为参数）．以坐标原点 O 为极点，x 轴的正半轴为极轴建立极坐标

系，直线 l 的极坐标方程为 $2\rho\cos\theta + \sqrt{3}\rho\sin\theta + 11 = 0$．

（1）求 C 和 l 的直角坐标方程；

（2）求 C 上的点到 l 距离的最小值．

解：（1）因为 $-1 < \dfrac{1 - t^2}{1 + t^2} \leqslant 1$，且 $x^2 + \left(\dfrac{y}{2}\right)^2 = \left(\dfrac{1 - t^2}{1 + t^2}\right)^2 + \dfrac{4t^2}{(1 + t^2)^2} = 1$，所

以 C 的直角坐标方程为 $x^2 + \dfrac{y^2}{4} = 1$（$x \neq -1$），

l 的直角坐标方程为 $2x + \sqrt{3}y + 11 = 0$．

（2）由（1）可设 C 的参数方程为 $\begin{cases} x = \cos\alpha, \\ y = 2\sin\alpha, \end{cases}$（$\alpha$ 为参数，$-\pi < \alpha < \pi$）．

C 上的点到 l 的距离为 $\dfrac{\mid 2\cos\alpha + 2\sqrt{3}\sin\alpha + 11 \mid}{\sqrt{7}} = \dfrac{4\cos\left(\alpha - \dfrac{\pi}{3}\right) + 11}{\sqrt{7}}$.

当 $\alpha = -\dfrac{2\pi}{3}$ 时，$4\cos\left(\alpha - \dfrac{\pi}{3}\right) + 11$ 取得最小值 7，故 C 上的点到 l 距离的最

小值为 $\sqrt{7}$.

【跟踪训练】 1. 在平面直角坐标系 xOy 中，直线 l 的参数方程为

$$\begin{cases} x = a + \dfrac{\sqrt{3}}{2}t, \\ y = \dfrac{1}{2}t, \end{cases} \quad (t \text{ 为参数，} a \text{ 为常数}).$$ 以原点 O 为极点，x 轴正半轴为极轴建立

极坐标系，曲线 C 的极坐标方程为 $\rho = \dfrac{4\cos\theta}{\sin^2\theta}$.

（1）求直线 l 的普通方程和曲线 C 的直角坐标方程；

（2）设直线 l 与曲线 C 相交于 A，B 两点，若 $\mid AB \mid = 16$，求 a 的值.

解：（1）$\because$ 直线 l 的参数方程为 $\begin{cases} x = a + \dfrac{\sqrt{3}}{2}t, \\ y = \dfrac{1}{2}t, \end{cases}$（$t$ 为参数，a 为常数），

消去参数 t，得 l 的普通方程为 $y = \dfrac{\sqrt{3}}{3}(x - a)$，即 $\dfrac{\sqrt{3}}{3}x - y - \dfrac{\sqrt{3}}{3}a = 0$.

$\because \rho = \dfrac{4\cos\theta}{\sin^2\theta}$，$\therefore \rho\sin^2\theta = 4\cos\theta$，即 $\rho^2\sin^2\theta = 4\rho\cos\theta$，即 $y^2 = 4x$.

故曲线 C 的直角坐标方程为 $y^2 = 4x$.

解（方法一）：（2）将直线 l 的参数方程代入曲线中得

$$t^2 - 8\sqrt{3}t - 16a = 0, \quad \begin{cases} \Delta = 64(a + 3) > 0 \Rightarrow a > -3, \\ t_1 + t_2 = 8\sqrt{3}, \\ t_1 t_2 = -16a, \end{cases}$$

$\therefore \mid AB \mid = \mid t_1 - t_2 \mid = \sqrt{(t_1 + t_2)^2 - 4t_1 t_2} = 16 \Rightarrow a = 1.$

解（方法二）：（2）将 $y = \dfrac{\sqrt{3}}{3}(x - a)$ 代入曲线 $y^2 = 4x$.

化简得：$x^2 - 2(a+6)x + a^2 = 0$，$\begin{cases} \Delta = 48(a+3) > 0 \Rightarrow a > -3, \\ x_1 + x_2 = 2(a+6), \\ x_1 x_2 = a^2, \end{cases}$

$\therefore |AB| = \sqrt{1+k^2} \cdot \sqrt{(x_1+x_2)^2 - 4x_1x_2} = \frac{2\sqrt{3}}{3} \cdot \sqrt{48(a+3)} = 8\sqrt{a+3}$

$= 16 \Rightarrow a = 1$.

2．(2019 年怀化三模) 在平面直角坐标系 xOy 中，以 O 为极点，x 轴正半轴为极轴建立极坐标系，曲线 C_1 的极坐标方程为 $\rho^2 - 2\rho\cos\theta - 3 = 0$（$\theta \in [0, \pi]$），将曲线 C_1 向左平移 1 个单位再经过伸缩变换：$\begin{cases} x' = 2x, \\ y' = \frac{3}{2}y, \end{cases}$ 得到曲线 C_2.

(1) 求 C_1 的普通方程与 C_2 的参数方程；

(2) 若直线 l：$\begin{cases} x = 1 + \cos\alpha \\ y = t\sin\alpha \end{cases}$（$t$ 为参数）与 C_1，C_2 分别相交于 A，B 两点，求当 $|AB| = \sqrt{10} - 2$ 时直线 l 的普通方程.

【分析】(1) 利用互化公式可得到 C_1 的普通方程，利用伸缩变换公式和互化公式可得到 C_2 的参数方程；(2) 分析直线与圆的方程可知，直线过圆心 C_1(1，0)，所以 $|AB| = |C_1B| - |C_1A| = |C_1B| - 2$，即求 $|C_1B| = \sqrt{10}$，所以设 $B(4\cos\theta, 3\sin\theta)$，利用 $|C_1B| = \sqrt{10}$ 求解 θ 和 B 点坐标，从而求出直线方程.

解：(1) C_1：$(x-1)^2 + y^2 = 4$（$y \geq 0$），

向左平移 1 个单位得到 $x^2 + y^2 = 4$，

把 $\begin{cases} x = \frac{1}{2}x', \\ y = \frac{2}{3}y' \end{cases}$ 代入得：$\frac{x'^2}{16} + \frac{y'^2}{9} = 1$，$\therefore C_2$：$\frac{x^2}{16} + \frac{y^2}{9} = 1$（$y \geq 0$）.

$\therefore C_2$ 的参数方程为 $\begin{cases} x = 4\cos\theta, \\ y = 3\sin\theta, \end{cases}$（$0 \leq \theta \leq \pi$）.

(2) 直线 l 经过圆 C_1 的圆心 C_1(1，0)，设 $B(4\cos\theta, 3\sin\theta)$（$0 \leq \theta \leq \pi$），而 $|AB| = |C_1B| - |C_1A| = |C_1B| - 2$，则：

$|C_1B| = \sqrt{(4\cos\theta - 1)^2 + (3\sin\theta)^2} = \sqrt{7\cos^2\theta - 8\cos\theta + 10} = \sqrt{10}$.

$\therefore \cos\theta = 0$，或 $\cos\theta = \dfrac{8}{7}$（舍），从而 B（0，3），

$\therefore l$：$3x + y - 3 = 0$.

【点睛】 本题考查曲线的极坐标方程与直角坐标方程的互化，同时考查曲线的伸缩变换以及利用参数方程求距离，属于中档题.

【名师方法点拨】

解决参数问题时，常见处理方法：

1. 将参数方程转化为直角坐标方程，然后求解，转化的核心就是消参.

2. 利用参数的几何意义进行解题.

课后目标检测

1.（2016 年全国 Ⅰ 卷）在直角坐标系 xOy 中，曲线 C_1 的参数方程为
$\begin{cases} x = a\cos t, \\ y = 1 + a\sin t, \end{cases}$ （t 为参数，$a > 0$）. 在以坐标原点为极点，x 轴正半轴为极轴的极坐标系中，曲线 C_2：$\rho = 4\cos\theta$.

（1）说明 C_1 是哪种曲线，并将 C_1 的方程化为极坐标方程；

（2）直线 C_3 的极坐标方程为 $\theta = \alpha_0$，其中 α_0 满足 $\tan\alpha_0 = 2$，若曲线 C_1 与 C_2 的公共点都在 C_3 上，求 a.

解：（1）消去参数 t 得到 C_1 的普通方程 $x^2 + (y - 1)^2 = a^2$，

C_1 是以（0，1）为圆心，a 为半径的圆.

将 $x = \rho\cos\theta$，$y = \rho\sin\theta$ 代入 C_1 的普通方程中，得到 C_1 的极坐标方程为：

$\rho^2 - 2\rho\sin\theta + 1 - a^2 = 0$.

（2）曲线 C_1，C_2 的公共点的极坐标满足方程组 $\begin{cases} \rho^2 - 2\rho\sin\theta + 1 - a^2 = 0, \\ \rho = 4\cos\theta, \end{cases}$

若 $\rho \neq 0$，由方程组得 $16\cos^2\theta - 8\sin\theta\cos\theta + 1 - a^2 = 0$，由已知 $\tan\theta = 2$，

可得 $16\cos^2\theta - 8\sin\theta\cos\theta = 0$，从而 $1 - a^2 = 0$，解得 $a = -1$（舍去），$a = 1$.

当 $a = 1$ 时，极点也为 C_1，C_2 的公共点，在 C_3 上，所以 $a = 1$.

【考点】 参数方程、极坐标方程与直角坐标方程的互化及应用.

【点睛】 "互化思想"是解决极坐标方程与参数方程问题的重要思想,解题时应熟记极坐标方程与参数方程的互化公式及应用.

2. (2019 年宝鸡模拟)点 P 是曲线 C_1:$(x-2)^2+y^2=4$ 上的动点,以坐标原点 O 为极点,x 轴的正半轴为极轴建立极坐标系,以极点 O 为中心,将点 P 逆时针旋转 $90°$ 得到点 Q,设点 Q 的轨迹为曲线 C_2.

(1)求曲线 C_1,C_2 的极坐标方程;

(2)射线 $\theta=\dfrac{\pi}{3}$ ($\rho>0$)与曲线 C_1,C_2 分别交于 A,B 两点,设定点 $M(2,0)$,求 $\triangle MAB$ 的面积.

解:(1)曲线 C_1 的圆心为(2,0),半径为 2,把互化公式代入可得:曲线 C_1 的极坐标方程为 $\rho=4\cos\theta$.

设 $Q(\rho,\theta)$,则 $P\left(\rho,\theta-\dfrac{\pi}{2}\right)$,则有 $\rho=4\cos\left(\theta-\dfrac{\pi}{2}\right)=4\sin\theta$,

所以曲线 C_2 的极坐标方程为 $\rho=4\sin\theta$.

(2)M 到射线 $\theta=\dfrac{\pi}{3}$ 的距离为 $d=2\sin\dfrac{\pi}{3}=\sqrt{3}$,

$|AB|=\rho_B-\rho_A=4\left(\sin\dfrac{\pi}{3}-\cos\dfrac{\pi}{3}\right)=2(\sqrt{3}-1)$,

则 $S=\dfrac{1}{2}|AB|\times d=3-\sqrt{3}$.

3. (2019 年东莞调研)在直角坐标系 xOy 中,直线 l 的参数方程为 $\begin{cases}x=\dfrac{3}{4}+\sqrt{3}t,\\ y=a+\sqrt{3}t,\end{cases}$ (t 为参数),圆 C 的标准方程为 $(x-3)^2+(y-3)^2=4$.以坐标原点为极点,x 轴正半轴为极轴建立极坐标系.

(1)求直线 l 和圆 C 的极坐标方程;

(2)若射线 $\theta=\dfrac{\pi}{3}$ 与 l 的交点为 M,与圆 C 的交点为 A,B,且点 M 恰好为线段 AB 的中点,求 a 的值.

解:(1)∵ 直线 l 的参数方程为 $\begin{cases}x=\dfrac{3}{4}+\sqrt{3}t,\\ y=a+\sqrt{3}t,\end{cases}$ (t 为参数),

∴ 在直线 l 的参数方程中消去 t 可得直线 l 的普通方程为 $x-y-\dfrac{3}{4}+a=0$.

将 $x = \rho\cos\theta$，$y = \rho\sin\theta$ 代入以上方程中，

得到直线 l 的极坐标方程为 $\rho\cos\theta - \rho\sin\theta - \dfrac{3}{4} + a = 0$.

∵ 圆 C 的标准方程为 $(x-3)^2 + (y-3)^2 = 4$，

∴ 圆 C 的极坐标方程为 $\rho^2 - 6\rho\cos\theta - 6\rho\sin\theta + 14 = 0$.

（2）在极坐标系中，由已知可设 $M\left(\rho_1, \dfrac{\pi}{3}\right)$，$A\left(\rho_2, \dfrac{\pi}{3}\right)$，$B\left(\rho_3, \dfrac{\pi}{3}\right)$，

联立 $\begin{cases} \theta = \dfrac{\pi}{3}, \\ \rho^2 - 6\rho\cos\theta - 6\rho\sin\theta + 14 = 0, \end{cases}$ 得 $\rho^2 - (3 + 3\sqrt{3})\rho + 14 = 0$，

∴ $\rho_2 + \rho_3 = 3 + 3\sqrt{3}$.

∵ 点 M 恰好为 AB 的中点，∴ $\rho_1 = \dfrac{3 + 3\sqrt{3}}{2}$，即 $M\left(\dfrac{3 + 3\sqrt{3}}{2}, \dfrac{\pi}{3}\right)$，

把 $M\left(\dfrac{3 + 3\sqrt{3}}{2}, \dfrac{\pi}{3}\right)$ 代入 $\rho\cos\theta - \rho\sin\theta - \dfrac{3}{4} + a = 0$，

得 $\dfrac{3(1+\sqrt{3})}{2} \times \dfrac{1-\sqrt{3}}{2} - \dfrac{3}{4} + a = 0$，解得 $a = \dfrac{9}{4}$.

4.（2019 年海南三模）在直角坐标系 xOy 中，以坐标原点为极点，x 轴正半轴为极轴建立极坐标系，直线 l 的极坐标方程为 $\rho\cos\left(\theta + \dfrac{\pi}{4}\right) = \dfrac{\sqrt{2}}{2}$，曲线 C 的极坐标方程为 $\rho - 6\cos\theta = 0$.

（1）求直线 l 和曲线 C 的直角坐标方程；

（2）已知点 $M(1, 0)$，若直线 l 与曲线 C 交于 P，Q 两点，求 $|MP|^2 + |MQ|^2$ 的值.

【分析】（1）由极坐标与直角坐标的互化公式，可直接得出直线 l 和曲线 C 的直角坐标方程；（2）先由题意得出直线 l 的参数方程，然后代入曲线的直角坐标方程，根据参数的方法求解，即可得出结果.

解：（1）因为直线 l：$\rho\cos\left(\theta + \dfrac{\pi}{4}\right) = \dfrac{\sqrt{2}}{2}$，故 $\rho\cos\theta - \rho\sin\theta - 1 = 0$，

即直线 l 的直角坐标方程为 $x - y - 1 = 0$.

因为曲线 C：$\rho - 6\cos\theta = 0$，则曲线 C 的直角坐标方程为 $x^2 + y^2 - 6x = 0$，即 $(x-3)^2 + y^2 = 9$.

（2）设直线 l 的参数方程为 $\begin{cases} x = 1 + \dfrac{\sqrt{2}}{2}t, \\ y = \dfrac{\sqrt{2}}{2}t, \end{cases}$ （t 为参数），

将其代入曲线 C 的直角坐标系方程得 $t^2 - 2\sqrt{2}t - 5 = 0$.

设 P，Q 对应的参数分别为 t_1，t_2，则 $t_1 t_2 = -5$，$t_1 + t_2 = 2\sqrt{2}$，

所以 $|MP|^2 + |MQ|^2 = |t_1|^2 + |t_2|^2 = (t_1 + t_2)^2 - 2t_1 t_2 = 18$.

【点睛】本题主要考查极坐标与直角坐标的互化，以及参数的方法求两点间距离，熟记公式即可，属于常考题型.

5. （2014 年全国 I 卷）已知曲线 $C: \dfrac{x^2}{4} + \dfrac{y^2}{9} = 1$，直线 $l: \begin{cases} x = 2 + t, \\ y = 2 - 2t, \end{cases}$ （t 为参数）.

（1）写出曲线 C 的参数方程和直线 l 的普通方程；

（2）过曲线 C 上任意一点 P 作与 l 夹角为 30° 的直线，交 l 于点 A，求 $|PA|$ 的最大值与最小值.

解：（1）曲线 C 的参数方程为 $\begin{cases} x = 2\cos\theta, \\ y = 3\sin\theta, \end{cases}$ （θ 为参数），

直线 l 的普通方程为 $2x + y - 6 = 0$.

（2）曲线 C 上任意一点 P $(2\cos\theta, 3\sin\theta)$ 到直线 l 的距离

$d = \dfrac{\sqrt{5}}{5}|4\cos\theta + 3\sin\theta - 6|$，

则 $|PA| = \dfrac{d}{\sin 30°} = \dfrac{2\sqrt{5}}{5}|5\sin(\theta + \alpha) - 6|$，

其中 α 为锐角，且 $\tan\alpha = \dfrac{4}{3}$.

当 $\sin(\theta + \alpha) = -1$ 时，$|PA|$ 取得最大值，最大值为 $\dfrac{22\sqrt{5}}{5}$.

当 $\sin(\theta + \alpha) = 1$ 时，$|PA|$ 取得最小值，最小值为 $\dfrac{2\sqrt{5}}{5}$.

6. 在直角坐标系 xOy 中，以坐标原点为极点，x 轴正半轴为极轴建立极坐标系. 已知曲线 $C: \rho^2 - 2a\rho\cos\theta + a^2 - 4 = 0$（$a > 0$），过点 P（-2，-4）的直

线 l 的参数方程 $\begin{cases} x = -2 + \frac{\sqrt{2}}{2}t, \\ y = -4 + \frac{\sqrt{2}}{2}t, \end{cases}$ (t 为参数),直线 l 与曲线 C 分别相交于 M,N

两点.

(1) 写出曲线 C 的直角坐标方程和直线 l 的普通方程;

(2) 是否存在实数 a,使得 $|PM|$,$|MN|$,$|PN|$ 成等比数列,并对你的结论说明理由.

解:(1) C:$(x-a)^2 + y^2 = 4$,l:$y = x - 2$.

(2) 将 $\begin{cases} x = -2 + \frac{\sqrt{2}}{2}t, \\ y = -4 + \frac{\sqrt{2}}{2}t \end{cases}$ 代入 $(x-a)^2 + y^2 = 4$,

得 $t^2 - \sqrt{2}(6+a)\sqrt{2}t + a^2 + 4a + 16 = 0$.

设 M,N 两点对应的参数分别为 t_1,t_2,由韦达定理,得

$t_1 + t_2 = 6\sqrt{2} + \sqrt{2}a$,$t_1 t_2 = a^2 + 4a + 16$,

由 $|MN|^2 = |PM| \cdot |PN|$,即 $(t_1 - t_2)^2 = t_1 t_2$,

得 $(t_1 + t_2)^2 = 5t_1 t_2$,从而 $(6\sqrt{2} + \sqrt{2}a)^2 = 5(a^2 + 4a + 16)$,

化简得 $3a^2 - 4a + 8 = 0$,而此方程无解,故不存在实数 a.

7. (2017 年全国 I 卷) 在直角坐标系 xOy 中,曲线 C 的参数方程为 $\begin{cases} x = 3\cos\theta, \\ y = \sin\theta, \end{cases}$ (θ 为参数),直线 l 的参数方程为 $\begin{cases} x = a + 4t, \\ y = 1 - t, \end{cases}$ (t 为参数).

(1) 若 $a = -1$,求 C 与 l 的交点坐标;

(2) 若 C 上的点到 l 距离的最大值为 $\sqrt{17}$,求 a.

解:(1) 曲线 C 的普通方程为 $\frac{x^2}{9} + y^2 = 1$.

当 $a = -1$ 时,直线 l 的普通方程为 $x + 4y - 3 = 0$.

由 $\begin{cases} x + 4y - 3 = 0, \\ \frac{x^2}{9} + y^2 = 1, \end{cases}$ 解得 $\begin{cases} x = 3, \\ y = 0, \end{cases}$ 或 $\begin{cases} x = -\frac{21}{25}, \\ y = \frac{24}{25}. \end{cases}$

从而 C 与 l 的交点坐标为 $(3,0)$，$\left(-\dfrac{21}{25},\dfrac{24}{25}\right)$.

（2）直线 l 的普通方程为 $x+4y-a-4=0$，故 C 上的点 $(3\cos\theta,\ \sin\theta)$ 到 l 的距离为 $d=\dfrac{|3\cos\theta+4\sin\theta-a-4|}{\sqrt{17}}$.

当 $a\geqslant-4$ 时，d 的最大值为 $\dfrac{a+9}{\sqrt{17}}$.由题设得，$\dfrac{a+9}{\sqrt{17}}=\sqrt{17}$，所以 $a=8$.

当 $a<-4$ 时，d 的最大值为 $\dfrac{-a+1}{\sqrt{17}}$.由题设得，$\dfrac{-a+1}{\sqrt{17}}=\sqrt{17}$，所以 $a=-16$.

综上，$a=8$ 或 $a=-16$.

【点睛】化参数方程为普通方程的关键是消参，可以利用加减消元、平方消元、代入法等；在极坐标方程与参数方程条件下求解直线与圆的位置关系问题时，通常将极坐标方程化为直角坐标方程，参数方程化为普通方程来解决.

8.（2019 年石家庄一模）在平面直角坐标系 xOy 中，曲线 C 的参数方程为 $\begin{cases}x=r\cos\alpha+2, \\ y=r\sin\alpha,\end{cases}$（$\alpha$ 为参数），以坐标原点 O 为极点，x 轴的正半轴为极轴建立极坐标系，射线 l 的极坐标方程为 $\theta=\dfrac{\pi}{3}$.

（1）求曲线 C 的极坐标方程；

（2）当 $0<r<2$ 时，若曲线 C 与射线 l 交于 A，B 两点，求 $\dfrac{1}{|OA|}+\dfrac{1}{|OB|}$ 的取值范围.

【分析】（1）由题意可得，曲线 C 的普通方程为：$(x-2)^2+y^2=r^2$，然后将其化为极坐标方程即可.（2）把 $\theta=\dfrac{\pi}{3}$ 代入曲线 C 的极坐标方程中，得 $\rho^2-2\rho+4-r^2=0$，利用参数的几何意义可得 $\dfrac{1}{|OA|}+\dfrac{1}{|OB|}=\dfrac{1}{|\rho_1|}+\dfrac{1}{|\rho_2|}=\dfrac{2}{4-r^2}$，据此可得 $\dfrac{1}{|OA|}+\dfrac{1}{|OB|}$ 的取值范围.

解：（1）曲线 C 的普通方程为 $(x-2)^2+y^2=r^2$，

令 $x=\rho\cos\theta$，$y=\rho\sin\theta$，

化简得 $\rho^2-4\rho\cos\theta+4-r^2=0$.

（2）把 $\theta = \dfrac{\pi}{3}$ 代入曲线 C 的极坐标方程中，得 $\rho^2 - 2\rho + 4 - r^2 = 0$，

令 $\Delta = 4 - 4\left(4 - r^2\right) > 0$，结合 $0 < r < 2$，$\therefore 3 < r^2 < 4$.

方程的解 ρ_1，ρ_2 分别为点 A，B 的极径，$\rho_1 + \rho_2 = 2$，$\rho_1 \rho_2 = 4 - r^2 > 0$.

$\therefore \dfrac{1}{|OA|} + \dfrac{1}{|OB|} = \dfrac{1}{|\rho_1|} + \dfrac{1}{|\rho_2|} = \dfrac{\rho_1 + \rho_2}{\rho_1 \rho_2} = \dfrac{2}{4 - r^2}$，

$\because 3 < r^2 < 4$，$0 < 4 - r^2 < 1$，

$\therefore \dfrac{1}{|OA|} + \dfrac{1}{|OB|} \in (2, +\infty)$.

【点睛】 本题主要考查参数方程、极坐标方程、直角坐标方程的转化，参数方程与极坐标方程的几何意义等知识，意在考查学生的转化能力和计算求解能力.

9. 在平面直角坐标系 xOy 中，曲线 C_1 的参数方程是 $\begin{cases} |x| = t\cos\alpha, \\ y = 5 + t\sin\alpha, \end{cases}$（$t$ 是参数）. 以原点 O 为极点，x 轴的正半轴为极轴建立极坐标系，圆 C_2 的极坐标方程是 $\rho = 4\sqrt{2}\sin\left(\theta + \dfrac{\pi}{4}\right) - 2\cos\theta$.

（1）写出圆 C_2 的直角坐标方程；

（2）若曲线 C_1 与 C_2 有且仅有三个公共点，求 $\dfrac{\sin\alpha - \cos\alpha}{\sin\alpha + \cos\alpha}$ 的值.

解：（1）$\rho = 4\sqrt{2}\left(\sin\theta \cdot \dfrac{\sqrt{2}}{2} + \cos\theta \cdot \dfrac{\sqrt{2}}{2}\right) - 2\cos\theta = 4\sin\theta + 2\cos\theta$，

$\rho^2 = 4\rho\sin\theta + 2\rho\cos\theta$，

$\therefore x^2 + y^2 = 4y + 2x$，

$\therefore$ 圆 C_2 的直角坐标方程是 $x^2 + y^2 - 2x - 4y = 0$.

（2）因为曲线 C_1 与 C_2 有且仅有三个公共点，说明直线 $y = -\tan\alpha \cdot x + 5(\tan\alpha < 0)$ 与圆 C_2 相切，C_2 圆心为 $(1, 2)$，半径为 $\sqrt{5}$，

则 $\dfrac{|\tan\alpha - 3|}{\sqrt{1 + \tan^2\alpha}} = \sqrt{5}$，解得 $\tan\alpha = -2$，

所以 $\dfrac{\sin\alpha - \cos\alpha}{\sin\alpha + \cos\alpha} = \dfrac{\tan\alpha - 1}{\tan\alpha + 1} = 3$.

【点睛】 本题主要考查了极坐标与直角坐标方程的转化，直线与圆相切，属于中档题.

10. （2019 年广州二测）在直角坐标系 xOy 中，倾斜角为 α 的直线 l 的参

数方程为：$\begin{cases} x = 2 + t\cos\alpha, \\ y = \sqrt{3} + t\sin\alpha, \end{cases}$（$t$ 为参数）．在以坐标原点为极点，x 轴正半轴为

极轴的极坐标系中，曲线 C 的极坐标方程为 $\rho^2 = 2\rho\cos\theta + 8$.

（1）求直线 l 的普通方程与曲线 C 的直角坐标方程；

（2）若直线 l 与曲线 C 交于 A，B 两点，且 $|AB| = 4\sqrt{2}$，求直线 l 的倾斜角．

【分析】（1）根据平方关系消参数得直线 l 的普通方程，根据 $\rho^2 = x^2 + y^2$，

$\rho\cos\theta = x$ 得曲线 C 的直角坐标方程．（2）利用直线参数方程几何意义求解．

解：（1）因为直线 l 的参数方程为 $\begin{cases} x = 2 + t\cos\alpha, \\ y = \sqrt{3} + t\sin\alpha, \end{cases}$（$t$ 为参数），

当 $\alpha = \dfrac{\pi}{2}$ 时，直线 l 的直角坐标方程为 $x = 2$.

当 $\alpha \neq \dfrac{\pi}{2}$ 时，直线 l 的直角坐标方程为 $y - \sqrt{3} = \tan\alpha\ (x - 2)$.

因为 $\rho^2 = x^2 + y^2$，$\rho\cos\theta = x$，

又因为 $\rho^2 = 2\rho\cos\theta + 8$，所以 $x^2 + y^2 = 2x + 8$.

所以 C 的直角坐标方程为 $x^2 + y^2 - 2x - 8 = 0$.

解（方法一）：（2）曲线 C 的直角坐标方程为 $x^2 + y^2 - 2x - 8 = 0$，

将直线 l 的参数方程代入曲线 C 的方程整理，

得 $t^2 + (2\sqrt{3}\sin\alpha + 2\cos\alpha)\ t - 5 = 0$.

因为 $\Delta = (2\sqrt{3}\sin\alpha + 2\cos\alpha)^2 + 20 > 0$，可设该方程的两个根为 t_1，t_2，

则 $t_1 + t_2 = -(2\sqrt{3}\sin\alpha + 2\cos\alpha)$，$t_1 t_2 = -5$，

所以 $|AB| = |t_1 - t_2| = \sqrt{(t_1 + t_2)^2 - 4t_1 t_2}$

$= \sqrt{\left[-(2\sqrt{3}\sin\alpha + 2\cos\alpha)\right]^2 + 20} = 4\sqrt{2}$，

整理得 $(\sqrt{3}\sin\alpha + \cos\alpha)^2 = 3$，

故 $2\sin\left(\alpha + \dfrac{\pi}{6}\right) = \pm\sqrt{3}$.

因为 $0 \leq \alpha < \pi$，所以 $\alpha + \dfrac{\pi}{6} = \dfrac{\pi}{3}$ 或 $\alpha + \dfrac{\pi}{6} = \dfrac{2\pi}{3}$，

解得 $\alpha = \dfrac{\pi}{6}$ 或 $\alpha = \dfrac{\pi}{2}$.

综上所述，直线 l 的倾斜角为 $\dfrac{\pi}{6}$ 或 $\dfrac{\pi}{2}$.

解（方法二）：直线 l 与圆 C 交于 A，B 两点，且 $|AB| = 4\sqrt{2}$，

故圆心 $C(1, 0)$ 到直线 l 的距离 $d = \sqrt{9 - (2\sqrt{2})^2} = 1$.

① 当 $\alpha = \dfrac{\pi}{2}$ 时，直线 l 的直角坐标方程为 $x = 2$，符合题意.

② 当 $\alpha \in \left[0, \dfrac{\pi}{2}\right) \cup \left(\dfrac{\pi}{2}, \pi\right)$ 时，直线 l 的方程为 $x\tan\alpha - y + 3 - 2\tan\alpha = 0$.

所以 $d = \dfrac{|\tan\alpha - 0 + \sqrt{3} - 2\tan\alpha|}{\sqrt{1 + \tan^2\alpha}} = 1$，整理得 $|\sqrt{3} - \tan\alpha| = \sqrt{1 + \tan^2\alpha}$，

解得 $\alpha = \dfrac{\pi}{6}$.

综上所述，直线 l 的倾斜角为 $\dfrac{\pi}{2}$ 或 $\dfrac{\pi}{6}$.

微专题2 极坐标与参数方程综合应用

考点题型剖析

【例1】（2018年全国Ⅰ卷）在直角坐标系 xOy 中，曲线 C_1 的方程为 $y = k$ $| x | + 2$. 以坐标原点为极点，x 轴正半轴为极轴建立极坐标系，曲线 C_2 的极坐标方程为 $\rho^2 + 2\rho\cos\theta - 3 = 0$.

（1）求 C_2 的直角坐标方程；

（2）若 C_1 与 C_2 有且仅有三个公共点，求 C_1 的方程.

【分析】（1）根据 $x = \rho\cos\theta$，$y = \rho\sin\theta$ 以及 $\rho^2 = x^2 + y^2$，将方程 $\rho^2 + 2\rho\cos\theta$ $- 3 = 0$ 中的相关的量代换，求得直角坐标方程；

（2）结合方程的形式，可以断定曲线 C_2 是圆心为 A（-1，0），半径为2的圆，C_1 是过点 B（0，2）且关于 y 轴对称的两条射线，通过分析图形的特征，得到什么情况下会出现三个公共点，结合直线与圆的位置关系，得到 k 所满足的关系式，从而求得结果.

解：（1）由 $x = \rho\cos\theta$，$y = \rho\sin\theta$ 得 C_2 的直角坐标方程为 $(x + 1)^2 + y^2 = 4$.

（2）由（1）知 C_2 是圆心为 A（-1，0），半径为2的圆.

由题设知，C_1 是过点 B（0，2）且关于 y 轴对称的两条射线. 记 y 轴右边的射线为 l_1，y 轴左边的射线为 l_2. 由于 B 在圆 C_2 的外面，故 C_1 与 C_2 有且仅有三个公共点等价于 l_1 与 C_2 只有一个公共点且 l_2 与 C_2 有两个公共点，或 l_2 与 C_2 只有一个公共点且 l_1 与 C_2 有两个公共点.

当 l_1 与 C_2 只有一个公共点时，A 到 l_1 所在直线的距离为2，所以 $\dfrac{|-k+2|}{\sqrt{k^2+1}}$

$= 2$，故 $k = -\dfrac{4}{3}$ 或 $k = 0$.

经检验，当 $k = 0$ 时，l_1 与 C_2 没有公共点；当 $k = -\dfrac{4}{3}$ 时，l_1 与 C_2 只有一个

公共点，l_2 与 C_2 有两个公共点.

当 l_2 与 C_2 只有一个公共点时，A 到 l_2 所在直线的距离为 2，所以 $\dfrac{|k+2|}{\sqrt{k^2+1}}=2$，故 $k=0$ 或 $k=\dfrac{4}{3}$.

经检验，当 $k=0$ 时，l_1 与 C_2 没有公共点；当 $k=\dfrac{4}{3}$ 时，l_2 与 C_2 没有公共点.

综上，所求 C_1 的方程为 $y=-\dfrac{4}{3}|x|+2$.

【点睛】 该题考查的是有关坐标系与参数方程的问题，涉及到的知识点有曲线的极坐标方程向平面直角坐标方程的转化以及曲线相交交点个数的问题，在解题的过程中，需要明确极坐标和平面直角坐标之间的转换关系，以及曲线相交交点个数，结合图形将其转化为直线与圆的位置关系所对应的需要满足的条件，从而求得结果.

【例 2】 在平面直角坐标系 xOy 中，直线 l_1 过原点且倾斜角为 α（$0 \leqslant \alpha < \dfrac{\pi}{2}$）. 以坐标原点 O 为极点，x 轴正半轴为极轴建立坐标系，曲线 C_1 的极坐标方程为 $\rho=2\cos\theta$. 在平面直角坐标系 xOy 中，曲线 C_2 与曲线 C_1 关于直线 $y=x$ 对称.

（1）求曲线 C_2 的极坐标方程；

（2）若直线 l_2 过原点且倾斜角为 $\alpha+\dfrac{\pi}{3}$，设直线 l_1 与曲线 C_1 相交于 O，A 两点，直线 l_2 与曲线 C_2 相交于 O，B 两点，当 α 变化时，求 $\triangle AOB$ 面积的最大值.

解（方法一）： （1）由题可知，C_1 的直角坐标方程为 $x^2+y^2-2x=0$，

设曲线 C_2 上任意一点，关于直线 $y=x$ 对称点为 (x_0, y_0)，

所以 $\begin{cases} x_0=y, \\ y_0=x, \end{cases}$

又因为 $x_0^2+y_0^2-2x_0=0$，即 $x^2+y^2-2y=0$，

所以曲线 C_2 的极坐标方程为 $\rho=2\sin\theta$.

解（方法二）： 由题可知，$y=x$ 的极坐标方程为 $\theta=\dfrac{\pi}{4}$（$\rho \in \mathbf{R}$），

设曲线 C_2 上一点，关于 $\theta=\dfrac{\pi}{4}$（$\rho \in \mathbf{R}$）的对称点为 (ρ_0, θ_0)，

所以 $\begin{cases} \rho_0 = \rho, \\ \dfrac{\theta_0 + \theta}{2} = \dfrac{\pi}{4}, \end{cases}$

又因为 $\rho_0 = 2\cos\theta_0$，即 $\rho = 2\cos\left(\dfrac{\pi}{2} - \theta\right) = 2\sin\theta$，

所以曲线 C_2 的极坐标方程为 $\rho = 2\sin\theta$.

（2）直线 l_1 的极坐标方程为 $\theta = \alpha$，直线 l_2 的极坐标方程为 $\theta = \alpha + \dfrac{\pi}{3}$，

设 $A\ (\rho_1,\ \theta_1)$，$B\ (\rho_2,\ \theta_2)$，

所以 $\begin{cases} \theta = \alpha, \\ \rho = 2\sin\theta, \end{cases}$ 解得 $\rho_1 = 2\cos\alpha$，$\begin{cases} \theta = \alpha + \dfrac{\pi}{3}, \\ \rho = 2\sin\theta, \end{cases}$ 解得 $\rho_2 = 2\sin\left(\alpha + \dfrac{\pi}{3}\right)$.

$\therefore S_{\triangle AOB} = \dfrac{1}{2} \mid \rho_1 \cdot \rho_2 \mid \sin\dfrac{\pi}{3} = \sqrt{3}\left|\cos\alpha \cdot \sin\left(\alpha + \dfrac{\pi}{3}\right)\right|$

$= \sqrt{3}\left|\cos\alpha \cdot \left(\dfrac{1}{2}\sin\alpha + \dfrac{\sqrt{3}}{2}\cos\alpha\right)\right| = \dfrac{\sqrt{3}}{2}\left|\dfrac{1}{2}\sin 2\alpha + \dfrac{\sqrt{3}}{2}\cos 2\alpha + \dfrac{\sqrt{3}}{2}\right|$

$= \dfrac{\sqrt{3}}{2}\left|\sin\left(2\alpha + \dfrac{\pi}{3}\right) + \dfrac{\sqrt{3}}{2}\right|$.

因为 $0 \leqslant \alpha < \dfrac{\pi}{2}$，所以 $\dfrac{\pi}{3} \leqslant 2\alpha + \dfrac{\pi}{3} < \dfrac{4}{3}\pi$.

当 $2\alpha + \dfrac{\pi}{3} = \dfrac{\pi}{2}$，即 $\alpha = \dfrac{\pi}{12}$ 时，$\sin\left(2\alpha + \dfrac{\pi}{3}\right) = 1$，$S_{\triangle AOB}$ 取得最大值为 $\dfrac{\sqrt{3}}{2} + \dfrac{3}{4}$.

【跟踪训练】1.（2018 年唐山五校联考）在直角坐标系 xOy 中，曲线 C 的

参数方程是 $\begin{cases} x = 1 + \sqrt{2}\cos\alpha, \\ y = \sqrt{2}\sin\alpha, \end{cases}$ （α 为参数），以该直角坐标系的原点 O 为极点，x

轴的正半轴为极轴建立极坐标系，直线 l 的极坐标方程为 $\sqrt{3}\rho\sin\theta - \rho\cos\theta + m$
$= 0$.

（1）写出曲线 C 的普通方程和直线 l 的直角坐标方程；

（2）设点 $P\ (m,\ 0)$，直线 l 与曲线 C 相交于 A，B 两点，$\mid PA \mid \mid PB \mid$
$= 1$，求实数 m 的值.

解：（1）$\because \begin{cases} x = 1 + \sqrt{2}\cos\alpha, \\ y = \sqrt{2}\sin\alpha, \end{cases}$ $\therefore\ (x - 1)^2 + y^2 = 2$，

故曲线 C 的普通方程为 $(x-1)^2+y^2=2$.

直线 l 的直角坐标方程为 $\sqrt{3}y-x+m=0$, 即 $y=\frac{\sqrt{3}}{3}(x-m)$.

(2) 直线 l 的参数方程可以写为 $\begin{cases} x=m+\frac{\sqrt{3}}{2}t, \\ y=\frac{1}{2}t, \end{cases}$ (t 为参数) .

(3) 设 A, B 两点对应的参数分别为 t_1, t_2,

将直线 l 的参数方程代入曲线 C 的普通方程 $(x-1)^2+y^2=2$,

可以得到 $\left(m+\frac{\sqrt{3}}{2}t-1\right)^2+\left(\frac{1}{2}t\right)^2-2=t^2+\sqrt{3}(m-1)t+(m-1)^2-2=0$,

所以 $|PA|\cdot|PB|=|t_1|\cdot|t_2|=|(m-1)^2-2|=1$, 即 $|m^2-2m-1|=1$,

化简得, m^2-2m-2 或 $m^2-2m=0$,

解得 $m=1\pm\sqrt{3}$ 或 $m=2$.

2. (2018 年长春二模) 已知曲线 C_1 的参数方程为 $\begin{cases} x=\sqrt{2}\cos\theta, \\ y=\sin\theta, \end{cases}$ (θ 为参数) ,

以直角坐标系的原点 O 为极点, x 轴的正半轴为极轴建立极坐标系, 曲线 C_2 的
极坐标方程为 $\rho\sin^2\theta=4\cos\theta$.

(1) 求 C_1 的普通方程和 C_2 的直角坐标方程;

(2) 若过点 F (1, 0) 的直线 l 与 C_1 交于 A, B 两点, 与 C_2 交于 M, N 两
点, 求 $\frac{|FA|\cdot|FB|}{|FM|\cdot|FN|}$ 的取值范围.

解: (1) 曲线 C_1 的普通方程为 $\frac{x^2}{2}+y^2=1$, 曲线 C_2 的直角坐标方程为 $y^2=4x$;

(2) 设直线 l 的参数方程为 $\begin{cases} x=1+t\cos\alpha, \\ y=t\sin\alpha, \end{cases}$ (t 为参数) .

又直线 l 与曲线 C_2: $y^2=4x$ 存在两个交点, 因此 $\sin\alpha\neq0$.

联立直线 l 与曲线 C_1: $\frac{x^2}{2}+y^2=1$, 可得 $(1+\sin^2\alpha)t^2+2t\cos\alpha-1=0$, 则

$|FA|\cdot|FB|=|t_1t_2|=\frac{1}{1+\sin^2\alpha}$.

联立直线 l 与曲线 C_2: $y^2=4x$, 可得 $t^2\sin^2\alpha-4t\cos\alpha-4=0$,

$$|FM| \cdot |FN| = |t_1 t_2| = \frac{4}{\sin^2 \alpha}.$$

即 $\dfrac{|FA| \cdot |FB|}{|FM| \cdot |FN|} = \dfrac{\dfrac{1}{1+\sin^2\alpha}}{\dfrac{4}{\sin^2\alpha}} = \dfrac{1}{4} \cdot \dfrac{\sin^2\alpha}{1+\sin^2\alpha} = \dfrac{1}{4} \cdot \dfrac{1}{1+\dfrac{1}{\sin^2\alpha}} \in \left(0, \dfrac{1}{8}\right].$

【点睛】本小题主要考查极坐标系与参数方程的相关知识，具体涉及到参数方程与普通方程的互化、极坐标方程与直角坐标方程的转化、直线的参数方程的几何意义等内容．本小题考查考生的方程思想与数形结合思想，对运算求解能力有一定的要求．

课后目标检测

1．（2018 年全国 Ⅱ 卷）在直角坐标系 xOy 中，曲线 C 的参数方程为 $\begin{cases} x = 2\cos\theta, \\ y = 4\sin\theta, \end{cases}$ （θ 为参数），直线 l 的参数方程为 $\begin{cases} x = 1 + t\cos\alpha, \\ y = 2 + t\sin\alpha, \end{cases}$ （t 为参数）．

（1）求 C 和 l 的直角坐标方程；

（2）若曲线 C 截直线 l 所得线段的中点坐标为（1，2），求 l 的斜率．

【分析】（1）根据同角三角函数关系将曲线 C 的参数方程化为直角坐标方程，根据代入消元法将直线 l 的参数方程化为直角坐标方程，此时要注意分 $\cos\alpha \neq 0$ 与 $\cos\alpha = 0$ 两种情况．（2）将直线 l 的参数方程代入曲线 C 的直角坐标方程，根据参数几何意义得到 $\sin\alpha$，$\cos\alpha$ 之间关系，然后求得 $\tan\alpha$，即得 l 的斜率．

解：（1）曲线 C 的直角坐标方程为 $\dfrac{x^2}{4} + \dfrac{y^2}{16} = 1$．

当 $\cos\alpha \neq 0$ 时，l 的直角坐标方程为 $y = \tan\alpha \cdot x + 2 - \tan\alpha$，

当 $\cos\alpha = 0$ 时，l 的直角坐标方程为 $x = 1$．

（2）将 l 的参数方程代入 C 的直角坐标方程，整理得到关于 t 的方程

$$(1 + 3\cos^2\alpha) t^2 + 4(2\cos\alpha + \sin\alpha) t - 8 = 0. \qquad ①$$

因为曲线 C 截直线 l 所得线段的中点（1，2）在 C 内，所以①有两个解，

设为 t_1，t_2，则 $t_1 + t_2 = 0$.

又由①得 $t_1 + t_2 = -\dfrac{4\,(2\cos\alpha + \sin\alpha)}{1 + 3\cos^2\alpha}$，故 $2\cos\alpha + \sin\alpha = 0$，于是直线 l 的斜率 $k = \tan\alpha = -2$.

2. （2018 年衡水中学模拟）在极坐标系中，曲线 C_1 的极坐标方程是 $\rho = \dfrac{24}{4\cos\theta + 3\sin\theta}$，以极点为原点 O，极轴为 x 轴正半轴（两坐标系取相同的单位长度）的直角坐标系 xOy 中，曲线 C_2 的参数方程为：$\begin{cases} x = \cos\theta, \\ y = \sin\theta, \end{cases}$（$\theta$ 为参数）.

（1）求曲线 C_1 的直角坐标方程与曲线 C_2 的普通方程；

（2）将曲线 C_2 经过伸缩变换 $\begin{cases} x' = 2\sqrt{2}x, \\ y' = 2y \end{cases}$ 后得到曲线 C_3，若 M，N 分别是曲线 C_1 和曲线 C_3 上的动点，求 $|MN|$ 的最小值.

【分析】（1）根据 $x = \rho\cos\theta$，$y = \rho\sin\theta$ 求出 C_1，C_2 的直角坐标方程即可；（2）求出 C_3 的参数方程，根据点到直线的距离公式计算即可.

解：（1）∵ C_1 的极坐标方程是 $\rho = \dfrac{24}{4\cos\theta + 3\sin\theta}$，∴ $4\rho\cos\theta + 3\rho\sin\theta = 24$，整理得 $4x + 3y - 24 = 0$，∴ C_1 的直角坐标方程为 $4x + 3y - 24 = 0$.

曲线 C_2：$\begin{cases} x = \cos\theta, \\ y = \sin\theta, \end{cases}$ ∴ $x^2 + y^2 = 1$，故 C_2 的普通方程为 $x^2 + y^2 = 1$.

（2）将曲线 C_2 经过伸缩变换 $\begin{cases} x' = 2\sqrt{2}x, \\ y' = 2y \end{cases}$ 后得到曲线 C_3 的方程为 $\dfrac{x^2}{8} + \dfrac{y^2}{4} = 1$，则曲线 C_3 的参数方程为 $\begin{cases} x = 2\sqrt{3}\cos\alpha, \\ y = 2\sin\alpha, \end{cases}$（$\alpha$ 为参数）. 设 $N\,(2\sqrt{3}\cos\alpha,\ 2\sin\alpha)$，则点 N 到曲线 C_1 的距离 $d = \dfrac{|\,4 \times 2\sqrt{2}\cos\alpha + 3 \times 2\sin\alpha - 24\,|}{5}$

$= \dfrac{|\,2\sqrt{41}\sin\,(\alpha + \varphi)\, - 24\,|}{5} = \dfrac{24 - 2\sqrt{41}\sin\,(\alpha + \varphi)}{5}\left(\tan\varphi = \dfrac{4\sqrt{2}}{3}\right)$.

当 $\sin\,(\alpha + \varphi) = 1$ 时，d 有最小值 $\dfrac{24 - 2\sqrt{41}}{5}$，所以 $|MN|$ 的最小值为

$\dfrac{24 - 2\sqrt{41}}{5}$.

3. 在平面直角坐标系 xOy 中，直线 l 的参数方程为 $\begin{cases} x = m + 2t, \\ y = \sqrt{2}t, \end{cases}$（$t$ 为参数），以坐标原点为极点，x 轴的正半轴为极轴建立极坐标系，曲线 C 的极坐标方程为 $\rho^2 = \dfrac{4}{1 + \sin^2\theta}$.

（1）求直线 l 的普通方程和曲线 C 的直角坐标方程；

（2）设 P 为曲线 C 上的点，$PQ \perp l$，垂足为 Q，若 $|PQ|$ 的最小值为 2，求 m 的值.

解：（1）因为曲线 C 的极坐标方程为 $\rho^2 = \dfrac{4}{1 + \sin^2\theta}$，即 $\rho^2 + \rho^2\sin^2\theta = 4$，

将 $\rho^2 = x^2 + y^2$，$\rho\sin\theta = y$ 代入上式并化简得，$\dfrac{x^2}{4} + \dfrac{y^2}{2} = 1$，

所以曲线 C 的直角坐标方程为 $\dfrac{x^2}{4} + \dfrac{y^2}{2} = 1$，

消去参数 t 可得直线 l 的普通方程为 $x - \sqrt{2}y - m = 0$.

（2）设 $P\left(2\cos\theta, \sqrt{2}\sin\theta\right)$，由点到直线的距离公式得：

$$|PQ| = \dfrac{|2\cos\theta - 2\sin\theta - m|}{\sqrt{3}} = \dfrac{\left|2\sqrt{2}\cos\left(\theta - \dfrac{\pi}{4}\right) - m\right|}{\sqrt{3}},$$

由题意知 $m \neq 0$，

当 $m > 0$ 时，$|PQ|_{\min} = \dfrac{|2\sqrt{2} - m|}{\sqrt{3}} = 2$，得 $m = 2\sqrt{3} + 2\sqrt{2}$，

当 $m < 0$ 时，$|PQ|_{\min} = \dfrac{|-2\sqrt{2} - m|}{\sqrt{3}} = 2$，得 $m = -2\sqrt{3} - 2\sqrt{2}$；

所以 $m = 2\sqrt{3} + 2\sqrt{2}$ 或 $m = -2\sqrt{3} - 2\sqrt{2}$.

4. （2018 年张家口、沧州市一模）在直角坐标系 xOy 中，以 O 为极点，x 轴正半轴为极轴建立极坐标系. 已知曲线 C 的极坐标方程为 $\rho(1 - \cos2\theta) = 8\cos\theta$，直线 $\rho\cos\theta = 1$ 与曲线 C 相交于 M，N 两点，直线 l 过定点 P（2，0）且倾斜角为 α，l 交曲线 C 于 A，B 两点.

（1）把曲线 C 化成直角坐标方程，并求 $|MN|$ 的值；

（2）若 $|PA|$，$|MN|$，$|PB|$ 成等比数列，求直线 l 的倾斜角 α.

【分析】（1）由 $\rho(1 - \cos2\theta) = 8\cos\theta$，得 $\rho^2 - \rho^2\cos^2\theta + \rho^2\sin^2\theta = 8\rho\cos\theta$，

$\therefore x^2 + y^2 - x^2 + y^2 = 8x$，即 $y^2 = 4x$，由 $\rho\cos\theta = 1$，得 $x = 1$，联立直线与抛物线解得 M，N 的坐标后可求得 $|MN|$；

（2）因为 $|PA|$，$|MN|$，$|PB|$ 成等比数列，$\therefore |PA||PB| = |MN|^2 = 16$，联立直线 l 的参数方程与抛物线，根据参数的几何意义可得．

解：（1）由 $\rho(1 - \cos2\theta) = 8\cos\theta$，得 $\rho^2 - \rho^2\cos^2\theta + \rho^2\sin^2\theta = 8\rho\cos\theta$，

$\therefore x^2 + y^2 - x^2 + y^2 = 8x$，即 $y^2 = 4x$．

由 $\rho\cos\theta = 1$，得 $x = 1$，

由 $\begin{cases} x = 1, \\ y^2 = 4x, \end{cases}$ 得 $M(1, 2)$，$N(1, -2)$，$\therefore |MN| = 4$．

（2）直线 l 的参数方程为 $\begin{cases} x = 2 + t\cos\alpha, \\ y = t\sin\alpha, \end{cases}$（$t$ 为参数），

联立直线 l 的参数方程与曲线 C：$y^2 = 4x$，

得 $t^2\sin^2\alpha - 4t\cos\alpha - 8 = 0$．

设 A，B 两点对应的参数为 t_1，t_2，

则 $t_1 + t_2 = \dfrac{4\cos\alpha}{\sin^2\alpha}$，$t_1 t_2 = -\dfrac{8}{\sin^2\alpha}$，

因为 $|PA|$，$|MN|$，$|PB|$ 成等比数列，

$\therefore |PA||PB| = |MN|^2 = 16$，

$\therefore |t_1||t_2| = 16$，$\therefore |t_1 t_2| = 16$，

$\therefore \dfrac{8}{\sin^2\alpha} = 16$，$\therefore \sin^2\alpha = \dfrac{1}{2}$，

$\because 0 \leq \alpha < \pi$，$\therefore \sin\alpha = \dfrac{\sqrt{2}}{2}$，

$\therefore \alpha = \dfrac{\pi}{4}$ 或 $\dfrac{3\pi}{4}$．

【点睛】 本题考查了简单曲线的极坐标方程，极坐标方程与普通方程转化的公式为 $\begin{cases} \rho\cos\theta = x, \\ \rho\sin\theta = y, \\ \rho^2 = x^2 + y^2, \end{cases}$ 在解决直线与抛物线相交的问题时，有时利用直线参数方程的几何意义能优化运算过程，解题时应灵活应用．

5．（2019 年省实越秀考前练笔）以直角坐标系原点 O 为极点，x 轴正方向为极轴建立极坐标系，已知曲线 C_1 的方程为 $(x - 1)^2 + y^2 = 1$，C_2 的方程为 $x +$

$y = 3$，C_3 是一条经过原点且斜率大于零的直线.

（1）求 C_1 与 C_2 的极坐标方程；

（2）若 C_1 与 C_3 的一个公共点为 A（异于点 O），C_2 与 C_3 的一个公共点为 B，求 $|OA| - \dfrac{3}{|OB|}$ 的取值范围.

解：（1）曲线 C_1 的方程为 $(x-1)^2 + y^2 = 1$，C_1 的极坐标方程为 $\rho = 2\cos\theta$，C_2 的方程为 $x + y = 3$，其极坐标方程为 $\rho = \dfrac{3}{\cos\theta + \sin\theta}$.

（2）C_3 是一条过原点且斜率为正值的直线，

C_3 的极坐标方程为 $\theta = \alpha$，$\alpha \in \left(0, \dfrac{\pi}{2}\right)$，

联立 C_1 与 C_3 的极坐标方程 $\begin{cases} \rho = 2\cos\theta, \\ \theta = \alpha, \end{cases}$ 得 $\rho = 2\cos\alpha$，即 $|OA| = 2\cos\alpha$，

联立 C_2 与 C_3 的极坐标方程 $\begin{cases} \rho = \dfrac{3}{\cos\theta + \sin\theta}, \\ \theta = \alpha, \end{cases}$ 得 $\rho = \dfrac{3}{\cos\alpha + \sin\alpha}$，

即 $|OB| = \dfrac{3}{\cos\alpha + \sin\alpha}$.

所以 $|OA| - \dfrac{3}{|OB|} = 2\cos\alpha - \cos\alpha - \sin\alpha = \sqrt{2}\cos\left(\alpha + \dfrac{\pi}{4}\right)$.

又 $\alpha \in \left(0, \dfrac{\pi}{2}\right)$，所以 $|OA| - \dfrac{3}{|OB|} \in (-1, 1)$.

6.（2019 年执信中学模拟）极坐标系与直角坐标系 xOy 有相同的长度单位，以原点 O 为极点，以 x 轴正半轴为极轴. 已知曲线 C_1 的极坐标方程为 $\rho = 4\cos\left(\theta - \dfrac{\pi}{3}\right)$，曲线 C_2 的极坐标方程为 $\rho\cos\left(\theta - \dfrac{\pi}{3}\right) = a$，射线 $\theta = \alpha - \dfrac{\pi}{6}$，$\theta = \alpha$，$\theta = \alpha + \dfrac{\pi}{3}$，$\theta = \alpha + \dfrac{\pi}{2}$ 与曲线 C_1 分别交异于极点 O 的四点 A，B，C，D.

（1）若曲线 C_1 关于曲线 C_2 对称，求 a 的值，并把曲线 C_1 和 C_2 化成直角坐标方程.

（2）求 $f(\alpha) = |OA| \cdot |OC| + |OB| \cdot |OD|$，当 $\dfrac{\pi}{6} \leqslant \alpha \leqslant \dfrac{\pi}{3}$ 时，求 $f(\alpha)$ 的值域.

解：（1）C_1：$\rho^2 = 4\left(\rho\cos\theta\cos\dfrac{\pi}{3} + \rho\sin\theta\sin\dfrac{\pi}{3}\right)$，

即 $x^2 + y^2 = 2x + 2\sqrt{3}y$，化为直角坐标方程为 $(x-1)^2 + (y-\sqrt{3})^2 = 4$.

把 C_2 的方程化为直角坐标方程为 $x + \sqrt{3}y - 2a = 0$.

∵ 曲线 C_1 关于曲线 C_2 对称，故直线 $x + \sqrt{3}y - 2a = 0$ 经过圆心 $(1, \sqrt{3})$，解得 $a = 2$，

故 C_2 的直角坐标方程为 $x + \sqrt{3}y - 4 = 0$.

(2) 当 $\dfrac{\pi}{6} \leqslant \alpha \leqslant \dfrac{\pi}{3}$ 时，$|OA| = 4\cos\left(\alpha - \dfrac{\pi}{6} - \dfrac{\pi}{3}\right) = 4\sin\alpha$，

$|OB| = 4\cos\left(\alpha - \dfrac{\pi}{3}\right)$，$|OC| = 4\cos\left(\alpha + \dfrac{\pi}{3} - \dfrac{\pi}{3}\right) = 4\cos\alpha$，

$|OD| = 4\cos\left(\alpha + \dfrac{\pi}{2} - \dfrac{\pi}{3}\right) = 4\sin\left(\dfrac{\pi}{3} - \alpha\right)$，

∴ $f(\alpha) = |OA| \cdot |OC| + |OB| \cdot |OD|$

$= 16\sin\alpha\cos\alpha + 16\cos\left(\alpha - \dfrac{\pi}{3}\right)\sin\left(\dfrac{\pi}{3} - \alpha\right)$

$= 8\sin 2\alpha - 8\sin\left(2\alpha - \dfrac{2\pi}{3}\right) = 12\sin 2\alpha + 4\sqrt{3}\cos 2\alpha = 8\sqrt{3}\sin\left(2\alpha + \dfrac{\pi}{6}\right)$，

当 $\dfrac{\pi}{6} \leqslant \alpha \leqslant \dfrac{\pi}{3}$ 时，$\dfrac{\pi}{2} \leqslant 2\alpha + \dfrac{\pi}{6} \leqslant \dfrac{5\pi}{6}$，$4\sqrt{3} \leqslant 8\sqrt{3}\sin\left(2\alpha + \dfrac{\pi}{6}\right) \leqslant 8\sqrt{3}$，

故 $f(\alpha)$ 的值域为 $[4\sqrt{3}, 8\sqrt{3}]$.

不等式选讲

考点情况分析

1. 2013—2019 年新课标全国卷 I 试题分析（见表 9 - 1）

表 9 - 1

考　点	2013	2014	2015	2016	2017	2018	2019
绝对值不等式的求解	√	√	√	√	√	√	
由恒成立求参数的取值	√	√	√		√	√	
证明恒成立问题	√						√

2. 考题特点

（1）高考在本专题都是作为选做题进行命制，分值占 10 分.

（2）本题都是以大题形式出现，一般设置两问. 第一问基本上是考查含绝对值的不等式的求解，第二问主要是解决参数取值范围、最值以及不等式恒成立等问题，难度多为基础题或中等题.

3. 学科素养考查分析

本专题主要对逻辑推理、直观想象、数学运算三种核心素养进行考查.

核心知识归纳

1. 含绝对值不等式的解法

核心：去绝对值号.

常用方法：

（1）零点分段法（分类讨论思想）.

（2）绝对值的几何意义法（数形结合思想）.

（3）构造法：根据表达式特征，构造函数（函数与方程的思想）.

2. 由恒成立条件求参数的取值范围

口诀：恒成立，求最值.

常用方法：

（1）利用绝对值不等式性质求最值.

（2）数形结合求最值.

（3）函数与方程结合求最值.

3. 证明恒成立问题

常用方法：

（1）直接法：利用绝对值不等式性质 $|a|-|b| \leqslant |a \pm b| \leqslant |a| + |b|$ 证明.

（2）基本不等式法：利用基本不等式证明，常见的不等式有：

① 如果 a，$b \in \mathbf{R}$，那么 $a^2 + b^2 \geqslant 2ab$，当且仅当 $\underline{a=b}$ 时，等号成立.

② 如果 a，$b > 0$，那么 $\dfrac{a+b}{2} \geqslant \sqrt{ab}$，当且仅当 $\underline{a=b}$ 时，等号成立.

③ 如果 a，b，$c \in \mathbf{R}^+$，那么 $\dfrac{a+b+c}{3} \geqslant \sqrt[3]{abc}$，当且仅当 $\underline{a=b=c}$ 时，等号成立.

（3）柯西不等式法：利用柯西不等式 $(a^2 + b^2)(c^2 + d^2) \geqslant (ac + bd)^2$ 证明.

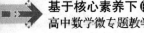

微专题1　绝对值不等式解法

考点题型剖析

考点一：绝对值不等式的求解问题

【例1】（2019 年广州市调研）已知函数 $f(x) = \frac{1}{3}|x-a|$ （$a \in \mathbf{R}$）.

（1）当 $a=2$ 时，解不等式 $\left| x-\frac{1}{3} \right| + f(x) \geqslant 1$；

（2）设不等式 $\left| x-\frac{1}{3} \right| + f(x) \leqslant x$ 的解集为 M，若 $\left[\frac{1}{3}, \frac{1}{2} \right] \subseteq M$，求实数 a 的取值范围.

解：（1）当 $a=2$ 时，原不等式可化为 $|3x-1| + |x-2| \geqslant 3$，

① 当 $x \leqslant \frac{1}{3}$ 时，$1-3x+2-x \geqslant 3$，解得 $x \leqslant 0$，所以 $x \leqslant 0$；

② 当 $\frac{1}{3} < x < 2$ 时，$3x-1+2-x \geqslant 3$，解得 $x \geqslant 1$，所以 $1 \leqslant x < 2$；

③ 当 $x \geqslant 2$ 时，$3x-1+x-2 \geqslant 3$，解得 $x \geqslant \frac{3}{2}$，所以 $x \geqslant 2$.

综上所述，当 $a=2$ 时，不等式的解集为 $\{x \mid x \leqslant 0$ 或 $x \geqslant 1\}$.

（2）不等式 $\left| x-\frac{1}{3} \right| + f(x) \leqslant x$ 可化为 $|3x-1| + |x-a| \leqslant 3x$，

依题意，不等式 $|3x-1| + |x-a| \leqslant 3x$ 在 $x \in \left[\frac{1}{3}, \frac{1}{2} \right]$ 上恒成立，

所以 $|3x-1| + |x-a| \leqslant |3x|$，即 $|x-a| \leqslant 1$，即 $a-1 \leqslant x \leqslant a+1$，

所以 $\begin{cases} a-1 \leqslant \frac{1}{3}, \\ a+1 \geqslant \frac{1}{2}. \end{cases}$

解得 $-\dfrac{1}{2} \le a \le \dfrac{4}{3}$，故所求实数 a 的取值范围是 $\left[-\dfrac{1}{2}, \dfrac{4}{3}\right]$．

【跟踪训练】（江西省重点中学盟校 2018 届高三第一次联考文科）已知函数 $f(x) = |x-a| + |2x-1|\ (a \in \mathbf{R})$．

（1）当 $a = 1$ 时，求 $f(x) \le 2$ 的解集；

（2）若 $f(x) \le |2x+1|$ 的解集包含 $\left[\dfrac{1}{2}, 1\right]$，求实数 a 的取值范围．

解：（1）当 $a = 1$ 时，$f(x) = |x-1| + |2x-1|$，$f(x) \le 2$，即 $|x-1| + |2x-1| \le 2$．

上述不等式可化为 $\begin{cases} x \le \dfrac{1}{2}, \\ 1-x+1-2x \le 2, \end{cases}$ 或 $\begin{cases} \dfrac{1}{2} < x < 1, \\ 1-x+2x-1 \le 2, \end{cases}$ 或 $\begin{cases} x \ge 1, \\ x-1+2x-1 \le 2, \end{cases}$

解得 $\begin{cases} x \le \dfrac{1}{2}, \\ x \ge 0, \end{cases}$ 或 $\begin{cases} \dfrac{1}{2} < x < 1, \\ x \le 2, \end{cases}$ 或 $\begin{cases} x \ge 1, \\ x \le \dfrac{4}{3}, \end{cases}$

$\therefore 0 \le x \le \dfrac{1}{2}$ 或 $\dfrac{1}{2} < x < 1$ 或 $1 \le x \le \dfrac{4}{3}$，

$\therefore$ 原不等式的解集为 $\left\{ x \mid 0 \le x \le \dfrac{4}{3} \right\}$．

（2）$\because f(x) \le |2x+1|$ 的解集包含 $\left[\dfrac{1}{2}, 1\right]$，

$\therefore$ 当 $x \in \left[\dfrac{1}{2}, 1\right]$ 时，不等式 $f(x) \le |2x+1|$ 恒成立，

即 $|x-a| + |2x-1| \le |2x+1|$ 在 $x \in \left[\dfrac{1}{2}, 1\right]$ 上恒成立，

$\therefore |x-a| + 2x-1 \le 2x+1$，即 $|x-a| \le 2$，$\therefore -2 \le x-a \le 2$，

$\therefore x-2 \le a \le x+2$ 在 $x \in \left[\dfrac{1}{2}, 1\right]$ 上恒成立，$\therefore (x-2)_{\max} \le a \le (x+2)_{\min}$，

$\therefore -1 \le a \le \dfrac{5}{2}$，

所以实数 a 的取值范围是 $\left[-1, \dfrac{5}{2}\right]$．

考点二：绝对值不等式的最值问题

【例2】（2019 年重庆三模）已知函数 $f(x) = 2|x-1|$，$g(x) = |x+1|$．

(1) 求 $f(x) \geqslant g(x) + t$ 恒成立的实数 t 的最大值 t_0;

(2) 设 $m > 0$, $n > 0$, 且满足 $m + 2n + 2mnt_0 = 0$, 求证: $f(m+2) + f(2n) \geqslant 4$.

【分析】(1) 化为分段函数, 根据函数单调性即可求出函数的最小值, 即可求出 t_0 的值. (2) 由 $m > 0$, $n > 0$, 且 $m + 2n + 2mnt_0 = 0$, 即 $\dfrac{1}{n} + \dfrac{2}{m} = 4$, 化简得 $f(m+2) + f(2n) \geqslant 2|m+2n|$, 由 $2|m+2n| = 2(m+2n) = 2(m+2n) \times \dfrac{1}{4}\left(\dfrac{1}{n} + \dfrac{2}{m}\right) \geqslant \dfrac{1}{2}\left(4 + 2\sqrt{\dfrac{4n}{m} \cdot \dfrac{m}{n}}\right) = 4$ 即可证得.

解: (1) 已知函数 $f(x) = 2|x-1|$, $g(x) = |x+1|$.

由题意得, $f(x) - g(x) \geqslant t$ 恒成立,

即 $h(x) = f(x) - g(x) = 2|x-1| - |x+1| = \begin{cases} -x+3, & x < -1, \\ -3x+1, & -1 \leqslant x < 1, \\ x-3, & x \geqslant 1, \end{cases}$

显然, $h(x)$ 在 $(-\infty, 1]$ 上单调递减, 在 $(1, +\infty)$ 上单调递增,

∴ $h(x)_{\min} = h(1) = -2$, ∴ $t \leqslant -2$, 即最大值 $t_0 = -2$.

(2) 由于 $m > 0$, $n > 0$, 且 $m + 2n + 2mnt_0 = 0$, 即 $\dfrac{1}{n} + \dfrac{2}{m} = 4$,

∴ $f(m+2) + f(2n) = 2|m+1| + 2|2n-1|$

$= 2(|m+1| + |2n-1|) \geqslant 2|m+2n|$,

∴ $2|m+2n| = 2(m+2n) = 2(m+2n) \times \dfrac{1}{4}\left(\dfrac{1}{n} + \dfrac{2}{m}\right) \geqslant \dfrac{1}{2}(4+4) = 4$,

当且仅当 $\dfrac{4n}{m} = \dfrac{m}{n}$, 即当 $n = \dfrac{1}{2}$, $m = 1$ 时取 "=",

故 $f(m+2) + f(2n) \geqslant 4$.

【点睛】本题考查绝对值不等式的分类讨论, 以及基本不等式求最小值的应用, 注意等号成立的条件, 属于中档题.

【跟踪训练】(2019 年石家庄一模) 设函数 $f(x) = |1-x| - |x+3|$.

(1) 求不等式 $f(x) \leqslant 1$ 的解集;

(2) 若函数 $f(x)$ 的最大值为 m, 正实数 p, q 满足 $p + 2q = m$, 求 $\dfrac{2}{p+2} + \dfrac{1}{q}$ 的最小值.

【分析】（1）不等式可化为 $\begin{cases} x \leqslant -3, \\ 1-x+x+3 \leqslant 1, \end{cases}$ 或 $\begin{cases} -3 < x < 1, \\ 1-x-x-3 \leqslant 1, \end{cases}$ 或

$\begin{cases} x \geqslant 1, \\ x-1-x-3 \leqslant 1, \end{cases}$ 据此求解不等式的解集即可；（2）由题意可得 $m=4$，结合均

值不等式，求解 $\dfrac{2}{p+2}+\dfrac{1}{q}$ 的最小值即可，注意等号成立的条件.

解：（1）不等式可化为 $\begin{cases} x \leqslant -3, \\ 1-x+x+3 \leqslant 1, \end{cases}$ 或 $\begin{cases} -3 < x < 1, \\ 1-x-x-3 \leqslant 1, \end{cases}$ 或 $\begin{cases} x \geqslant 1, \\ x-1-x-3 \leqslant 1, \end{cases}$

解得 $x \geqslant -\dfrac{3}{2}$.

$\therefore f(x) \leqslant 1$ 的解集为 $\left\{ x \mid x \geqslant -\dfrac{3}{2} \right\}$.

（2）$|1-x|-|x+3| \leqslant |1-x+x+3| = 4$,

$\therefore m=4$, $p+2q=4$, $\therefore (p+2)+2q=6$,

$\dfrac{2}{p+2}+\dfrac{1}{q} = \dfrac{1}{6}\left(\dfrac{2}{p+2}+\dfrac{1}{q} \right)(p+2+2q) = \dfrac{1}{6}\left(4+\dfrac{4q}{p+2}+\dfrac{p+2}{q} \right)$

$\geqslant \dfrac{1}{6}\left(4+2\sqrt{\dfrac{4q}{p+2}\cdot\dfrac{p+2}{q}} \right) = \dfrac{4}{3}$.

当且仅当 $p+2=2q=3$ 时，即 $\begin{cases} p=1 \\ q=\dfrac{3}{2} \end{cases}$ 时，取 "=",

$\therefore \dfrac{2}{p+2}+\dfrac{1}{q}$ 的最小值为 $\dfrac{4}{3}$.

考点三：绝对值不等式的参数取值问题

【例3】（2019年广州二测）已知函数 $f(x)=|2x-1|-a$.

（1）当 $a=1$ 时，解不等式 $f(x)>x+1$；

（2）若存在实数 x，使得 $f(x) < \dfrac{1}{2}f(x+1)$ 成立，求实数 a 的取值范围.

【分析】（1）根据绝对值定义转化为两个不等式组，解之可得；（2）根据绝对值定义转化为分段函数，根据函数最值可得结果.

解：（1）当 $a=1$ 时，由 $f(x)>x+1$，得 $|2x-1|-1>x+1$.

当 $x \geqslant \dfrac{1}{2}$ 时，$2x-1-1>x+1$，解得 $x>3$.

当 $x < \frac{1}{2}$ 时，$1-2x-1 > x+1$，解得 $x < -\frac{1}{3}$.

综上可知，不等式 $f(x) > x+1$ 的解集为 $\left\{ x \mid x > 3 \text{ 或 } x < -\frac{1}{3} \right\}$.

(2) 由 $f(x) < \frac{1}{2} f(x+1)$，得 $|2x-1| - a < \frac{1}{2}|2x+1| - \frac{a}{2}$，

则 $a > 2|2x-1| - |2x+1|$，

令 $g(x) = 2|2x-1| - |2x+1|$，则问题等价于 $a > g(x)_{\min}$.

因为 $g(x) = \begin{cases} -2x+3, & x < -\frac{1}{2}, \\ -6x+1, & -\frac{1}{2} \leqslant x \leqslant \frac{1}{2}, \\ 2x-3, & x > \frac{1}{2}, \end{cases}$ $g(x)_{\min} = g\left(\frac{1}{2}\right) = -2$，

所以实数 a 的取值范围为 $(-2, +\infty)$.

【点睛】本题考查含绝对值不等式，考查基本分析求解能力，属基本题.

【跟踪训练】已知函数 $f(x) = |x-a|$ $(a \in \mathbf{R})$.

(1) 若关于 x 的不等式 $f(x) \geqslant |2x+1|$ 的解集为 $\left[-3, \frac{1}{3} \right]$，求 a 的值；

(2) 若 $\forall a \in \mathbf{R}$，不等式 $f(x) - |x+a| \leqslant a^2 - 2a$ 恒成立，求 a 的取值范围.

解：(1) $f(x) \geqslant |2x+1|$，即 $|x-a| \geqslant |2x+1|$，两边平方并整理得 $3x^2 + 2(2+a)x + 1 - a^2 \leqslant 0$，

由已知 -3 和 $\frac{1}{3}$ 是关于 x 的方程 $3x^2 + 2(2+a)x + 1 - a^2 = 0$ 的两根，

由韦达定理得，$\begin{cases} -\dfrac{4+2a}{3} = -3 + \dfrac{1}{3}, \\ \dfrac{1-a^2}{3} = (-3) \times \dfrac{1}{3}, \end{cases}$

又因为 $\Delta = 4(2+a)^2 - 12(1-a^2) > 0$，解得 $a = 2$.

(2) 因为 $f(x) - |x+a| = |x-a| - |x+a|$

$\leqslant |(x-a) - (x+a)| = 2|a|$，

所以不等式 $f(x) - |x+a| \leqslant a^2 - 2a$ 恒成立，只需 $2|a| \leqslant a^2 - 2a$，

当 $a \geqslant 0$ 时，$2a \leqslant a^2 - 2a$，解得 $a \geqslant 4$ 或 $a = 0$；

当 $a<0$ 时，$-2a\leqslant a^2-2a$，解得 $a<0$.

综上可知，实数 a 的取值范围是 $(-\infty,0]\cup[4,+\infty)$.

课后目标检测

1．（2015 年全国 I 卷）已知函数 $f(x)=|x+1|-2|x-a|$，$a>0$.

（1）当 $a=1$ 时，求不等式 $f(x)>1$ 的解集；

（2）若 $f(x)$ 的图像与 x 轴围成的三角形面积大于 6，求 a 的取值范围.

解：（1）当 $a=1$ 时，不等式 $f(x)>1$ 化为 $|x+1|-2|x-1|>1$，

等价于 $\begin{cases}x\leqslant-1,\\-x-1+2x-2>1,\end{cases}$ 或 $\begin{cases}-1<x<1,\\x+1+2x-2>1,\end{cases}$ 或 $\begin{cases}x\geqslant1,\\x+1-2x+2>1,\end{cases}$

解得，$\dfrac{2}{3}<x<2$，

所以不等式 $f(x)>1$ 的解集为 $\left\{x\,\middle|\,\dfrac{2}{3}<x<2\right\}$.

（2）由题设可得，$f(x)=\begin{cases}x-1-2a,&x<-1,\\3x+1-2a,&-1\leqslant x\leqslant a,\\-x+1+2a,&x>a,\end{cases}$

所以函数 $f(x)$ 的图像与 x 轴围成的三角形的三个顶点分别为 $A\left(\dfrac{2a-1}{3},0\right)$，

$B(2a+1,0)$，$C(a,a+1)$，所以 $\triangle ABC$ 的面积为 $\dfrac{2}{3}(a+1)^2$，

由题设得 $\dfrac{2}{3}(a+1)^2>6$，解得 $a>2$，

所以 a 的取值范围为 $(2,+\infty)$.

2．（2018 年全国 I 卷）已知 $f(x)=|x+1|-|ax-1|$.

（1）当 $a=1$ 时，求不等式 $f(x)>1$ 的解集；

（2）若 $x\in(0,1)$ 时不等式 $f(x)>x$ 成立，求 a 的取值范围.

【分析】（1）将 $a=1$ 代入函数解析式，求得 $f(x)=|x+1|-|x-1|$，

利用零点分段将解析式化为 $f(x)=\begin{cases}-2,&x\leqslant-1,\\2x,&-1<x<1,\\2,&x\geqslant1,\end{cases}$ 然后利用分段函数，分情

况讨论求得不等式 $f(x) > 1$ 的解集为 $\left\{ x \mid x > \dfrac{1}{2} \right\}$；（2）根据题中所给的 $x \in$

$(0, 1)$，其中一个绝对值符号可以去掉，不等式 $f(x) > x$ 可以化为 $x \in (0,$

$1)$ 时 $\mid ax - 1 \mid < 1$，分情况讨论即可求得结果.

解：（1）当 $a = 1$ 时，$f(x) = \mid x + 1 \mid - \mid x - 1 \mid$，

即 $f(x) = \begin{cases} -2, & x \leqslant -1, \\ 2x, & -1 < x < 1, \\ 2, & x \geqslant 1, \end{cases}$

故不等式 $f(x) > 1$ 的解集为 $\left\{ x \mid x > \dfrac{1}{2} \right\}$.

（2）当 $x \in (0, 1)$ 时，$\mid x + 1 \mid - \mid ax - 1 \mid > x$ 成立等价于当 $x \in (0, 1)$

时 $\mid ax - 1 \mid < 1$ 成立.

若 $a \leqslant 0$，则当 $x \in (0, 1)$ 时 $\mid ax - 1 \mid \geqslant 1$；

若 $a > 0$，$\mid ax - 1 \mid < 1$ 的解集为 $0 < x < \dfrac{2}{a}$，所以 $\dfrac{2}{a} \geqslant 1$，故 $0 < a \leqslant 2$.

综上，a 的取值范围为 $(0, 2]$.

【点睛】该题考查的是有关绝对值不等式的解法，以及含参的绝对值的式子在某个区间上恒成立求参数的取值范围的问题，在解题的过程中，需要会用零点分段法将其化为分段函数，从而将不等式转化为多个不等式组来解决，关于第二问求参数的取值范围时，可以应用题中所给的自变量的范围，去掉一个绝对值符号，之后进行分类讨论，从而求得结果.

3. （2019 年湖北八市 3 月联考）已知函数 $f(x) = \dfrac{1}{2} \mid x - a \mid$（$a \in \mathbf{R}$）.

（1）当 $a = 3$ 时，解不等式 $\left| x - \dfrac{1}{2} \right| + f(x) \geqslant 2$.

（2）设不等式 $\mid x - \dfrac{1}{2} \mid + f(x) \leqslant x$ 的解集为 M，若 $\left[\dfrac{1}{2}, 1 \right] \subseteq M$，求实数 a 的取值范围.

解：（1）当 $a = 3$ 时，原不等式可化为 $\mid x - 3 \mid + \mid 2x - 1 \mid \geqslant 4$.

① 当 $x \leqslant \dfrac{1}{2}$ 时，原式为 $3 - x + 1 - 2x \geqslant 4$，解得 $x \leqslant 0$，所以 $x \leqslant 0$；

② 当 $\dfrac{1}{2} < x < 3$ 时，$3 - x + 2x - 1 \geqslant 4$，解得 $x \geqslant 2$，所以 $2 \leqslant x < 3$；

③ 当 $x \geqslant 3$ 时, $x-3+2x-1 \geqslant 4$, 解得 $x \geqslant \dfrac{8}{3}$, 所以 $x \geqslant 3$.

综上所述, 当 $a=3$ 时, 不等式的解集为 $\{x \mid x \leqslant 0 \text{ 或 } x \geqslant 2\}$.

(2) 不等式 $\left| x-\dfrac{1}{2} \right| + \dfrac{1}{2} \left| x-a \right| \leqslant x$ 可化为 $\left| 2x-1 \right| + \left| x-a \right| \leqslant 2x$,

依题意, 不等式 $\left| 2x-1 \right| + \left| x-a \right| \leqslant 2x$ 在 $x \in \left[\dfrac{1}{2}, 1 \right]$ 上恒成立,

所以 $2x-1 + \left| x-a \right| \leqslant 2x$, 即 $\left| x-a \right| \leqslant 1$, 即 $a-1 \leqslant x \leqslant a+1$,

所以 $\begin{cases} a-1 \leqslant \dfrac{1}{2}, \\ a+1 \geqslant 1, \end{cases}$ 解得 $0 \leqslant a \leqslant \dfrac{3}{2}$.

4. (2019 年全国Ⅱ卷) 已知 $f(x) = \left| x-a \right| x + \left| x-2 \right| (x-a)$.

(1) 当 $a=1$ 时, 求不等式 $f(x) < 0$ 的解集;

(2) 若 $x \in (-\infty, 1)$ 时, $f(x) < 0$, 求 a 的取值范围.

【分析】(1) 根据 $a=1$, 将原不等式化为 $\left| x-1 \right| x + \left| x-2 \right| (x-1) < 0$, 分别讨论 $x<1$, $1 \leqslant x<2$, $x \geqslant 2$ 三种情况, 即可求出结果; (2) 分别讨论 $a \geqslant 1$ 和 $a<1$ 两种情况, 即可得出结果.

解: (1) 当 $a=1$ 时, 原不等式可化为 $\left| x-1 \right| x + \left| x-2 \right| (x-1) < 0$;

当 $x<1$ 时, 原不等式可化为 $(x-1)x + (x-2)(x-1) > 0$, 即 $(x-1)^2 > 0$, 显然成立, 此时解集为 $(-\infty, 1)$;

当 $1 \leqslant x<2$ 时, 原不等式可化为 $(x-1)x + (2-x)(x-1) < 0$, 解得 $x<1$, 此时解集为空集;

当 $x \geqslant 2$ 时, 原不等式可化为 $(x-1)x + (x-2)(x-1) < 0$, 即 $(x-1)^2 < 0$, 显然不成立, 此时解集为空集;

综上, 原不等式的解集为 $(-\infty, 1)$.

(2) 当 $a \geqslant 1$ 时, 因为 $x \in (-\infty, 1)$, 所以由 $f(x) < 0$, 可得 $(a-x)x + (2-x)(x-a) < 0$,

即 $(x-a)(x-1) > 0$, 显然恒成立, 所以 $a \geqslant 1$ 满足题意;

当 $a<1$ 时, $f(x) = \begin{cases} 2(x-a), & a \leqslant x<1, \\ 2(x-a)(1-x), & x<a, \end{cases}$ 因为 $a \leqslant x<1$ 时, $f(x) < 0$ 显然不能成立, 所以 $a<1$ 不满足题意;

综上, a 的取值范围是 $[1, +\infty)$.

【点睛】本题主要考查含绝对值的不等式，熟记分类讨论的方法求解即可，属于常考题型.

5. （2014 年全国 I 卷）若 $a>0$，$b>0$，且 $\dfrac{1}{a}+\dfrac{1}{b}=\sqrt{ab}$.

（1）求 a^3+b^3 的最小值；

（2）是否存在 a，b，使得 $2a+3b=6$，并说明理由.

解：（1）由 $\sqrt{ab}=\dfrac{1}{a}+\dfrac{1}{b}\geqslant\dfrac{2}{\sqrt{ab}}$，得 $ab\geqslant2$，且当 $a=b=\sqrt{2}$ 时取等号.

故 $a^3+b^3\geqslant2\sqrt{a^3b^3}\geqslant4\sqrt{2}$，且当 $a=b=\sqrt{2}$ 时取等号.

所以 a^3+b^3 的最小值为 $4\sqrt{2}$.

（2）由（1）知，$2a+3b\geqslant2\sqrt{6ab}\geqslant4\sqrt{3}$. 由于 $4\sqrt{3}>6$，从而不存在 a，b，使得 $2a+3b=6$.

6. （2019 年海南三模）设函数 $f(x)=|x-a|+|x-4|$ （$a\neq0$）.

（1）当 $a=1$ 时，求不等式 $f(x)<x$ 的解集；

（2）若 $f(x)\geqslant\dfrac{4}{a}-1$ 恒成立，求 a 的取值范围.

【分析】（1）把 $a=1$ 代入，利用零点分段讨论法去掉绝对值可求；
（2）利用绝对值的三角不等式求出 $f(x)$ 的最小值，然后求解关于 a 的不等式即可.

解：（1）当 $a=1$ 时，$f(x)=|x-1|+|x-4|=\begin{cases}5-2x, & x\leqslant1,\\3, & 1<x<4,\\2x-5, & x\geqslant4,\end{cases}$

当 $x\leqslant1$ 时，$f(x)<x$，无解；当 $1<x<4$ 时，$f(x)<x$ 可得 $3<x<4$；当 $x\geqslant4$ 时，$f(x)<x$ 可得 $4\leqslant x<5$；故不等式 $f(x)<x$ 的解集为 $(3,5)$.

（2）$\because f(x)=|x-a|+|x-4|\geqslant|(x-a)-(x-4)|=|a-4|$，

$\therefore |a-4|\geqslant\dfrac{4}{a}-1=\dfrac{4-a}{a}$.

当 $a<0$ 或 $a\geqslant4$ 时，不等式显然成立；

当 $0<a<4$ 时，$\dfrac{1}{a}\leqslant1$，则 $1\leqslant a<4$，

故 a 的取值范围为 $(-\infty,0)\cup[1,+\infty)$.

【点睛】 本题主要考查含有绝对值不等式的解法及恒成立问题，零点分段讨论法是解此类不等式常用的方法.

7. （2018 年全国Ⅲ卷）设函数 $f(x) = |2x+1| + |x-1|$.

（1）画出 $y = f(x)$ 的图像；

（2）当 $x \in [0, +\infty)$，$f(x) \leqslant ax+b$，求 $a+b$ 的最小值.

【分析】 （1）将函数写成分段函数，再画出在各自定义域的图像即可；（2）结合（1）问可得 a，b 范围，进而得到 $a+b$ 的最小值.

解：（1）$f(x) = \begin{cases} -3x, & x < -\dfrac{1}{2}, \\ x+2, & -\dfrac{1}{2} \leqslant x < 1, \\ 3x, & x \geqslant 1. \end{cases}$ $y = f(x)$ 的图像见图 9-1.

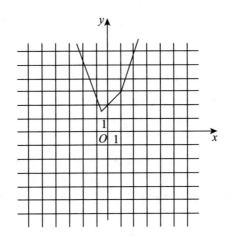

图 9-1

（2）由（1）知，$y = f(x)$ 的图像与 y 轴交点的纵坐标为 2，且各部分所在直线斜率的最大值为 3，故当且仅当 $a \geqslant 3$ 且 $b \geqslant 2$ 时，$f(x) \leqslant ax+b$ 在 $[0, +\infty)$ 成立，因此 $a+b$ 的最小值为 5.

【点睛】 本题主要考查函数图像的画法，考查由不等式求参数的范围，属于中档题.

8. 已知函数 $f(x) = |2x-a| - |x+2a|$ $(a > 0)$.

（1）当 $a = \dfrac{1}{2}$ 时，求不等式 $f(x) \geqslant 1$ 的解集；

(2) 若 $\forall k \in \mathbf{R}$, $\exists x_0 \in \mathbf{R}$, 使得 $f(x_0) \leqslant |k+3| - |k-2|$ 成立, 求实数 a 的取值范围.

解: (1) 当 $a = \dfrac{1}{2}$ 时, 原不等式为 $|2x - \dfrac{1}{2}| - |x+1| \geqslant 1$,

$$\therefore \begin{cases} x < -1, \\ -2x + \dfrac{1}{2} + x + 1 \geqslant 1, \end{cases} \text{或} \begin{cases} -1 \leqslant x \leqslant \dfrac{1}{4}, \\ -2x + \dfrac{1}{2} - x - 1 \geqslant 1, \end{cases} \text{或} \begin{cases} x > \dfrac{1}{4}, \\ 2x - \dfrac{1}{2} - x - 1 \geqslant 1, \end{cases}$$

$\therefore x < -1$ 或 $-1 \leqslant x \leqslant -\dfrac{1}{2}$ 或 $x \geqslant \dfrac{5}{2}$,

$\therefore$ 原不等式的解集为 $\left(-\infty, -\dfrac{1}{2}\right] \cup \left[\dfrac{5}{2}, +\infty\right)$.

(2) 由题意得 $f(x)_{\min} \leqslant (|k+3| - |k-2|)_{\min}$,

$$\because f(x) = \begin{cases} -x + 3a, & x < -2a, \\ -3x - a, & -2a \leqslant x \leqslant \dfrac{a}{2}, \\ x - 3a, & x > \dfrac{a}{2}, \end{cases} \therefore f(x)_{\min} = f\left(\dfrac{a}{2}\right) = -\dfrac{5}{2}a,$$

$\because -5 = -|(k+3) - (k-2)| \leqslant |k+3| - |k-2|$,

$\therefore (|k+3| - |k-2|)_{\min} = -5$,

$\therefore -\dfrac{5}{2}a \leqslant -5$, $\therefore a \geqslant 2$, $\therefore a$ 的取值范围为 $[2, +\infty)$.

9. (2019 年湖南百所名校冲刺) 已知函数 $f(x) = \sqrt{x^2 - 6x + 9} + \sqrt{x^2 + 8x + 16}$.

(1) 求 $f(x) \geqslant f(4)$ 的解集.

(2) 设函数 $g(x) = k(x-3)$, $k \in \mathbf{R}$, 若 $f(x) > g(x)$ 对任意的 $x \in \mathbf{R}$ 都成立, 求 k 的取值范围.

【分析】(1) 函数 $f(x) = |x-3| + |x+4|$, 不等式 $f(x) \geqslant f(4)$ 即 $|x-3| + |x+4| \geqslant 9$, 可得① $\begin{cases} x \leqslant -4, \\ 3-x-x-4 \geqslant 9, \end{cases}$ 或② $\begin{cases} -4 < x < 3, \\ 3-x+x+4 \geqslant 9, \end{cases}$ 或③ $\begin{cases} x \geqslant 3, \\ x-3+x+4 \geqslant 9, \end{cases}$ 分别求得①②③的解集, 再取并集, 即得所求. (2) 由题意可得, $f(x)$ 的图像恒在 $g(x)$ 图像的上方, 作函数 $y = f(x)$ 和 $y = g(x)$ 的

图像如图，由 $k_{PB}=2$，A（-4，7），可得 $k_{PA}=-1$，数形结合求得实数 k 的取值范围.

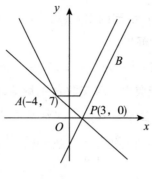

图 9 - 2

本题主要考查含有绝对值的函数，绝对值不等式的解法，体现了转化、分类讨论、数形结合的数学思想，属于中档题.

解：（1）∵ 函数 f（x）$=\sqrt{x^2-6x+9}+\sqrt{x^2+8x+16}$

$=\sqrt{(x-3)^2}+\sqrt{(x+4)^2}=|x-3|+|x+4|$，

∴ f（x）$\geqslant f$（4）即 $|x-3|+|x+4|\geqslant9$.

∴ ① $\begin{cases} x\leqslant-4, \\ 3-x-x-4\geqslant9, \end{cases}$ 或② $\begin{cases} -4<x<3, \\ 3-x+x+4\geqslant9, \end{cases}$ 或③ $\begin{cases} x\geqslant3, \\ x-3+x+4\geqslant9, \end{cases}$

解①可得 $x\leqslant-5$；

解②可得 x 无解；

解③可得：$x\geqslant4$.

所以 f（x）$\geqslant f$（4）的解集为 $\{x\,|\,x\leqslant-5$ 或 $x\geqslant4\}$.

（2）f（x）$>g$（x）对任意的 $x\in\mathbf{R}$ 都成立，

即 f（x）的图像恒在 g（x）图像的上方.

∵ f（x）$=|x-3|+|x+4|=\begin{cases} -2x-1, & x\leqslant-4, \\ 7, & -4<x<3, \\ 2x+1, & x\geqslant3, \end{cases}$

由于函数 g（x）$=k$（$x-3$）的图像为恒过定点 P（3，0），且斜率 k 变化的一条直线，

作函数 $y=f$（x）和 $y=g$（x）的图像如图，其中，$k_{PB}=2$，A（-4，7），

$\therefore k_{PA} = -1.$

由图 9-2 可知，要使得 $f(x)$ 的图像恒在 $g(x)$ 图像的上方，

$\therefore$ 实数 k 的取值范围为 $(-1, 2]$.

10. (2019 年衡水二模) 已知函数 $f(x) = |x+2| - |2x-1|$.

(1) 求 $f(x) > -5$ 的解集;

(2) 若关于 x 的不等式 $|b+2a| - |2b-a| \geq |a| (|x+1| + |x-m|)$ ($a, b \in \mathbf{R}$, $a \neq 0$) 能成立，求实数 m 的取值范围.

【分析】(1) 利用绝对值不等式，去掉绝对值符号，然后转化为求解不等式即可; (2) 不等式化为 $\dfrac{|b+2a| - |2b-a|}{|a|} \geq |x+1| + |x-m|$ 能成立，可得 $\left|\dfrac{b}{a}+2\right| - \left|\dfrac{2b}{a}-1\right| \geq |x+1| + |x-m|$ 能成立，利用换元法以及绝对值不等式的几何意义，求解即可.

解: (1) $f(x) = |x+2| - |2x-1| = \begin{cases} x-3, & x < -2, \\ 3x+1, & -2 \leq x \leq \dfrac{1}{2}, \\ 3-x, & x > \dfrac{1}{2}. \end{cases}$

可得 $\begin{cases} x < -2, \\ x-3 > -5, \end{cases}$ 或 $\begin{cases} -2 \leq x \leq \dfrac{1}{2}, \\ 3x+1 > -5, \end{cases}$ 或 $\begin{cases} x > \dfrac{1}{2}, \\ 3-x > -5, \end{cases}$ 解得 $x \in (-2, 8)$,

故 $f(x) > -5$ 的解集为 $(-2, 8)$.

(2) 由 $|b+2a| - |2b-a| \geq |a| (|x+1| + |x-m|)$ ($a \neq 0$), 能成立，

得 $\dfrac{|b+2a| - |2b-a|}{|a|} \geq |x+1| + |x-m|$ 能成立，

即 $\left|\dfrac{b}{a}+2\right| - \left|\dfrac{2b}{a}-1\right| \geq |x+1| + |x-m|$ 能成立，

令 $\dfrac{b}{a} = t$, 则 $|t+2| - |2t-1| \geq |x+1| + |x-m|$ 能成立，

由 (1) 知, $|t+2| - |2t-1| \leq \dfrac{5}{2}$,

又 $\because |x+1| + |x-m| \geq |1+m|$,

$\therefore |1+m| \leqslant \dfrac{5}{2}$,

$\therefore$ 实数 m 的取值范围是 $\left[-\dfrac{7}{2}, \dfrac{3}{2}\right]$.

【点睛】本题考查绝对值不等式的几何意义，最值思想以及计算能力，同时渗透了分类讨论思想的应用.

微专题 2　不等式证明

考点题型剖析

【例1】（2019 年全国 I 卷）已知 a，b，c 为正数，且满足 $abc=1$. 证明：

（1）求 $\dfrac{1}{a}+\dfrac{1}{b}+\dfrac{1}{c}\leqslant a^2+b^2+c^2$.

（2）求 $(a+b)^3+(b+c)^3+(c+a)^3\geqslant 24$.

解：（1）因为 $a^2+b^2\geqslant 2ab$，$b^2+c^2\geqslant 2bc$，$c^2+a^2\geqslant 2ac$，又 $abc=1$，

故有 $a^2+b^2+c^2\geqslant ab+bc+ac=\dfrac{ab+bc+ca}{abc}=\dfrac{1}{a}+\dfrac{1}{b}+\dfrac{1}{c}$.

所以 $\dfrac{1}{a}+\dfrac{1}{b}+\dfrac{1}{c}\leqslant a^2+b^2+c^2$.

（2）因为 a，b，c 为正数且 $abc=1$，

故有 $(a+b)^3+(b+c)^3+(c+a)^3\geqslant 3\sqrt[3]{(a+b)^3\,(b+c)^3\,(a+c)^3}$

$=3(a+b)(b+c)(c+a)\geqslant 3\times(2\sqrt{ab})\times(2\sqrt{bc})\times(2\sqrt{ac})=24$，

所以 $(a+b)^3+(b+c)^3+(c+a)^3\geqslant 24$.

【例2】（2019 年怀化三模）已知 $f(m)=|2m-1|+|m-2|$.

（1）解不等式 $f(m)\geqslant 3$.

（2）记 $f(m)$ 的最小值为 n，已知当 $0<a$，b，$c<2$ 时，$a+b+c=2n$，求

证：$\dfrac{1}{2-a}+\dfrac{1}{2-b}+\dfrac{1}{2-c}\geqslant 3$.

【分析】（1）对 $f(m)=|2m-1|+|m-2|$ 去绝对值，然后分别解不

等式即可；

（2）由（1）知，$f(m)$ 的最小值为 $\dfrac{3}{2}$，所以 $a+b+c=3$，然后利用柯西

不等式，不等式的两边同乘 $(2-a+2-b+2-c)$ 证明.

解:(1)由题意知,不等式 $f(m) \geqslant 3$ 即 $|2m-1|+|m-2| \geqslant 3$,

等价于 $\begin{cases} m < \dfrac{1}{2}, \\ 3-3m \geqslant 3, \end{cases}$ 或 $\begin{cases} \dfrac{1}{2} \leqslant m \leqslant 2, \\ m+1 \geqslant 3, \end{cases}$ 或 $\begin{cases} m > 2, \\ 3m-3 \geqslant 3, \end{cases}$

解得,$m \leqslant 0$ 或 $m \geqslant 2$.

(2)$\because f(m) = \begin{cases} 3-3m, & m < \dfrac{1}{2} \\ m+1, & \dfrac{1}{2} \leqslant m \leqslant 2, \\ 3m-3, & m > 2, \end{cases}$

由 $f(m)$ 的图像可得 $f(m)_{\min} = f\left(\dfrac{1}{2}\right) = \dfrac{3}{2}$,

$\therefore a+b+c = 3$,又因为 $0 < a,\ b,\ c < 2$,$\therefore 2-a > 0$,$2-b > 0$,$2-c > 0$,

因为 $\left(\dfrac{1}{2-a}+\dfrac{1}{2-b}+\dfrac{1}{2-c}\right)(2-a+2-b+2-c) \geqslant (1+1+1)^2 = 9$（或展开再利用基本不等式），

$\therefore \dfrac{1}{2-a}+\dfrac{1}{2-b}+\dfrac{1}{2-c} \geqslant \dfrac{9}{6-(a+b+c)} = 3.$

当且仅当 $a = b = c = 1$ 时,等号成立.

【点睛】本题考查绝对值不等式的解法和柯西不等式,同时考查学生的运算能力,属于中档题.

【跟踪训练】1.(2019年全国Ⅲ卷)设 $x,\ y,\ z \in \mathbf{R}$,且 $x+y+z = 1$.

(1)求 $(x-1)^2 + (y+1)^2 + (z+1)^2$ 的最小值;

(2)若 $(x-2)^2 + (y-1)^2 + (z-a)^2 \geqslant \dfrac{1}{3}$ 成立,证明:$a \leqslant -3$ 或 $a \geqslant -1$.

【分析】(1)根据条件 $x+y+z = 1$ 和柯西不等式,得到 $(x-1)^2 + (y+1)^2 + (z+1)^2 \geqslant \dfrac{4}{3}$,再讨论 $x,\ y,\ z$ 是否可以达到等号成立的条件;(2)恒成立问题,柯西不等式等号成立时构造的 $x,\ y,\ z$ 代入原不等式,便可得到参数 a 的取值范围.

解:(1)$[(x-1)^2 + (y+1)^2 + (z+1)^2](1^2+1^2+1^2) \geqslant [(x-1)+(y+1)+(z+1)]^2 = (x+y+z+1)^2 = 4$,故 $(x-1)^2 + (y+1)^2 + (z+1)^2 \geqslant \dfrac{4}{3}$,等号成立当且仅当 $x-1 = y+1 = z+1$,

而又因 $x+y+z=1$，解得 $\begin{cases} x = \dfrac{5}{3}, \\ y = -\dfrac{1}{3}, \\ z = -\dfrac{1}{3} \end{cases}$ 时等号成立，

所以 $(x-1)^2 + (y+1)^2 + (z+1)^2$ 的最小值为 $\dfrac{4}{3}$.

(2) 因为 $(x-2)^2 + (y-1)^2 + (z-a)^2 \geqslant \dfrac{1}{3}$，

所以 $\left[(x-2)^2 + (y-1)^2 + (z-a)^2\right](1^2+1^2+1^2) \geqslant 1$，

根据柯西不等式等号成立条件，当 $x-2=y-1=z-a$，即 $\begin{cases} x = 2 - \dfrac{a+2}{3}, \\ y = 1 - \dfrac{a+2}{3}, \\ z = a - \dfrac{a+2}{3} \end{cases}$ 时，

有 $\left[(x-2)^2 + (y-1)^2 + (z-a)^2\right](1^2+1^2+1^2)$

$= (x-2+y-1+z-a)^2 = (a+2)^2$ 成立，

所以 $(a+2)^2 \geqslant 1$ 成立，所以有 $a \leqslant -3$ 或 $a \geqslant -1$.

【点睛】本题两问都是考查柯西不等式，属于柯西不等式的常见题型.

2. (2019 年衡阳联考) 已知函数 $f(x) = |x+a| + |x-2|$.

(1) 若 $f(x)$ 的最小值为 3，求实数 a 的值；

(2) 若 $a=2$ 时，不等式 $f(x) \leqslant 4$ 的解集为 A，当 $m,n \in A$ 时，求证：$|mn+4| \geqslant 2|m+n|$.

解: (1) $\because f(x) = |x+a| + |x-2|$

$\geqslant |(x+a) - (x-2)|$

$= |a+2|$，

[当且仅当 $(x+a)(x-2) \leqslant 0$ 时，取 "$=$"]

$\therefore |a+2| = 3$，解得 $a=1$ 或 -5.

(2) 当 $a=2$ 时，$f(x) = |x+a| + |x-2| = \begin{cases} -2x, & x < -2, \\ 4, & -2 \leqslant x < 2, \\ 2x, & x \geqslant 2. \end{cases}$

当 $x < -2$ 时, 由 $f(x) \leqslant 4$, 得 $-2x \leqslant 4$, 解得 $x \geqslant -2$;

又 $x < -2$, $\therefore$ 不等式无实数解;

当 $-2 \leqslant x < 2$ 时, $f(x) \leqslant 4$ 恒成立, $\therefore -2 \leqslant x < 2$;

当 $x \geqslant 2$ 时, 由 $f(x) \leqslant 4$, 得 $2x \leqslant 4$, 解得 $x = 2$;

$\therefore f(x) \leqslant 4$ 的解集为 $A = [-2, 2]$.

$(mn + 4)^2 - 4(m + n)^2 = (m^2 n^2 + 8mn + 16) - 4(m^2 + n^2 + 2mn)$

$= m^2 n^2 + 16 - 4m^2 - 4n^2 = (m^2 n^2 - 4m^2) + (16 - 4n^2) = (m^2 - 4)(n^2 - 4)$.

$\therefore m, n \in [-2, 2]$, $\therefore (m^2 - 4) \leqslant 0$, $(n^2 - 4) \leqslant 0$,

$\therefore (mn + 4)^2 - 4(m + n)^2 \geqslant 0$,

即 $(mn + 4)^2 \geqslant 4(m + n)^2$, $|mn + 4| \geqslant 2|m + n|$.

课后目标检测

1. (2019 年江西师大附中三模) 已知关于 x 的不等式 $m - |x - 2| \geqslant 1$, 其解集为 $[0, 4]$.

(1) 求 m 的值;

(2) 若 a, b 均为正实数, 且满足 $a + b = m$, 求 $a^2 + b^2$ 的最小值.

【分析】 (1) 根据不等式解集为对应方程的解, 得 $0, 4$ 为 $m - |x - 2| = 1$ 两根, 解得 m 的值; (2) 由柯西不等式得 $(a^2 + b^2)(1^2 + 1^2) \geqslant (a \times 1 + b \times 1)^2$, 代入条件 $a + b = 3$, 即得 $a^2 + b^2$ 的最小值.

解: (1) 不等式 $m - |x - 2| \geqslant 1$ 可化为 $|x - 2| \leqslant m - 1$,

$\therefore 1 - m \leqslant x - 2 \leqslant m - 1$,

即 $3 - m \leqslant x \leqslant m + 1$.

$\therefore$ 其解集为 $[0, 4]$, $\therefore \begin{cases} 3 - m = 0, \\ m + 1 = 4, \end{cases}$

$\therefore m = 3$.

(2) 由 (1) 知 $a + b = 3$,

$\therefore (a^2 + b^2)(1^2 + 1^2) \geqslant (a \times 1 + b \times 1)^2 = (a + b)^2 = 9$,

$\therefore a^2 + b^2 \geqslant \dfrac{9}{2}$, $\therefore a^2 + b^2$ 的最小值为 $\dfrac{9}{2}$.

2. 已知 a, b 为正实数, 函数 $f(x) = |x-a| - |x+2b|$.

(1) 求函数 $f(x)$ 的最大值.

(2) 若函数 $f(x)$ 的最大值为 1, 求 $a^2 + 4b^2$ 的最小值.

解: (1) 因为 $f(x) \leq |(x-a) - (x+2b)| = a+2b$,

所以函数 $f(x)$ 的最大值为 $a+2b$.

(2) 由 (1) 可知, $a+2b=1$,

因为 $a^2 + 4b^2 \geq 4ab$,

所以 $2(a^2 + 4b^2) \geq a^2 + 4b^2 + 4ab = (a+2b)^2$,

所以 $2(a^2 + 4b^2) \geq (a+2b)^2 = 1$,

即 $a^2 + 4b^2 \geq \dfrac{1}{2}$,

且当 $a = 2b = \dfrac{1}{2}$ 时, 取 "=",

所以 $a^2 + 4b^2$ 的最小值为 $\dfrac{1}{2}$.

3. (2018 年唐山五校联考) 已知 a, b, c 为正数, 函数 $f(x) = |x+1| + |x-5|$.

(1) 求不等式 $f(x) \leq 10$ 的解集;

(2) 若 $f(x)$ 的最小值为 m, 且 $a+b+c=m$, 求证: $a^2 + b^2 + c^2 \geq 12$.

解: (1) $f(x) = |x+1| + |x-5| \leq 10$,

等价于 $\begin{cases} x \leq -1, \\ -(x+1) - (x-5) \leq 10, \end{cases}$ 或 $\begin{cases} -1 < x < 5, \\ (x+1) - (x-5) \leq 10, \end{cases}$

或 $\begin{cases} x \geq 5, \\ (x+1) + (x-5) \leq 10, \end{cases}$

解得 $-3 \leq x \leq -1$ 或 $-1 < x < 5$ 或 $5 \leq x \leq 7$,

所以不等式 $f(x) \leq 10$ 的解集为 $\{x \mid -3 \leq x \leq 7\}$.

(2) 因为 $f(x) = |x+1| + |x-5| \geq |(x+1) - (x-5)| = 6$,

所以 $m = 6$, 即 $a+b+c=6$.

解 (方法一): $\because a^2 + b^2 \geq 2ab$, $a^2 + c^2 \geq 2ac$, $b^2 + c^2 \geq 2bc$,

$\therefore 2(a^2 + b^2 + c^2) \geq 2(ab + ac + bc)$.

$\therefore 3(a^2 + b^2 + c^2) \geq a^2 + b^2 + c^2 + 2ab + 2ac + 2bc = (a+b+c)^2$,

$\therefore a^2 + b^2 + c^2 \geq 12$, 当且仅当 $a = b = c = 2$ 时等号成立.

解（方法二）：由柯西不等式得 $(1^2+1^2+1^2)(a^2+b^2+c^2) \geqslant (a+b+c)^2$，

∴ $3(a^2+b^2+c^2) \geqslant 36$，

∴ $a^2+b^2+c^2 \geqslant 12$，当且仅当 $a=b=c=2$ 时等号成立．

4．（2019年潮州二模）已经 $f(x)=2|x-2|+|x+1|$．

（1）求不等式 $f(x)<6$ 的解集．

（2）设 m，n，p 为正实数，且 $m+n+p=f(3)$，求证：$mn+np+pm \leqslant 12$．

解：（1）不等式 $2|x-2|-|x+1|<6$ 等价于不等式组 $\begin{cases} x<-1, \\ -3x+3<6, \end{cases}$

或 $\begin{cases} -1 \leqslant x \leqslant 2, \\ -x+5<6, \end{cases}$ 或 $\begin{cases} x>2, \\ 3x-3<6, \end{cases}$ 所以不等式 $2|x-2|+|x+1|<6$ 的解集

为 $(-1, 3)$．

证明：（2）因为 $m+n+p=6$，所以 $(m+n+p)^2=m^2+n^2+p^2+2mn+2np$ $+2mp=36$，

因为 m，n，p 为正实数，所以由基本不等式得 $m^2+n^2 \geqslant 2mn$（当且仅当 m $=n$ 时取等号）．

同理 $n^2+p^2 \geqslant 2np$，$p^2+m^2 \geqslant 2mp$，所以 $m^2+n^2+p^2 \geqslant mn+np+mp$．

所以 $(m+n+p)^2=m^2+n^2+p^2+2mn+2np+2mp=36 \geqslant 3mn+3np+3mp$．

所以 $mn+np+mp \leqslant 12$．

5．已知函数 $f(x)=|x-a|+|x+b|$（$a>0$，$b>0$）．

（1）当 $a=1$，$b=2$ 时，解不等式 $f(x)<x+5$；

（2）若 $f(x)$ 的值域为 $[2, +\infty)$，证明：$\dfrac{1}{a}+\dfrac{1}{a+1}+\dfrac{1}{b}+\dfrac{1}{b+1} \geqslant 3$．

解：（1）当 $a=1$，$b=2$ 时，$f(x)=|x-1|+|x+2|<x+5$，

① 当 $x<-2$ 时，不等式可化为 $-2x-1<x+5$，即 $x>-2$，无解．

② 当 $-2 \leqslant x \leqslant 1$ 时，不等式可化为 $3<x+5$，即 $x>-2$，得 $-2<x \leqslant 1$．

③ 当 $x>1$ 时，不等式可化为 $2x+1<x+5$，即 $x<4$，得 $1<x<4$．

综上，不等式的解集为 $\{x| -2<x<4\}$．

证明：（2）$f(x)=|x-a|+|x+b| \geqslant |a+b|$，

∵ $f(x)$ 的值域为 $[2, +\infty)$，$a>0$，$b>0$，∴ $a+b=2$，故 $a+1+b+1=4$，

∴ $\dfrac{1}{a}+\dfrac{1}{b}=\dfrac{1}{2}\left(\dfrac{a+b}{a}+\dfrac{a+b}{b}\right)=\dfrac{1}{2}\left(\dfrac{b}{a}+\dfrac{a}{b}+2\right) \geqslant \dfrac{1}{2}(2+2)=2$，

$$\frac{1}{a+1} + \frac{1}{b+1} = \frac{1}{4}\left(\frac{a+1+b+1}{a+1} + \frac{a+1+b+1}{b+1}\right)$$

$$= \frac{1}{4}\left(\frac{b+1}{a+1} + \frac{a+1}{b+1} + 2\right) \geq \frac{1}{4}\ (2+2)\ = 1,$$

$$\therefore \frac{1}{a} + \frac{1}{a+1} + \frac{1}{b} + \frac{1}{b+1} \geq 3.$$

6. (2019 年四川一诊) 已知函数 $f(x) = |x-a| + |2x-1| - 1$ ($a \in$ **R**) 的一个零点为 1.

(1) 求不等式 $f(x) \leq 1$ 的解集;

(2) 若 $\frac{1}{m} + \frac{2}{n-1} = a$ ($m > 0$, $n > 1$), 求证: $m + 2n \geq 11$.

解: (1) 因为函数 $f(x) = |x-a| + |2x-1| - 1$ ($a \in$ **R**) 的一个零点为 1, 所以 $a = 1$. 又当 $a = 1$ 时, $f(x) = |x-1| + |2x-1| - 1$, $f(x) \leq 1$, 即 $|x-1| + |2x-1| \leq 2$,

上述不等式可化为 $\begin{cases} x \leq \frac{1}{2}, \\ 1-x+1-2x \leq 2, \end{cases}$ 或 $\begin{cases} \frac{1}{2} < x < 1, \\ 1-x+2x-1 \leq 2, \end{cases}$ 或 $\begin{cases} x \geq 1, \\ x-1+2x-1 \leq 2, \end{cases}$

解得 $\begin{cases} x \leq \frac{1}{2}, \\ x \geq 0, \end{cases}$ 或 $\begin{cases} \frac{1}{2} < x < 1, \\ x \leq 2, \end{cases}$ 或 $\begin{cases} x \geq 1, \\ x \leq \frac{4}{3}, \end{cases}$

所以 $0 \leq x \leq \frac{1}{2}$ 或 $\frac{1}{2} < x < 1$ 或 $1 \leq x \leq \frac{4}{3}$, 所以原不等式的解集为 $\left\{ x \mid 0 \leq x \leq \frac{4}{3} \right\}$.

(2) 由 (1) 知 $\frac{1}{m} + \frac{2}{n-1} = a = 1$, 因为 $m > 0$, $n > 1$,

所以 $m + 2(n-1) = [m + 2(n-1)]\left(\frac{1}{m} + \frac{2}{n-1}\right)$

$$= 5 + \frac{2m}{n-1} + \frac{2(n-1)}{m} \geq 9,$$

当且仅当 $m = 3$, $n = 4$ 时取等号, 所以 $m + 2n \geq 11$.

7. 已知函数 $f(x) = |2x-3| + |3x-6|$.

(1) 求 $f(x) < 2$ 的解集;

(2) 若 $f(x)$ 的最小值为 T, 正数 a, b 满足 $a + b = \frac{1}{2}$, 求证: $\sqrt{a} + \sqrt{b} \leq T$.

解：(1) $f(x) = |2x-3| + |3x-6| = \begin{cases} 3-2x+6-3x, & x < \dfrac{3}{2}, \\ 2x-3+6-3x, & \dfrac{3}{2} \leqslant x \leqslant 2, \\ 2x-3+3x-6, & x > 2, \end{cases}$

$= \begin{cases} -5x+9, & x < \dfrac{3}{2}, \\ -x+3, & \dfrac{3}{2} \leqslant x \leqslant 2, \\ 5x-9, & x > 2, \end{cases}$ 画出图像可知 $f(x) < 2$ 的解集为 $\left(\dfrac{7}{5}, \dfrac{11}{5} \right)$.

(2) 由 (1) 可知 $f(x)$ 的最小值为 1,

由均值不等式可知 $\dfrac{\sqrt{a}+\sqrt{b}}{2} \leqslant \sqrt{\dfrac{a+b}{2}} = \sqrt{\dfrac{1}{4}} = \dfrac{1}{2}$,

当且仅当 $a = b$ 时, "="成立, 即 $\sqrt{a}+\sqrt{b} \leqslant T$.

8. 已知函数 $f(x) = |x+1|$.

(1) 求不等式 $f(x) < |2x+1| - 1$ 的解集 M;

(2) 设 $a, b \in M$, 证明: $f(ab) > f(a) - f(-b)$.

解：(1) ①当 $x \leqslant -1$ 时, 原不等式化为 $-x-1 < -2x-2$, 解得 $x < -1$.

②当 $-1 < x \leqslant -\dfrac{1}{2}$ 时, 原不等式化为 $x+1 < -2x-2$, 解得 $x < -1$, 此时

不等式无解.

③当 $x > -\dfrac{1}{2}$ 时, 原不等式化为 $x+1 < 2x$, 解得 $x > 1$.

综上, $M = \{x \mid x < -1 \text{ 或 } x > 1\}$.

证明：(2) 因为 $f(a) - f(-b) = |a+1| - |-b+1|$

$\leqslant |a+1-(-b+1)| = |a+b|$,

所以要证 $f(ab) > f(a) - f(-b)$, 只需证 $|ab+1| > |a+b|$,

即证 $|ab+1|^2 > |a+b|^2$,

即证 $a^2b^2 + 2ab + 1 > a^2 + 2ab + b^2$,

即证 $a^2b^2 - a^2 - b^2 + 1 > 0$, 即证 $(a^2-1)(b^2-1) > 0$,

因为 $a, b \in M$, 所以 $a^2 > 1$, $b^2 > 1$, 所以 $a^2 - 1 > 0$, $b^2 - 1 > 0$,

所以 $(a^2-1)(b^2-1) > 0$ 成立, 所以原不等式成立.

函数与导数

考点情况分析

1. 2013—2019 年新课标全国卷 I 试题分析（见表 10 - 1）

表 10 - 1

考 点	2013	2014	2015	2016	2017	2018	2019
函数的图像与性质		3，6	13	7	5		5
导数的几何意义	21（1）	21（1）	21（1）			5	
函数的最值	16						
函数的单调性					21（1）	21（1）	
不等式恒（能）成立	11，21（2）	11	12				
不等式证明		21（2）		21（2）			
函数的零点			21（2）	21（1）	21（2）	9	21（2）
函数的极值						21（2）	21（1）

2. 考题特点

（1）高考在本专题一般命制 2～3 道题，其中必有 1 道解答题，分值占 17～22 分.

（2）基础小题主要考查函数性质、图像、分段函数求值等.

（3）利用综合性较强的小题考查导数、不等式恒（能）成立的参数范围以及函数的零点的综合等；考查数形结合的思想.

（4）解答题一般都是两问的题目，第一问考查求曲线的切线方程，函数的单调区间，由函数的极值点或已知曲线的切线方程求参数，属于基础问题. 第二问利用导数证明不等式，已知单调区间或极值求参数的取值范围，求函数的零点，极值点偏移，隐零点，双变量函数等问题. 同时考查函数的思想、转化的思想、数形结合的思想及分类讨论的思想.

3. 学科素养考查分析

本专题主要对数学抽象、直观想象、逻辑推理、数学运算三种核心素养进行考查.

微专题 1　函数的单调性

核心知识归纳

函数的单调性与导数：

（1）函数 $y = f(x)$ 在某个区间 D 内可导：

① 若 $f'(x) > 0$，则 $f(x)$ 在这个区间 D 内单调递增；

② 若 $f'(x) < 0$，则 $f(x)$ 在这个区间 D 内单调递减；

③ 如果在某个区间 D 内恒有 $f'(x) = 0$，则 $f(x)$ 为常函数．

（2）函数 $y = f(x)$ 在某个区间 D 内可导：

① 若 $f(x)$ 在这个区间 D 内单调递增，则 $f'(x) \geqslant 0$（且不恒等于0）；

② 若 $f(x)$ 在这个区间 D 内单调递减，则 $f'(x) \leqslant 0$（且不恒等于0）；

考点题型剖析

考点一：求不含参的函数单调区间

【例1】已知函数 $f(x) = \dfrac{\ln x + k}{e^x}$（$k$ 为常数，$e = 2.718\,28\cdots$），曲线 $y = f(x)$ 在点 $(1, f(1))$ 处的切线与 x 轴平行．

（1）求 k 的值．

（2）求 $f(x)$ 的单调区间．

解：（1）因为 $f'(x) = \dfrac{\dfrac{1}{x} \cdot e^x - (\ln x + k) e^x}{(e^x)^2} = \dfrac{\dfrac{1}{x} - \ln x - k}{e^x}$．

由已知, $f'(1) = \dfrac{1-k}{e} = 0$, 所以 $k=1$.

(2) 由 (1) 知, $f'(x) = \dfrac{\dfrac{1}{x} - \ln x - k}{e^x}$.

设 $h(x) = \dfrac{1}{x} - \ln x - 1$, 则 $h'(x) = -\dfrac{1}{x^2} - \dfrac{1}{x} < 0$,

即 $h(x)$ 在 $(0, +\infty)$ 上是减函数,

由 $h(1) = 0$ 知, 当 $0 < x < 1$ 时, $h(x) > 0$, $f'(x) > 0$,

当 $x > 1$ 时, $h(x) < 0$, 从而 $f'(x) < 0$.

综上可知, $f(x)$ 的单调递增区间是 $(0, 1)$, 单调递减区间是 $(1, +\infty)$.

【跟踪训练】 (2018 年开封调研) 已知定义在区间 $(-\pi, \pi)$ 上的函数 $f(x) = x\sin x + \cos x$, 则 $f(x)$ 的单调递增区间是_____.

解: $f'(x) = \sin x + x\cos x - \sin x = x\cos x$.

令 $f'(x) = x\cos x > 0$, $x \in (-\pi, \pi)$,

解得 $-\pi < x < -\dfrac{\pi}{2}$ 或 $0 < x < \dfrac{\pi}{2}$,

即函数 $f(x)$ 的单调递增区间是 $\left(-\pi, -\dfrac{\pi}{2}\right)$ 和 $\left(0, \dfrac{\pi}{2}\right)$.

【名师方法点拨】

1. 利用导数求函数单调区间的三种方法:

(1) 当导函数不等式可解时, 在定义域内解不等式 $f'(x) > 0$ 或 $f'(x) < 0$, 求出单调区间.

(2) 当方程 $f'(x) = 0$ 可解时, 在定义域内解出方程的实根, 按实根把函数的定义域划分成若干个区间, 确定各区间 $f'(x)$ 的符号, 从而确定单调区间.

(3) 若导函数的方程、不等式都不可解, 根据 $f'(x)$ 的结构特征, 利用其图像与性质确定 $f'(x)$ 的符号, 从而确定单调区间.

2. 多个单调区间表达方式

若函数有多个相同单调区间时, 中间不能 "∪" 连接, 应该用 "和" 或 "," 隔开.

考点二: 讨论含参的函数单调性

【例2】 (2018 年全国 I 卷, 理 21 题节选) 已知函数 $f(x) = \dfrac{1}{x} - x + a\ln x$,

$a>0$. 讨论 $f(x)$ 的单调性.

解: $f(x)$ 的定义域为 $(0, +\infty)$,

$$f'(x) = -\frac{1}{x^2} - 1 + \frac{a}{x} = -\frac{x^2 - ax + 1}{x^2}.$$

① 若 $0 < a \leqslant 2$, 则 $f'(x) \leqslant 0$, 当且仅当 $a = 2$, $x = 1$ 时 $f'(x) = 0$,

所以 $f(x)$ 在 $(0, +\infty)$ 上单调递减.

② 若 $a > 2$, 令 $f'(x) = 0$ 得, $x = \dfrac{a - \sqrt{a^2 - 4}}{2}$ 或 $x = \dfrac{a + \sqrt{a^2 - 4}}{2}$.

当 $x \in \left(0, \dfrac{a - \sqrt{a^2 - 4}}{2}\right) \cup \left(\dfrac{a + \sqrt{a^2 - 4}}{2}, +\infty\right)$ 时, $f'(x) < 0$;

当 $x \in \left(\dfrac{a - \sqrt{a^2 - 4}}{2}, \dfrac{a + \sqrt{a^2 - 4}}{2}\right)$ 时, $f'(x) > 0$.

所以 $f(x)$ 在 $\left(0, \dfrac{a - \sqrt{a^2 - 4}}{2}\right)$, $\left(\dfrac{a + \sqrt{a^2 - 4}}{2}, +\infty\right)$ 上单调递减, 在 $\left(\dfrac{a - \sqrt{a^2 - 4}}{2}, \dfrac{a + \sqrt{a^2 - 4}}{2}\right)$ 上单调递增.

【跟踪训练】 [2017 年全国 I 卷, 文 21 题节选] 已知函数 $f(x) = e^x(e^x - a) - a^2 x$, 讨论 $f(x)$ 的单调性.

解: (1) 函数 $f(x)$ 的定义域为 $(-\infty, +\infty)$,

$f'(x) = 2e^{2x} - ae^x - a^2 = (2e^x + a)(e^x - a)$,

① 若 $a = 0$, 则 $f(x) = e^{2x}$, 在 $(-\infty, +\infty)$ 单调递增.

② 若 $a > 0$, 则由 $f'(x) = 0$ 得 $x = \ln a$.

当 $x \in (-\infty, \ln a)$ 时, $f'(x) < 0$; 当 $x \in (\ln a, +\infty)$ 时, $f'(x) > 0$, 所以 $f(x)$ 在 $(-\infty, \ln a)$ 单调递减, 在 $(\ln a, +\infty)$ 单调递增.

③ 若 $a < 0$, 则由 $f'(x) = 0$ 得 $x = \ln\left(-\dfrac{a}{2}\right)$.

当 $x \in \left(-\infty, \ln\left(-\dfrac{a}{2}\right)\right]$ 时, $f'(x) < 0$; 当 $x \in \left[\ln\left(-\dfrac{a}{2}\right), +\infty\right)$ 时, $f'(x) > 0$, 故 $f(x)$ 在 $\left(-\infty, \ln\left(-\dfrac{a}{2}\right)\right]$ 单调递减, 在 $\left[\ln\left(-\dfrac{a}{2}\right), +\infty\right)$ 单调递增.

【名师方法点拨】

含参数函数的单调区间，需根据参数取值范围讨论求解．其讨论方法主要是：

1. 考虑在定义域内导函数零点是否存在．若不确定，需对参数讨论．

2. 若转化为一个二次函数的含参问题．对于二次三项式含参问题，有如下处理思路：首先考虑二次三项式是否存在零点，这里涉及对判别式 $\Delta \leqslant 0$ 和 $\Delta > 0$ 分类讨论；如果二次三项式能因式分解，这表明存在零点，逻辑分类有两种情况，需要考虑首项系数是否含有参数．如果首项系数含有参数，就按首项系数为零、为正、为负进行讨论；如果首项系数无参数，只需讨论两个根 x_1，x_2 的大小．

特别注意：讨论两个根 x_1，x_2 的大小时，一定要结合函数定义域进行讨论，考虑两根是否在定义域中．

考点三：利用函数单调性求参数范围问题

【例3】 若函数 $h(x) = \ln x - \dfrac{1}{2}ax^2 - 2x$ $(a \neq 0)$ 在 $[1, 4]$ 上单调递减，则 a 的取值范围为_____．

解：因为 $h(x)$ 在 $[1, 4]$ 上单调递减，

所以当 $x \in [1, 4]$ 时，$h'(x) = \dfrac{1}{x} - ax - 2 \leqslant 0$ 恒成立，

即 $a \geqslant \dfrac{1}{x^2} - \dfrac{2}{x}$ 恒成立．

由（1）知 $G(x) = \dfrac{1}{x^2} - \dfrac{2}{x}$，

所以 $a \geqslant G(x)_{\max}$，而 $G(x) = \left(\dfrac{1}{x} - 1\right)^2 - 1$．

因为 $x \in [1, 4]$，所以 $\dfrac{1}{x} \in \left[\dfrac{1}{4}, 1\right]$，

所以 $G(x)_{\max} = -\dfrac{7}{16}$（此时 $x = 4$），

所以 $a \geqslant -\dfrac{7}{16}$，又因为 $a \neq 0$，

所以 a 的取值范围是 $\left[-\dfrac{7}{16}, 0\right) \cup (0, +\infty)$．

变式 1：若本例（3）条件变为"函数 $h(x)$ 在 $[1, 4]$ 上存在单调递减区间"，则 a 的取值范围为_____.

解：因为 $h(x)$ 在 $[1, 4]$ 上存在单调递减区间，

所以 $h'(x) < 0$ 在 $[1, 4]$ 上有解，

所以当 $x \in [1, 4]$ 时，$a > \dfrac{1}{x^2} - \dfrac{2}{x}$ 有解，

而当 $x \in [1, 4]$ 时，$\left(\dfrac{1}{x^2} - \dfrac{2}{x} \right)_{\min} = -1$（此时 $x=1$），

所以 $a > -1$. 又因为 $a \neq 0$，

所以 a 的取值范围是 $(-1, 0) \cup (0, +\infty)$.

变式 2：若本例（3）条件变为"函数 $h(x)$ 在 $[1, 4]$ 上不单调"，则 a 的取值范围为_____.

解：因为 $h(x)$ 在 $[1, 4]$ 上不单调，

所以 $h'(x) = 0$ 在 $(1, 4)$ 上有解，

即 $a = \dfrac{1}{x^2} - \dfrac{2}{x} = \left(\dfrac{1}{x} - 1 \right)^2 - 1$ 在 $(1, 4)$ 上有解，

令 $m(x) = \dfrac{1}{x^2} - \dfrac{2}{x}$，$x \in (1, 4)$，则 $-1 < m(x) < -\dfrac{7}{16}$，

所以实数 a 的取值范围是 $\left(-1, -\dfrac{7}{16} \right)$.

【名师方法点拨】

由函数的单调性求参数的取值范围的方法：

1. 可导函数在区间 (a, b) 上单调，实际上就是在该区间上 $f'(x) \geqslant 0$ 或 $f'(x) \leqslant 0$ 恒成立，得到关于参数的不等式，从而转化为求函数的最值问题，求出参数的取值范围.

2. 可导函数在区间 (a, b) 上存在单调区间，实际上就是 $f'(x) > 0$ 或 $f'(x) < 0$ 在该区间上存在解集，从而转化为不等式问题，求出参数的取值范围.

3. 若已知 $f(x)$ 在区间 I 上的单调性，区间 I 上含有参数时，可先求出 $f(x)$ 的单调区间，令 I 是其单调区间的子集，从而求出参数的取值范围.

考点四：利用导数构造函数解不等式

【例 4】 已知函数 $y = f(x)$ 的图像关于 y 轴对称，且当 $x \in (-\infty, 0)$ 时，$f(x) + xf'(x) < 0$ 成立，$a = 2^{0.2} f(2^{0.2})$，$b = \log_{\pi} 3 f(\log_{\pi} 3)$，$c = \log_3 9$

$f\left(\log_3 9\right)$，则 a，b，c 的大小关系是（　　）

A. $a > b > c$　　　　B. $a > c > b$　　　　C. $c > b > a$　　　　D. $b > a > c$

解：根据题意，可构造函数 $g(x) = xf(x)$，则 $g'(x) = f(x) + xf'(x)$，由当 $x \in (-\infty, 0)$，$g'(x) = f(x) + xf'(x) < 0$ 成立，知 $g(x)$ 在 $(-\infty, 0)$ 单调递减，又因为函数 $y = f(x)$ 的图像关于 y 轴对称，所以 $g(x)$ 为奇函数，故 $g(x)$ 在 $(0, +\infty)$ 上单调递减，而 $0 < \log_\pi 3 < 1 < 2^{0.2} < 2 = \log_3 9$，所以 $b > a > c$. 答案为 D.

【跟踪训练】（2019·洛阳、许昌质检）设函数 $y = f(x)$，$x \in \mathbf{R}$ 的导函数为 $f'(x)$，且 $f(x) = f(-x)$，$f'(x) < f(x)$，则下列不等式成立的是（注：e 为自然对数的底数）（　　）

A. $f(0) < e^{-1}f(1) < e^2 f(2)$　　　　B. $e^{-1}f(1) < f(0) < e^2 f(2)$

C. $e^2 f(2) < e^{-1}f(1) < f(0)$　　　　D. $e^2 f(2) < f(0) < e^{-1}f(1)$

解：设 $g(x) = e^{-x}f(x)$，

$\therefore g'(x) = -e^{-x}f(x) + e^{-x}f'(x) = e^{-x}\left[f'(x) - f(x)\right]$.

$\because f'(x) < f(x)$，$\therefore g'(x) < 0$，$\therefore g(x)$ 为减函数.

$\because g(0) = e^0 f(0) = f(0)$，$g(1) = e^{-1}f(1)$，

$g(-2) = e^2 f(-2) = e^2 f(2)$，

且 $g(-2) > g(0) > g(1)$，

$\therefore e^{-1}f(1) < f(0) < e^2 f(2)$，故选 B.

【名师方法点拨】

常用的构造不等式的方法：

1. 对于 $f'(x) > a \ (a \neq 0)$，可构造 $h(x) = f(x) - ax$.

2. 对于 $xf'(x) + f(x) > 0$，构造 $h(x) = xf(x)$.

3. 对于 $xf'(x) - f(x) > 0$，构造 $h(x) = \dfrac{f(x)}{x}$.

4. 对于 $f'(x) + f(x) > 0$，构造 $h(x) = e^x f(x)$.

5. 对于 $f'(x) > f(x)$ 或 $f'(x) - f(x) > 0$，构造 $h(x) = \dfrac{f(x)}{e^x}$.

6. 对于 $xf'(x) + nf(x) \geqslant 0$，构造 $h(x) = x^n f(x)$.

课后目标检测

（一）选择题

1. 已知函数 $f(x) = x^2 + 2\cos x$，若 $f'(x)$ 是 $f(x)$ 的导函数，则函数 $f'(x)$ 的大致图像是（　　）

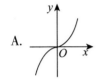 A.

 B.

 C.

 D.

解：设 $g(x) = f'(x) = 2x - 2\sin x$，则 $g'(x) = 2 - 2\cos x \geq 0$，所以函数 $f'(x)$ 在 $\mathbf{R}$ 上单调递增，结合选项知，选 A.

2. 函数 $f(x)$ 的定义域为 $\mathbf{R}$，$f(-1) = 2$，对任意 $x \in \mathbf{R}$，$f'(x) > 2$，则 $f(x) > 2x + 4$ 的解集为（　　）

A. $(-1, 1)$　　B. $(-1, +\infty)$　C. $(-\infty, -1)$　D. $(-\infty, +\infty)$

解：构造函数 $g(x) = f(x) - 2x - 4$，则 $g'(x) = f'(x) - 2 > 0$，所以 $g(x)$ 在 $\mathbf{R}$ 上单调递增，因为 $g(-1) = f(-1) - 2 \times (-1) - 4 = 0$，要使 $g(x) = f(x) - 2x - 4 > 0 = g(-1)$，则只要 $x > -1$，故答案为 B.

3. 已知函数 $y = f(x-1)$ 的图像关于点 $(1, 0)$ 对称，函数 $y = f(x)$ 对于任意的 $x \in (0, \pi)$ 满足 $f'(x)\sin x > f(x)\cos x$，其中 $f'(x)$ 是函数 $f(x)$ 的导函数，则下列不等式成立的是（　　）

A. $f\left(-\dfrac{\pi}{3}\right) > -\sqrt{3}f\left(\dfrac{\pi}{6}\right)$ 　　　　B. $\sqrt{2}f\left(\dfrac{3\pi}{4}\right) < -f\left(-\dfrac{\pi}{2}\right)$

C. $\sqrt{3}f\left(\dfrac{\pi}{2}\right) > 2f\left(\dfrac{\pi}{3}\right)$ 　　　　　　D. $\sqrt{2}f\left(\dfrac{5\pi}{6}\right) < f\left(\dfrac{3\pi}{4}\right)$

解：构造函数 $g(x) = \dfrac{f(x)}{\sin x}$，则 $g'(x) = \dfrac{f'(x)\sin x - f(x)\cos x}{\sin^2 x}$，

当 $x \in (0, \pi)$ 时，$g'(x) = \dfrac{f'(x)\sin x - f(x)\cos x}{\sin^2 x} > 0$，所以 $g(x)$ 在 $(0, \pi)$ 上单调递增，又函数 $y = f(x-1)$ 的图像关于点 $(1, 0)$ 对称，所以 $y = f(x)$ 关于原点对称，即为奇函数，所以 $g(x)$ 为偶函数.

$\therefore g\left(-\dfrac{\pi}{3}\right) = g\left(\dfrac{\pi}{3}\right) > g\left(\dfrac{\pi}{6}\right)$，即 $\dfrac{f\left(-\dfrac{\pi}{3}\right)}{\sin\left(-\dfrac{\pi}{3}\right)} > \dfrac{f\left(\dfrac{\pi}{6}\right)}{\sin\dfrac{\pi}{6}}$，

所以 $f\left(-\dfrac{\pi}{3}\right) < -\sqrt{3}f\left(\dfrac{\pi}{6}\right)$，故 A 错；

$\therefore g\left(-\dfrac{\pi}{2}\right) = g\left(\dfrac{\pi}{2}\right) < g\left(\dfrac{3\pi}{4}\right)$，即 $\dfrac{f\left(-\dfrac{\pi}{2}\right)}{\sin\left(-\dfrac{\pi}{2}\right)} < \dfrac{f\left(\dfrac{3\pi}{4}\right)}{\sin\dfrac{3\pi}{4}}$，

所以 $\sqrt{2}f\left(\dfrac{3\pi}{4}\right) > -f\left(-\dfrac{\pi}{2}\right)$，故 B 错；

$\therefore g\left(\dfrac{\pi}{2}\right) > g\left(\dfrac{\pi}{3}\right)$，即 $\dfrac{f\left(\dfrac{\pi}{2}\right)}{\sin\dfrac{\pi}{2}} > \dfrac{f\left(\dfrac{\pi}{3}\right)}{\sin\dfrac{\pi}{3}}$，所以 $\sqrt{3}f\left(\dfrac{\pi}{2}\right) > 2f\left(\dfrac{\pi}{3}\right)$，C 正确；

同理，可验证 D 错；故答案为 C.

（二）填空题

4.（2019 年渭南质检）已知函数 $f(x) = ax^3 + bx^2$ 的图像经过点 $M(1, 4)$，曲线在点 M 处的切线恰好与直线 $x + 9y = 0$ 垂直. 若函数 $f(x)$ 在区间 $[m, m+1]$ 上单调递增，则 m 的取值范围是 _____.

解：$\because f(x) = ax^3 + bx^2$ 的图像经过点 $M(1, 4)$，

$\therefore a + b = 4$，　　　　　　　　　　　　　　　　　　　①

$f'(x) = 3ax^2 + 2bx$，则 $f'(1) = 3a + 2b$.

由题意可得 $f'(1) \cdot \left(-\dfrac{1}{9}\right) = -1$，即 $3a + 2b = 9$.　　②

联立①②两式解得 $a = 1$，$b = 3$，

$\therefore f(x) = x^3 + 3x^2$，$f'(x) = 3x^2 + 6x$.

令 $f'(x) = 3x^2 + 6x \geqslant 0$，得 $x \geqslant 0$ 或 $x \leqslant -2$.

$\because$ 函数 $f(x)$ 在区间 $[m, m+1]$ 上单调递增，

$\therefore [m, m+1] \subseteq (-\infty, -2] \cup [0, +\infty)$,

$\therefore m \geqslant 0$ 或 $m+1 \leqslant -2$, 即 $m \geqslant 0$ 或 $m \leqslant -3$.

5. （2019 年岳阳模拟）若函数 $f(x) = x^2 - e^x - ax$ 在 **R** 上存在单调递增区间，则实数 a 的取值范围是_____.

解：$\because$ 函数 $f(x) = x^2 - e^x - ax$ 在 **R** 上存在单调递增区间，

$\therefore f'(x) = 2x - e^x - a > 0$, 即 $a < 2x - e^x$ 有解.

设 $g(x) = 2x - e^x$, 则 $g'(x) = 2 - e^x$,

令 $g'(x) = 0$, 得 $x = \ln 2$,

则当 $x < \ln 2$ 时, $g'(x) > 0$, $g(x)$ 单调递增,

当 $x > \ln 2$ 时, $g'(x) < 0$, $g(x)$ 单调递减,

$\therefore$ 当 $x = \ln 2$ 时, $g(x)$ 取得最大值, 且 $g(x)_{\max} = g(\ln 2) = 2\ln 2 - 2$,

$\therefore a < 2\ln 2 - 2$.

故答案为 $(-\infty, 2\ln 2 - 2)$.

（三）解答题

6. 已知函数 $f(x) = 2x^3 - ax^2 + b$, 讨论 $f(x)$ 的单调性；

解：（1）$f'(x) = 6x^2 - 2ax = 2x(3x - a)$.

令 $f'(x) = 0$, 得 $x = 0$ 或 $x = \dfrac{a}{3}$.

若 $a > 0$, 则当 $x \in (-\infty, 0) \cup \left(\dfrac{a}{3}, +\infty\right)$ 时, $f'(x) > 0$; 当 $x \in \left(0, \dfrac{a}{3}\right)$ 时, $f'(x) < 0$. 故 $f(x)$ 在 $(-\infty, 0)$, $\left(\dfrac{a}{3}, +\infty\right)$ 单调递增, 在 $\left(0, \dfrac{a}{3}\right)$ 单调递减；

若 $a = 0$, $f(x)$ 在 $(-\infty, +\infty)$ 单调递增；

若 $a < 0$, 则当 $x \in \left(-\infty, \dfrac{a}{3}\right) \cup (0, +\infty)$ 时, $f'(x) > 0$; 当 $x \in \left(\dfrac{a}{3}, 0\right)$ 时, $f'(x) < 0$. 故 $f(x)$ 在 $\left(-\infty, \dfrac{a}{3}\right)$, $(0, +\infty)$ 单调递增, 在 $\left(\dfrac{a}{3}, 0\right)$ 单调递减.

7. 已知 e 是自然对数的底数, 实数 a 是常数, 函数 $f(x) = e^x - ax - 1$ 的定义域为 $(0, +\infty)$.

（1）设 $a=e$，求函数 $f(x)$ 的图像在点 $(1, f(1))$ 处的切线方程；

（2）判断函数 $f(x)$ 的单调性.

解：（1）$\because a=e$，$\therefore f(x)=e^x-ex-1$，

$\therefore f'(x)=e^x-e$，$f(1)=-1$，$f'(1)=0$.

$\therefore$ 当 $a=e$ 时，函数 $f(x)$ 的图像在点 $(1, f(1))$ 处的切线方程为 $y=-1$.

（2）$\because f(x)=e^x-ax-1$，$\therefore f'(x)=e^x-a$.

易知 $f'(x)=e^x-a$ 在 $(0,+\infty)$ 上单调递增.

$\therefore$ 当 $a\leq1$ 时，$f'(x)>0$，故 $f(x)$ 在 $(0,+\infty)$ 上单调递增；

当 $a>1$ 时，由 $f'(x)=e^x-a=0$，得 $x=\ln a$，

$\therefore$ 当 $0<x<\ln a$ 时，$f'(x)<0$，当 $x>\ln a$ 时，$f'(x)>0$，

$\therefore f(x)$ 在 $(0,\ln a)$ 上单调递减，在 $(\ln a,+\infty)$ 上单调递增.

综上，当 $a\leq1$ 时，$f(x)$ 在 $(0,+\infty)$ 上单调递增；

当 $a>1$ 时，$f(x)$ 在 $(0,\ln a)$ 上单调递减，在 $(\ln a,+\infty)$ 上单调递增.

8. 已知 $a\in\mathbf{R}$，函数 $f(x)=(-x^2+ax)e^x$（$x\in\mathbf{R}$，e 为自然对数的底数）.

（1）当 $a=2$ 时，求函数 $f(x)$ 的单调递增区间.

（2）若函数 $f(x)$ 在 $(-1,1)$ 上单调递增，求 a 的取值范围.

（3）函数 $f(x)$ 是否为 $\mathbf{R}$ 上的单调减函数？若是，求出 a 的取值范围，若不是，请说明理由.

解：（1）当 $a=2$ 时，$f(x)=(-x^2+2x)e^x$，

所以 $f'(x)=(-2x+2)e^x+(-x^2+2x)e^x=(-x^2+2)e^x$.

令 $f'(x)>0$，即 $(-x^2+2)e^x>0$，

因为 $e^x>0$，所以 $-x^2+2>0$，解得 $-\sqrt{2}<x<\sqrt{2}$.

所以函数 $f(x)$ 的单调递增区间是 $(-\sqrt{2},\sqrt{2})$.

（2）因为函数 $f(x)$ 在 $(-1,1)$ 上单调递增，

所以 $f'(x)\geq0$ 对 $x\in(-1,1)$ 都成立.

因为 $f'(x)=(-2x+a)e^x+(-x^2+ax)e^x$

$=[-x^2+(a-2)x+a]e^x$，

所以 $[-x^2+(a-2)x+a]e^x\geq0$ 对 $x\in(-1,1)$ 都成立.

因为 $e^x > 0$，所以 $-x^2 + (a-2)x + a \geq 0$，

则 $a \geq \dfrac{x^2 + 2x}{x+1} = \dfrac{(x+1)^2 - 1}{x+1} = (x+1) - \dfrac{1}{x+1}$ 对 $x \in (-1, 1)$ 都成立.

令 $g(x) = (x+1) - \dfrac{1}{x+1}$，

则 $g'(x) = 1 + \dfrac{1}{(x+1)^2} > 0$.

所以 $g(x) = (x+1) - \dfrac{1}{x+1}$ 在 $(-1, 1)$ 上单调递增.

所以 $g(x) < g(1) = (1+1) - \dfrac{1}{1+1} = \dfrac{3}{2}$.

所以 a 的取值范围是 $\left[\dfrac{3}{2}, +\infty \right)$.

(3) 若函数 $f(x)$ 在 **R** 上单调递减，则 $f'(x) \leq 0$ 对 $x \in \mathbf{R}$ 都成立，即 $\left[-x^2 + (a-2)x + a \right] e^x \leq 0$ 对 $x \in \mathbf{R}$ 都成立.

因为 $e^x > 0$，所以 $x^2 - (a-2)x - a \geq 0$ 对 $x \in \mathbf{R}$ 都成立.

所以 $\Delta = (a-2)^2 + 4a \leq 0$，即 $a^2 + 4 \leq 0$，这是不可能的.

故函数 $f(x)$ 不可能在 **R** 上单调递减.

9. （2017 年全国Ⅲ卷）已知函数 $f(x) = \ln x + ax^2 + (2a+1)x$，讨论 $f(x)$ 的单调性.

解：$f(x)$ 的定义域为 $(0, +\infty)$，

且 $f'(x) = \dfrac{1}{x} + 2ax + 2a + 1 = \dfrac{(2ax+1)(x+1)}{x}$.

若 $a \geq 0$ 时，则当 $x \in (0, +\infty)$ 时，$f'(x) > 0$，

故 $f(x)$ 在 $(0, +\infty)$ 上单调递增，

若 $a < 0$ 时，则当 $x \in \left(0, -\dfrac{1}{2a} \right)$ 时，$f'(x) > 0$；

当 $x \in \left(-\dfrac{1}{2a}, +\infty \right)$ 时，$f'(x) < 0$.

故 $f(x)$ 在 $\left(0, -\dfrac{1}{2a} \right)$ 上单调递增，在 $\left(-\dfrac{1}{2a}, +\infty \right)$ 上单调递减.

微专题 2　函数的极值和最值

核心知识归纳

1. 运用导数求可导函数 $y = f(x)$ 的极值的一般步骤

（1）先求函数 $y = f(x)$ 的定义域，再求其导数 $f'(x)$.

（2）求方程 $f'(x) = 0$ 的根.

（3）检查导数 $f'(x)$ 在方程根的左右侧的值的符号，如果左正右负，那么 $f(x)$ 在这个根处取得极大值；如果左负右正，那么 $f(x)$ 在这个根处取得极小值.

2. 极值点与导数的关系

极值点处的导数一定为零，导数为零的点不一定是极值点.

3. 函数的最值

（1）在闭区间 $[a, b]$ 上连续的函数 $f(x)$ 在 $[a, b]$ 上必有最大值与最小值.

（2）若函数 $f(x)$ 在 $[a, b]$ 上单调递增，则 $f(a)$ 为函数的最小值，$f(b)$ 为函数的最大值；若函数 $f(x)$ 在 $[a, b]$ 上单调递减，则 $f(a)$ 为函数的最大值，$f(b)$ 为函数的最小值.

（3）开区间上的单调连续函数无最值.

4. 极值点偏移问题

所谓极值点偏移问题，是指对于单极值函数，由于函数极值点左右侧的增减速度不同，使得函数图像没有对称性. 若函数 $f(x)$ 在 $x = x_0$ 处取得极值，且函数 $y = f(x)$ 与 $y = a$ 交于 $A(x_1, a)$，$B(x_2, a)$ 两点，则 AB 的中点为 $M\left(\dfrac{x_1 + x_2}{2}, a\right)$，而往往 $x_0 \neq \dfrac{x_1 + x_2}{2}$. 其中极值点左偏见图 10 - 1，极值点右偏见图 10 - 2.

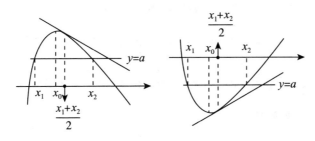

图 10 - 1

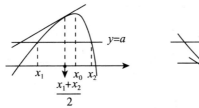 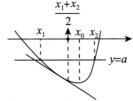

图 10 - 2

极值点偏左：$x_0 \leqslant \dfrac{x_1 + x_2}{2}$，在 $\dfrac{x_1 + x_2}{2}$ 处的切线与 x 轴不平行；若函数 $f(x)$

上凸，则 $f'\left(\dfrac{x_1 + x_2}{2}\right) < f'(x_0) = 0$；若函数 $f(x)$ 下凹，则 $f'\left(\dfrac{x_1 + x_2}{2}\right) >$

$f'(x_0) = 0$；

极值点偏右：$x_0 \geqslant \dfrac{x_1 + x_2}{2}$，在 $\dfrac{x_1 + x_2}{2}$ 处的切线与 x 轴不平行；若函数 $f(x)$

上凸，则 $f'\left(\dfrac{x_1 + x_2}{2}\right) > f'(x_0) = 0$；若函数 $f(x)$ 下凹，则 $f'\left(\dfrac{x_1 + x_2}{2}\right) <$

$f'(x_0) = 0$.

考点题型剖析

考点一：求函数的极值或讨论极值的个数

【例 1】（2019·哈尔滨模拟）已知函数 $f(x) = \ln x - ax$ $(a \in \mathbf{R})$.

(1) 当 $a = \dfrac{1}{2}$ 时，求 $f(x)$ 的极值；

（2）讨论函数 $f(x)$ 在定义域内极值点的个数.

解：（1）当 $a=\dfrac{1}{2}$ 时，$f(x)=\ln x-\dfrac{1}{2}x$，函数的定义域为 $(0，+\infty)$ 且

$f'(x)=\dfrac{1}{x}-\dfrac{1}{2}=\dfrac{2-x}{2x}$，令 $f'(x)=0$，得 $x=2$，于是当 x 变化时，$f'(x)$，

$f(x)$ 的变化情况见表 $10-2$.

表 $10-2$

x	$(0，2)$	2	$(2，+\infty)$
$f'(x)$	$+$	0	$-$
$f(x)$	↗	$\ln 2-1$	↘

故 $f(x)$ 在定义域上的极大值为 $f(x)_{极大值}=f(2)=\ln 2-1$，无极小值.

（2）由（1）知，函数的定义域为 $(0，+\infty)$，

$f'(x)=\dfrac{1}{x}-a=\dfrac{1-ax}{x}$ $(x>0)$.

当 $a\leqslant 0$ 时，$f'(x)>0$ 在 $(0，+\infty)$ 上恒成立，

即函数在 $(0，+\infty)$ 上单调递增，此时函数在定义域上无极值点；

当 $a>0$ 时，当 $x\in\left(0，\dfrac{1}{a}\right)$ 时，$f'(x)>0$，

当 $x\in\left(\dfrac{1}{a}，+\infty\right)$ 时，$f'(x)<0$，

故函数在 $x=\dfrac{1}{a}$ 处有极大值.

综上可知，当 $a\leqslant 0$ 时，函数 $f(x)$ 无极值点，

当 $a>0$ 时，函数 $y=f(x)$ 有一个极大值点，且为 $x=\dfrac{1}{a}$.

【跟踪训练】设函数 $f(x)=\ln(x+1)+a(x^2-x)$，其中 $a\in\mathbf{R}$. 讨论函数 $f(x)$ 极值点的个数，并说明理由.

解：$f'(x)=\dfrac{1}{x+1}+a(2x-1)=\dfrac{2ax^2+ax-a+1}{x+1}$ $(x>-1)$.

令 $g(x)=2ax^2+ax-a+1$，$x\in(-1，+\infty)$.

当 $a=0$ 时，$g(x)=1$，$f'(x)>0$，函数 $f(x)$ 在 $(-1，+\infty)$ 上单调递增，无极值点.

$\Delta = a^2 - 8a\ (1-a)\ = a\ (9a-8)\ .$

当 $0 < a \leqslant \dfrac{8}{9}$ 时，$\Delta \leqslant 0$，$g\ (x)\ \geqslant 0$，$f'\ (x)\ \geqslant 0$，

函数 $f\ (x)$ 在 $(-1,\ +\infty)$ 上单调递增，无极值点．

当 $a > \dfrac{8}{9}$ 时，$\Delta > 0$，

设方程 $2ax^2 + ax - a + 1 = 0$ 的两根为 x_1，x_2 $(x_1 < x_2)$，

因为 $x_1 + x_2 = -\dfrac{1}{2}$，

所以 $x_1 < -\dfrac{1}{4}$，$x_2 > -\dfrac{1}{4}$．

由 $g\ (-1)\ = 1 > 0$，可得 $-1 < x_1 < -\dfrac{1}{4}$．

所以当 $x \in (-1,\ x_1)$ 时，$g\ (x)\ > 0$，$f'\ (x)\ > 0$，函数 $f\ (x)$ 单调递增；
当 $x \in (x_1,\ x_2)$ 时，$g\ (x)\ < 0$，$f'\ (x)\ < 0$，函数 $f\ (x)$ 单调递减；
当 $x \in (x_2,\ +\infty)$ 时，$g\ (x)\ > 0$，$f'\ (x)\ > 0$，函数 $f\ (x)$ 单调递增．
因此函数 $f\ (x)$ 有两个极值点．
当 $a < 0$ 时，$\Delta > 0$，由 $g\ (-1)\ = 1 > 0$，
可得 $x_1 < -1 < x_2$．
当 $x \in (-1,\ x_2)$ 时，$g\ (x)\ > 0$，$f'\ (x)\ > 0$，函数 $f\ (x)$ 单调递增；
当 $x \in (x_2,\ +\infty)$ 时，$g\ (x)\ < 0$，$f'\ (x)\ < 0$，函数 $f\ (x)$ 单调递减．
所以函数 $f\ (x)$ 有一个极值点．
综上所述，当 $a < 0$ 时，函数 $f\ (x)$ 有一个极值点；
当 $0 \leqslant a \leqslant \dfrac{8}{9}$ 时，函数 $f\ (x)$ 无极值点；

当 $a > \dfrac{8}{9}$ 时，函数 $f\ (x)$ 有两个极值点．

考点二：已知函数的极值的个数求参数的范围

【例2】若函数 $f\ (x)\ = \ln x - mx + \dfrac{m}{x}$ 存在两个极值点 x_1，x_2，求 m 的取值范围．

解：因为 $f\ (x)\ = \ln x - mx + \dfrac{m}{x}$ $(x > 0)$，

所以 $f'(x) = \dfrac{1}{x} - m - \dfrac{m}{x^2} = \dfrac{x - mx^2 - m}{x^2} = -\dfrac{mx^2 - x + m}{x^2}.$

令 $g(x) = mx^2 - x + m$,

要使 $f(x)$ 存在两个极值点 x_1, x_2,

则方程 $mx^2 - x + m = 0$ 有两个不相等的正数根 x_1, x_2,

故只需满足 $\begin{cases} g(0) > 0, \\ \dfrac{1}{2m} > 0, \\ g\left(\dfrac{1}{2m}\right) < 0 \end{cases}$ 即可,解得 $0 < m < \dfrac{1}{2}.$

考点三:极值点偏移问题

【例3】(2010 年天津卷) 已知函数 $f(x) = xe^{-x}$ ($x \in \mathbf{R}$).

(1) 求函数的极值.

(2) 如果 $x_1 \neq x_2$,且 $f(x_1) = f(x_2)$,证明 $x_1 + x_2 > 2$.

解:(1) $f'(x) = (1 - x)e^{-x}$,令 $f'(x) = 0$,解得 $x = 1$.

当 x 变化时,$f'(x)$,$f(x)$ 的变化情况见表 10-3.

表 10-3

x	$(-\infty, 1)$	1	$(1, +\infty)$
$f'(x)$	$+$	0	$-$
$f(x)$	↗	极大值	↘

所以 $f(x)$ 在 $(-\infty, 1)$ 内是增函数,在 $(1, +\infty)$ 内是减函数.

函数 $f(x)$ 在 $x = 1$ 处取得极大

值 $f(1)$,且 $f(1) = \dfrac{1}{e}.$

当 $x \to -\infty$ 时,$f(x) \to -\infty$,

$f(0) = 0$,当 $x \to +\infty$ 时,$f(x) \to$

0,其图像见图 10-3.

第 (2) 问提供以下四种解法:

解(构造法):令 $F(x) =$

$f(x) - f(2 - x)$,

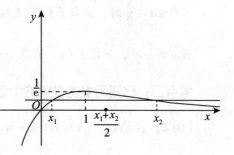

图 10-3

即 $F(x) = xe^{-x} + (x-2)e^{x-2}$，于是 $F'(x) = (x-1)(e^{2x-2}-1)e^{-x}$，

当 $x > 1$ 时，$2x-2 > 0$，从而 $e^{2x-2}-1 > 0$，又 $e^{-x} > 0$，所以 $F'(x) > 0$，从而函数 $F(x)$ 在 $[1, +\infty)$ 是增函数.

又 $F(1) = 0$，所以当 $x > 1$ 时，$F(x) > F(1) = 0$，即 $f(x) > f(2-x)$.

因为 $x_1 \neq x_2$，且 $f(x_1) = f(x_2)$，由图可知不妨设 $0 < x_1 < 1$，$x_2 > 1$，所以 $2 - x_2 < 1$，

所以 $f(x_1) = f(x_2) > f(2-x_2)$.

又函数 $f(x)$ 在区间 $(-\infty, 1)$ 内是增函数，所以 $x_1 > 2-x_2$，即 $x_1 + x_2 > 2$.

解（分析法）：欲证 $x_1 + x_2 > 2$，即证 $x_1 > 2 - x_2$，

因为 $x_1 \neq x_2$，且 $f(x_1) = f(x_2)$，由图可知不妨设 $0 < x_1 < 1$，$x_2 > 1$，所以 $2 - x_2 < 1$，

又函数 $f(x)$ 在区间 $(-\infty, 1)$ 内是增函数，故只需证 $f(x_1) > f(2-x_2)$，

又因为 $f(x_1) = f(x_2)$，故只需证 $f(x_2) > f(2-x_2)$.

构造函数 $F(x) = f(x) - f(2-x)$，$x > 1$，即 $F(x) = xe^{-x} + (x-2)e^{x-2}$，则只要证明 $F(x) > 0$ 对 $x > 1$ 恒成立.

由于 $F'(x) = (x-1)(e^{2x-2}-1)e^{-x}$.

当 $x > 1$ 时，$2x-2 > 0$，从而 $e^{2x-2}-1 > 0$，又 $e^{-x} > 0$，所以 $F'(x) > 0$，

从而函数 $F(x)$ 在 $[1, +\infty)$ 是增函数.

又 $F(1) = 0$，所以当 $x > 1$ 时，$F(x) > F(1) = 0$ 成立. 故 $x_1 + x_2 > 2$ 得证.

解（换元法）：由于 $f(x_1) = f(x_2)$，则 $x_1 e^{-x_1} = x_2 e^{-x_2}$，即 $e^{x_2 - x_1} = \dfrac{x_2}{x_1}$ ①

由图可知不妨设 $0 < x_1 < 1$，$x_2 > 1$，令 $t = x_2 - x_1$，则 $t > 0$，且 $x_2 = x_1 + t$ 代入①得

$e^t = \dfrac{t + x_1}{x_1}$，反解得 $x_1 = \dfrac{t}{e^t - 1}$. 所以 $x_1 + x_2 = 2x_1 + t = \dfrac{2t}{e^t - 1} + t$，

故要证 $x_1 + x_2 > 2$，只要证 $\dfrac{2t}{e^t - 1} + t > 2$，即证 $2t + (t-2)(e^t - 1) > 0$.

构造函数 $g(t) = 2t + (t-2)(e^t - 1)$，$t > 0$，则 $g'(t) = (t-1)e^t + 1 > 0$，

$\therefore g(t)$ 在 $(0, +\infty)$ 单增.

所以 $g(t) > g(0) = 0$，即 $2t + (t-2)(e^t-1) > 0$ 得证；故 $x_1 + x_2 > 2$.

解（利用对数平均值不等式法）：由于 $f(x_1) = f(x_2)$，则

$x_1 e^{-x_1} = x_2 e^{-x_2}$，即 $e^{x_2-x_1} = \dfrac{x_2}{x_1}$，

两边取对数得 $x_1 - x_2 = \ln\dfrac{x_2}{x_1} = \ln x_2 - \ln x_1$，即 $\dfrac{x_2-x_1}{\ln x_2 - \ln x_1} = 1$，

由对数平均值不等式得 $\dfrac{x_2-x_1}{\ln x_2 - \ln x_1} < \dfrac{x_2+x_1}{2}$，即 $\dfrac{x_2+x_1}{2} > 1$，故 $x_1 + x_2 > 2$.

【名师方法点拨】

1. 构造法与分析法利用构造新的函数 $F(x) = f(x) - f(2x_0 - x)$［其中 x_0 为函数 $f(x)$ 的极值点］来达到消元的目的，方法三则是利用构造新的变元，将两个旧的变元都换成新变元来表示，从而达到消元的目的，以上三种方法有关极值点偏移问题中均是为了实现将双变元的不等式转化为单变元不等式. 方法四利用对数平均值不等式进行放缩证明不等式，较为简单.

2. 对数平均值不等式链：若 $0 < a < b$，则

$$a < \dfrac{2}{\dfrac{1}{a}+\dfrac{1}{b}} < \sqrt{ab} < \dfrac{b-a}{\ln b - \ln a} < \dfrac{b+a}{2} < \sqrt{\dfrac{b^2+a^2}{2}} < b.$$

【跟踪训练】 已知函数 $f(x) = ke^x - x^2$ 有两个极值点 x_1，x_2（$x_1 < x_2$）.

（1）求 k 的取值范围；

（2）证明：$x_1 + x_2 > 2$.

解：（1）因为 $f'(x) = ke^x - 2x$，所以由 $f'(x) = 0$，得 $k = \dfrac{2x}{e^x}$.

设 $h(x) = \dfrac{2x}{e^x}$，则 $h'(x) = \dfrac{2}{e^x}(1-x)$.

当 $x < 1$ 时，$h'(x) > 0$，当 $x > 1$ 时，$h'(x) < 0$，

所以 $h(x)$ 在 $(-\infty, 1)$ 上单调递增，在 $(1, +\infty)$ 上单调递减.

所以当 $x = 1$ 时，$h(x)_{\max} = \dfrac{2}{e}$.

作出函数 $h(x)$ 的图像见图 $10-4$.

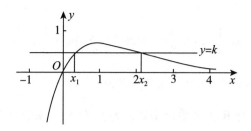

图 10 - 4

因为函数 $f(x)$ 有两个极值点，所以 $y=k$ 与 $y=h(x)$ 的图像有两个交点，所以由图可得 k 的取值范围是 $\left(0,\dfrac{2}{e}\right)$.

(2) 因为函数 $f(x)$ 有两个极值点 x_1，x_2 $(x_1<x_2)$.

所以 $\begin{cases} f(x_1)=ke^{x_1}-2x_1=0,\\ f(x_2)=ke^{x_2}-2x_2=0, \end{cases}$ 得 $\begin{cases} ke^{x_1}=2x_1,\\ ke^{x_2}=2x_2, \end{cases}$ 所以 $e^{x_2-x_1}=\dfrac{x_2}{x_1}$.

两边取对数得 $x_2-x_1=\ln\dfrac{x_2}{x_1}=\ln x_2-\ln x_1$，即 $\dfrac{x_2-x_1}{\ln x_2-\ln x_1}=1$，

由对数平均值不等式得 $\dfrac{x_2-x_1}{\ln x_2-\ln x_1}<\dfrac{x_2+x_1}{2}$，即 $\dfrac{x_2+x_1}{2}>1$，故 $x_1+x_2>2$.

课后目标检测

1. 设 $f(x)=\dfrac{e^x}{1+ax^2}$，其中 a 为正实数.

(1) 当 $a=\dfrac{4}{3}$ 时，求 $f(x)$ 的极值点；

(2) 若 $f(x)$ 为 **R** 上的单调函数，求 a 的取值范围.

解：$f'(x)=\dfrac{e^x(ax^2-2ax+1)}{(1+ax^2)^2}$，

(1) 当 $a=\dfrac{4}{3}$ 时，$f'(x)=\dfrac{3e^x(4x^2-8x+3)}{(3+4x^2)^2}=0$，解得 $x=\dfrac{1}{2}$，$x=\dfrac{3}{2}$，

由 $f'(x)>0$，得 $x<\dfrac{1}{2}$ 或 $x>\dfrac{3}{2}$，所以 $f(x)$ 在 $\left(-\infty,\dfrac{1}{2}\right)$ 和 $\left(\dfrac{3}{2},+\right.$

∞) 上单调递增;

由 $f'(x) < 0$, 得 $\frac{1}{2} < x < \frac{3}{2}$, 所以 $f(x)$ 在 $\left(\frac{1}{2}, \frac{3}{2}\right)$ 上单调递减;

故 $x = \frac{1}{2}$ 是极大值点, $x = \frac{3}{2}$ 是极小值点.

(2) 若 $f(x)$ 为 **R** 上的单调函数, 则 $f'(x)$ 在 **R** 上不变号.

又因为 a 为正实数, 所以 $ax^2 - 2ax + 1 \geq 0$ 在 **R** 上恒成立,

$\therefore \Delta = 4a^2 - 4a \leq 0$,

$\therefore 0 \leq a \leq 1$, 又 $a > 0$, $\therefore 0 < a \leq 1$, 故 a 的取值范围为 $(0, 1]$.

2. 设 $f(x) = x\ln x - ax^2 + (2a-1)x$ (常数 $a > 0$).

(1) 令 $g(x) = f'(x)$, 求 $g(x)$ 的单调区间.

(2) 已知 $f(x)$ 在 $x = 1$ 处取得极大值, 求实数 a 的取值范围.

解: (1) 由 $f'(x) = \ln x - 2ax + 2a$,

可令 $g(x) = \ln x - 2ax + 2a$, $x \in (0, +\infty)$.

所以 $g'(x) = \frac{1}{x} - 2a = \frac{1 - 2ax}{x}$. 又 $a > 0$,

当 $x \in \left(0, \frac{1}{2a}\right)$ 时, $g'(x) > 0$, 函数 $g(x)$ 单调递增,

当 $x \in \left(\frac{1}{2a}, +\infty\right)$ 时, $g'(x) < 0$, 函数 $g(x)$ 单调递减.

$\therefore$ 函数 $y = g(x)$ 的单调递增区间为 $\left(0, \frac{1}{2a}\right)$,

单调递减区间为 $\left(\frac{1}{2a}, +\infty\right)$.

(2) 由 (1) 知, $f'(1) = 0$.

① 当 $0 < a < \frac{1}{2}$ 时, $\frac{1}{2a} > 1$, 由 (1) 知 $f'(x)$ 在 $\left(0, \frac{1}{2a}\right)$ 内单调递增, 可

得当 $x \in (0, 1)$ 时, $f'(x) < 0$, 当 $x \in \left(1, \frac{1}{2a}\right)$ 时, $f'(x) > 0$.

所以 $f(x)$ 在 $(0, 1)$ 内单调递减, 在 $\left(1, \frac{1}{2a}\right)$ 内单调递增.

所以 $f(x)$ 在 $x = 1$ 处取得极小值, 不合题意.

② 当 $a = \frac{1}{2}$ 时, $\frac{1}{2a} = 1$, $f'(x)$ 在 $(0, 1)$ 内单调递增, 在 $(1, +\infty)$

内单调递减, 所以当 $x \in (0, +\infty)$ 时, $f'(x) \leq 0$, $f(x)$ 单调递减, 不合题意.

③ 当 $a > \dfrac{1}{2}$ 时, $0 < \dfrac{1}{2a} < 1$, 当 $x \in \left(\dfrac{1}{2a}, 1\right)$ 时, $f'(x) > 0$, $f(x)$ 单调递增, 当 $x \in (1, +\infty)$ 时, $f'(x) < 0$, $f(x)$ 单调递减.

所以 $f(x)$ 在 $x = 1$ 处取极大值, 符合题意.

综上可知, 实数 a 的取值范围为 $\left(\dfrac{1}{2}, +\infty\right)$.

3. (2019·石家庄质检) 已知函数 $f(x) = x(\ln x - ax)$ $(a \in \mathbf{R})$.

(1) 若 $a = 1$, 求函数 $f(x)$ 的图像在点 $(1, f(1))$ 处的切线方程;

(2) 若函数 $f(x)$ 有两个极值点 x_1, x_2, 且 $x_1 < x_2$, 求证: $f(x_2) > -\dfrac{1}{2}$.

解: (1) 由已知得, $f(x) = x(\ln x - x)$, 当 $x = 1$ 时, $f(x) = -1$,

$f'(x) = \ln x + 1 - 2x$, 当 $x = 1$ 时, $f'(x) = -1$,

所以所求切线方程为 $y + 1 = -(x - 1)$, 即 $x + y = 0$.

证明: (2) 由已知条件可得 $f'(x) = \ln x + 1 - 2ax$ 有两个不同的零点, 且两零点的左、右两侧附近的函数值符号相反.

令 $f'(x) = h(x)$, 则 $h'(x) = \dfrac{1}{x} - 2a$ $(x > 0)$,

① 若 $a \leq 0$, 则 $h'(x) > 0$, $h(x)$ 单调递增, $f'(x)$ 不可能有两个零点;

② 若 $a > 0$, 令 $h'(x) = 0$ 得 $x = \dfrac{1}{2a}$, 可知 $h(x)$ 在 $\left(0, \dfrac{1}{2a}\right)$ 上单调递增, 在 $\left(\dfrac{1}{2a}, +\infty\right)$ 上单调递减,

令 $f'\left(\dfrac{1}{2a}\right) > 0$, 解得 $0 < a < \dfrac{1}{2}$,

此时 $\dfrac{1}{e} < \dfrac{1}{2a}$, $f'\left(\dfrac{1}{e}\right) = -\dfrac{2a}{e} < 0$,

$\dfrac{1}{a^2} > \dfrac{1}{2a}$, $f'\left(\dfrac{1}{a^2}\right) = -2\ln a + 1 - \dfrac{2}{a} < 0$,

所以当 $0 < a < \dfrac{1}{2}$ 时, 函数 $f(x)$ 有两个极值点 x_1, x_2,

当 x 变化时, $f'(x)$, $f(x)$ 的变化情况见表 $10 - 4$:

表 10 - 4

x	$(0，x_1)$	x_1	$(x_1，x_2)$	x_2	$(x_2，+∞)$
$f'(x)$	—	0	+	0	—
$f(x)$	单减↘	$f(x_1)$	单增↗	$f(x_2)$	单减

因为 $f'(1)=1-2a>0$，所以 $0<x_1<1<x_2$，$f(x)$ 在 $[1，x_2]$ 上单调递增，所以 $f(x_2)>f(1)=-a>-\dfrac{1}{2}$.

4.（2018 年广安一模）已知函数 $f(x)=\ln x-\dfrac{a}{2}x^2+(a-1)x$ $(a\in \mathbf{R})$.

（1）当 $a\geqslant 0$ 时，求函数 $f(x)$ 的极值；

（2）若函数 $f(x)$ 有两个相异零点 x_1，x_2，求 a 的取值范围，并证明 $x_1+x_2>2$.

解：（1）由 $f(x)=\ln x-\dfrac{a}{2}x^2+(a-1)x$ $(x>0)$，得 $f'(x)=\dfrac{1}{x}-ax+a-1=-\dfrac{(x-1)(ax+1)}{x}$. 当 $a\geqslant 0$ 时，$ax+1>0$，当 $0<x<1$ 时，$f'(x)>0$；当 $x>1$ 时，$f'(x)<0$，故当 $a\geqslant 0$ 时，函数 $f(x)$ 在 $x=1$ 处取得极大值，且 $f(1)=\dfrac{a}{2}-1$，无极小值.

证明：（2）当 $a\geqslant 0$ 时，由（1）知 $f(x)$ 在 $x=1$ 处取得极大值，且 $f(1)=\dfrac{a}{2}-1$，当 $x\to 0$ 时，$f(x)\to -∞$，又 $f(2)=\ln 2-2<0$，$f(x)$ 有两个相异零点，则 $f(1)=\dfrac{a}{2}-1>0$，解得 $a>2$.

当 $-1<a<0$ 时，若 $0<x<1$，则 $f'(x)>0$；若 $1<x<-\dfrac{1}{a}$，则 $f'(x)<0$；若 $x>-\dfrac{1}{a}$，则 $f'(x)>0$，则 $f(x)$ 在 $x=1$ 处取得极大值，在 $x=-\dfrac{1}{a}$ 处取得极小值，由于 $f(1)=\dfrac{a}{2}-1<0$，则 $f(x)$ 仅有一个零点.

当 $a=-1$ 时，$f'(x)=\dfrac{(x-1)^2}{x}\geqslant 0$，则 $f(x)$ 仅有一个零点.

当 $a<-1$ 时，若 $0<x<-\dfrac{1}{a}$，则 $f'(x)>0$；若 $-\dfrac{1}{a}<x<1$，

则 $f'(x)<0$；若 $x>1$，则 $f'(x)>0$，则 $f(x)$ 在 $x=1$ 处取得极小值，

在 $x=-\dfrac{1}{a}$ 处取得极大值，由于 $f\left(-\dfrac{1}{a}\right)=-\ln(-a)+\dfrac{1}{2a}-1<0$，则 $f(x)$

仅有一个零点．

综上，$f(x)$ 有两个相异零点时，a 的取值范围是 $(2,+\infty)$．

两零点分别在区间 $(0,1)$ 和 $(1,2)$ 内，不妨设 $0<x_1<1<x_2<2$. 欲证

$x_1+x_2>2$，只需证明 $x_2>2-x_1$，又由（1）知 $f(x)$ 在 $(1,+\infty)$ 上单调递

减，故只需证明 $f(2-x_1)>f(x_2)=0$ 即可．

$$f(2-x_1)=\ln(2-x_1)-\dfrac{a}{2}(2-x_1)^2+(a-1)(2-x_1)$$

$$=\ln(2-x_1)-\dfrac{a}{2}x_1^2+(a+1)x_1-2.$$

又因为 $f(x_1)=\ln x_1-\dfrac{a}{2}x_1^2+(a-1)x_1=0$，

所以 $f(2-x_1)=\ln(2-x_1)-\ln x_1+2x_1-2.$

令 $h(x)=\ln(2-x)-\ln x+2x-2 \ (0<x<1)$，

则 $h'(x)=\dfrac{1}{x-2}-\dfrac{1}{x}+2=\dfrac{2(x-1)^2}{x(x-2)}<0$，

则 $h(x)$ 在 $(0,1)$ 上单调递减，

所以 $h(x)>h(1)=0$，即 $f(2-x_1)>0$，所以 $x_1+x_2>2$.

5.（2016 年全国 I 卷）已知函数 $f(x)=(x-2)e^x+a(x-1)^2$ 有两个

零点．

（1）求 a 的取值范围；

（2）设 x_1，x_2 是 $f(x)$ 的两个零点，证明：$x_1+x_2<2$.

解：（1）$f'(x)=(x-1)e^x+2a(x-1)=(x-1)(e^x+2a)$.

① 设 $a=0$，则 $f(x)=(x-2)e^x$，$f(x)$ 只有一个零点．

② 设 $a>0$，则当 $x\in(-\infty,1)$ 时，$f'(x)<0$；

当 $x\in(1,+\infty)$ 时，$f'(x)>0$.

所以 $f(x)$ 在 $(-\infty,1)$ 单调递减，在 $(1,+\infty)$ 单调递增．

又 $f(1)=-e$，$f(2)=a$，取 b 满足 $b<0$ 且 $b<\ln\dfrac{a}{2}$，则 $f(b)>\dfrac{a}{2}$

$(b-2)$ $+a$ $(b-1)^2 = a\left(b^2 - \dfrac{3}{2}b\right) > 0$,

故 $f(x)$ 存在两个零点.

③ 设 $a < 0$, 由 $f'(x) = 0$ 得 $x = 1$ 或 $x = \ln(-2a)$.

若 $a \geqslant -\dfrac{\mathrm{e}}{2}$, 则 $\ln(-2a) \leqslant 1$, 故当 $x \in (1, +\infty)$ 时, $f'(x) > 0$,

因此 $f(x)$ 在 $(1, +\infty)$ 单调递增.

又当 $x \leqslant 1$ 时, $f(x) < 0$, 所以 $f(x)$ 不存在两个零点.

若 $a < -\dfrac{\mathrm{e}}{2}$, 则 $\ln(-2a) > 1$, 故当 $x \in (1, \ln(-2a))$ 时, $f'(x) < 0$; 当 $x \in (\ln(-2a), +\infty)$ 时, $f'(x) > 0$.

因此 $f(x)$ 在 $(1, \ln(-2a))$ 单调递减, 在 $(\ln(-2a), +\infty)$ 单调递增.

又当 $x \leqslant 1$ 时, $f(x) < 0$, 所以 $f(x)$ 不存在两个零点.

综上, a 的取值范围为 $(0, +\infty)$.

(2) 不妨设 $x_1 < x_2$. 由 (1) 知, $x_1 \in (-\infty, 1)$, $x_2 \in (1, +\infty)$, $2 - x_2 \in (-\infty, 1)$, $f(x)$ 在 $(-\infty, 1)$ 单调递减,

所以 $x_1 + x_2 < 2$ 等价于 $f(x_1) > f(2-x_2)$, 即 $f(2-x_2) < 0$.

由于 $f(2-x_2) = -x_2 \mathrm{e}^{2-x_2} + a(x_2-1)^2$, 而 $f(x_2) = (x_2-2)\mathrm{e}^{x_2} + a(x_2-1)^2 = 0$,

所以 $f(2-x_2) = -x_2 \mathrm{e}^{2-x_2} - (x_2-2)\mathrm{e}^{x_2}$.

设 $g(x) = -x\mathrm{e}^{2-x} - (x-2)\mathrm{e}^x$, 则 $g'(x) = (x-1)(\mathrm{e}^{2-x} - \mathrm{e}^x)$.

所以当 $x > 1$ 时, $g'(x) < 0$,

而 $g(1) = 0$,

故当 $x > 1$ 时, $g(x) < 0$, 从而 $g(x_2) = f(2-x_2) < 0$,

故 $x_1 + x_2 < 2$.

微专题3　函数的零点

核心知识归纳

1. 函数的零点定义：对于函数 $y=f(x)$，把使 $f(x)=0$ 的实数 x 叫做函数 $y=f(x)$ 的零点．

（注：函数的零点不是点，而是一个实数．）

2. 方程 $f(x)=0$ 有实数根 $\Leftrightarrow$ 函数 $y=f(x)$ 的图像与 x 轴有交点 $\Leftrightarrow$ 函数 $y=f(x)$ 有零点．

3. 函数 $f(x)=g(x)-h(x)$ 的零点个数 $\Leftrightarrow$ 函数 $y=g(x)$ 的图像与 $y=h(x)$ 的图像交点个数．

考点题型剖析

考点一：确定函数零点个数

【例1】设函数 $f(x)=e^{2x}-a\ln x$．

（1）讨论 $f(x)$ 的导函数 $f'(x)$ 零点的个数；

（2）证明：当 $a>0$ 时，$f(x) \geqslant 2a+a\ln\dfrac{2}{a}$．

解：（1）$f(x)$ 的定义域为 $(0, +\infty)$，$f'(x)=2e^{2x}-\dfrac{a}{x}$ $(x>0)$．

当 $a\leqslant 0$ 时，$f'(x)>0$，$f'(x)$ 没有零点；

当 $a>0$ 时，因为 $y=e^{2x}$ 单调递增，$y=-\dfrac{a}{x}$ 单调递增，

所以 $f'(x)$ 在 $(0, +\infty)$ 上单调递增.

又 $f'(a) > 0$, 假设存在 b 满足 $0 < b < \dfrac{a}{4}$ 时, 且 $b < \dfrac{1}{4}$, $f'(b) < 0$,

故当 $a > 0$ 时, $f'(x)$ 存在唯一零点.

证明: (2) 由 (1), 可设 $f'(x)$ 在 $(0, +\infty)$ 上的唯一零点为 x_0,

当 $x \in (0, x_0)$ 时, $f'(x) < 0$; 当 $x \in (x_0, +\infty)$ 时, $f'(x) > 0$.

故 $f(x)$ 在 $(0, x_0)$ 上单调递减, 在 $(x_0, +\infty)$ 上单调递增,

所以当 $x = x_0$ 时, $f(x)$ 取得最小值, 最小值为 $f(x_0)$.

由于 $2e^{2x_0} - \dfrac{a}{x_0} = 0$,

所以 $f(x_0) = \dfrac{a}{2x_0} + 2ax_0 + a\ln\dfrac{2}{a} \geq 2a + a\ln\dfrac{2}{a}$.

故当 $a > 0$ 时, $f(x) \geq 2a + a\ln\dfrac{2}{a}$.

【名师方法点拨】

1. 在 (1) 中, 当 $a > 0$ 时, $f'(x)$ 在 $(0, +\infty)$ 上单调递增, 从而 $f'(x)$ 在 $(0, +\infty)$ 上至多有一个零点, 问题的关键是找到 b, 使 $f'(b) < 0$.

2. 由 (1) 知, 函数 $f'(x)$ 存在唯一零点 x_0, 则 $f(x_0)$ 为函数的最小值, 从而把问题转化为证明 $f(x_0) \geq 2a + a\ln\dfrac{2}{a}$. 本问题是隐零点问题, 采取了虚设零点方式解决.

【跟踪训练】 已知函数 $f(x) = e^x - 1$, $g(x) = \sqrt{x} + x$, 其中 e 是自然对数的底数.

(1) 证明: 函数 $h(x) = f(x) - g(x)$ 在区间 $(1, 2)$ 上有零点;

(2) 求方程 $f(x) = g(x)$ 的根的个数, 并说明理由.

证明: (1) 由题意可得 $h(x) = f(x) - g(x) = e^x - 1 - \sqrt{x} - x$,

所以 $h(1) = e - 3 < 0$, $h(2) = e^2 - 3 - \sqrt{2} > 0$,

所以 $h(1)h(2) < 0$,

所以函数 $h(x)$ 在区间 $(1, 2)$ 上有零点.

解: (2) 由 (1) 可知 $h(x) = f(x) - g(x) = e^x - 1 - \sqrt{x} - x$.

由 $g(x) = \sqrt{x} + x$ 知 $x \in [0, +\infty)$,

而 $h(0) = 0$, 则 $x = 0$ 为 $h(x)$ 的一个零点.

又 $h(x)$ 在 $(1, 2)$ 内有零点,

因此 $h(x)$ 在 $[0, +\infty)$ 上至少有两个零点.

$h'(x) = e^x - \frac{1}{2}x^{-\frac{1}{2}} - 1$, 记 $\varphi(x) = e^x - \frac{1}{2}x^{-\frac{1}{2}} - 1$,

则 $\varphi'(x) = e^x + \frac{1}{4}x^{-\frac{3}{2}}$,

当 $x \in (0, +\infty)$ 时, $\varphi'(x) > 0$, 因此 $\varphi(x)$ 在 $(0, +\infty)$ 上单调递增,

易知 $\varphi(x)$ 在 $(0, +\infty)$ 内至多有一个零点,

即 $h(x)$ 在 $[0, +\infty)$ 内至多有两个零点,

则 $h(x)$ 在 $[0, +\infty)$ 上有且只有两个零点,

所以方程 $f(x) = g(x)$ 的根的个数为 2.

考点二：已知函数零点个数，求参数的值或范围

【例 2】（2018 年全国 II 卷）已知函数 $f(x) = e^x - ax^2$.

（1）若 $a = 1$, 证明：当 $x \geqslant 0$ 时, $f(x) \geqslant 1$;

（2）若 $f(x)$ 在 $(0, +\infty)$ 只有一个零点, 求 a.

证明：（1）当 $a = 1$ 时, $f(x) = e^x - x^2$, 则 $f'(x) = e^x - 2x$.

令 $g(x) = f'(x)$, 则 $g'(x) = e^x - 2$.

令 $g'(x) = 0$, 解得 $x = \ln 2$.

当 $x \in (0, \ln 2)$ 时, $g'(x) < 0$;

当 $x \in (\ln 2, +\infty)$ 时, $g'(x) > 0$.

∴ 当 $x \geqslant 0$ 时, $g(x) \geqslant g(\ln 2) = 2 - 2\ln 2 > 0$,

∴ $f(x)$ 在 $[0, +\infty)$ 上单调递增, ∴ $f(x) \geqslant f(0) = 1$.

解：（2）若 $f(x)$ 在 $(0, +\infty)$ 上只有一个零点, 即方程 $e^x - ax^2 = 0$ 在 $(0, +\infty)$ 上只有一个解,

由 $a = \frac{e^x}{x^2}$, 令 $\varphi(x) = \frac{e^x}{x^2}$, $x \in (0, +\infty)$,

$\varphi'(x) = \frac{e^x(x - 2)}{x^3}$, 令 $\varphi'(x) = 0$, 解得 $x = 2$.

当 $x \in (0, 2)$ 时, $\varphi'(x) < 0$; 当 $x \in (2, +\infty)$ 时, $\varphi'(x) > 0$.

∴ $\varphi(x)_{\min} = \varphi(2) = \frac{e^2}{4}$. ∴ $a = \frac{e^2}{4}$.

【名师方法点拨】

1. 用导数研究函数的零点的主要考查形式

利用导数研究函数的零点主要考查直观想象、逻辑推理、数学运算等核心素养. 考查的主要形式:

(1) 求函数的零点、图像交点的个数.

(2) 根据函数的零点个数求参数的取值或范围.

2. 导数研究函数的零点常用方法

(1) 函数分析法:研究函数的单调性、极值,利用单调性、极值、函数零点存在定理来求解零点问题.

(2) 分离参数法:将函数零点问题转化为方程根的问题,从而同解变形为两个函数图像的交点,运用函数的图像性质求解.

【跟踪训练】 已知函数 $f(x) = \ln x - ax^2 + x$ 有两个不同的零点,求实数 a 的取值范围.

解:令 $g(x) = \ln x$, $h(x) = ax^2 - x$, 将零点问题转化为两个函数图像交点的问题.

当 $a \leq 0$ 时, $g(x)$ 和 $h(x)$ 的图像只有一个交点,不满足题意;

当 $a > 0$ 时, 由 $\ln x - ax^2 + x = 0$, 得 $a = \dfrac{x + \ln x}{x^2}$.

令 $r(x) = \dfrac{x + \ln x}{x^2}$, 则 $r(x)$ 的定义域为 $(0, +\infty)$.

则 $r'(x) = \dfrac{\left(1 + \dfrac{1}{x}\right) \cdot x^2 - (\ln x + x) \cdot 2x}{x^4} = \dfrac{1 - x - 2\ln x}{x^3}$, 易知 $r'(1) = 0$,

当 $0 < x < 1$ 时, $r'(x) > 0$, $r(x)$ 是增函数,

当 $x > 1$ 时, $r'(x) < 0$, $r(x)$ 是减函数, 且 $\dfrac{x + \ln x}{x^2} > 0$,

$r(x)_{\max} = r(1) = 1$, 所以 $0 < a < 1$.

故实数 a 的取值范围是 $(0, 1)$.

课后目标检测

1. 设 a 为实数，函数 $f(x) = -x^3 + 3x + a$.

（1）求 $f(x)$ 的极值；

（2）是否存在实数 a，使得方程 $f(x) = 0$ 恰好有两个实数根？若存在，求出实数 a 的值；若不存在，请说明理由.

解：（1）$f'(x) = -3x^2 + 3$，令 $f'(x) = 0$，得 $x = -1$ 或 $x = 1$.

∵ 当 $x \in (-\infty, -1)$ 时，$f'(x) < 0$；当 $x \in (-1, 1)$ 时，$f'(x) > 0$；当 $x \in (1, +\infty)$ 时，$f'(x) < 0$，

∴$f(x)$ 在 $(-\infty, -1)$，$(1, +\infty)$ 上单调递减，在 $(-1, 1)$ 上单调递增.

∴$f(x)$ 的极小值为 $f(-1) = a - 2$，极大值为 $f(1) = a + 2$.

（2）方程 $f(x) = 0$ 恰好有两个实数根，等价于直线 $y = a$ 与函数 $y = x^3 - 3x$ 的图像有两个交点.∵$y = x^3 - 3x$，∴$y' = 3x^2 - 3$. 令 $y' > 0$，解得 $x > 1$ 或 $x < -1$；令 $y' < 0$，解得 $-1 < x < 1$.

∴$y = x^3 - 3x$ 在 $(-1, 1)$ 上为减函数，在 $(1, +\infty)$ 和 $(-\infty, -1)$ 上为增函数.∴当 $x = -1$ 时，$y_{\text{极大值}} = 2$；当 $x = 1$ 时，$y_{\text{极小值}} = -2$.∴$y = x^3 - 3x$ 的大致图像见图 10-5.

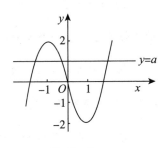

图 10-5

$y = a$ 表示平行于 x 轴的一条直线，由图像知，当 $a = 2$ 或 $a = -2$ 时，$y = a$ 与 $y = x^3 - 3x$ 有两个交点.

故当 $a = 2$ 或 $a = -2$ 时，方程 $f(x) = 0$ 恰好有两个实数根.

2. 设函数 $f(x) = \ln x + \dfrac{m}{x}$（$m > 0$），讨论函数 $g(x) = f'(x) - \dfrac{x}{3}$ 零点的个数.

解：函数 $g(x) = f'(x) - \dfrac{x}{3} = \dfrac{1}{x} - \dfrac{m}{x^2} - \dfrac{x}{3}$（$x > 0$），

令 $g(x) = 0$，得 $m = -\frac{1}{3}x^3 + x$ $(x > 0)$.

设 $h(x) = -\frac{1}{3}x^3 + x$ $(x > 0)$，

所以 $h'(x) = -x^2 + 1 = -(x-1)(x+1)$.

当 $x \in (0, 1)$ 时，$h'(x) > 0$，此时 $h(x)$ 在 $(0, 1)$ 内单调递增；当 $x \in (1, +\infty)$ 时，$h'(x) < 0$，此时 $h(x)$ 在 $(1, +\infty)$ 内单调递减．

所以当 $x = 1$ 时，$h(x)$ 取得极大值 $h(1) = -\frac{1}{3} + 1 = \frac{2}{3}$.

令 $h(x) = 0$，即 $-\frac{1}{3}x^3 + x = 0$，解得 $x = 0$（舍去）或 $x = \sqrt{3}$.

作出函数 $h(x)$ 的大致图像（见图 10－6），结合图像知：

① 当 $m > \frac{2}{3}$ 时，函数 $y = m$ 和函数 $y = h(x)$
的图像无交点．

② 当 $m = \frac{2}{3}$ 时，函数 $y = m$ 和函数 $y = h(x)$
的图像有且仅有一个交点．

③ 当 $0 < m < \frac{2}{3}$ 时，函数 $y = m$ 和函数 $y =$
$h(x)$ 的图像有两个交点．

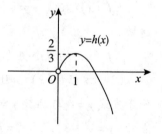

图 10－6

综上所述，当 $m > \frac{2}{3}$ 时，函数 $g(x)$ 无零点；当 $m = \frac{2}{3}$，函数 $g(x)$ 有且

仅有一个零点；当 $0 < m < \frac{2}{3}$ 时，函数 $g(x)$ 有两个零点．

3.（2019 年益阳、湘潭调研）已知函数 $f(x) = \ln x - ax^2 + x$，$a \in \mathbf{R}$.

（1）当 $a = 0$ 时，求曲线 $y = f(x)$ 在点 $(e, f(e))$ 处的切线方程；

（2）讨论 $f(x)$ 的单调性；

（3）若 $f(x)$ 有两个零点，求 a 的取值范围．

解：（1）当 $a = 0$ 时，$f(x) = \ln x + x$，$f(e) = e + 1$，$f'(x) = \frac{1}{x} + 1$，

$f'(e) = 1 + \frac{1}{e}$，$\therefore$ 曲线 $y = f(x)$ 在点 $(e, f(e))$ 处的切线方程为 $y - (e +$

1） $=\left(1+\dfrac{1}{e}\right)(x-e)$，即 $y=\left(\dfrac{1}{e}+1\right)x.$

（2） $f'(x)=\dfrac{-2ax^2+x+1}{x}\ (x>0)$，

① 当 $a\leqslant 0$ 时，显然 $f'(x)>0$，$f(x)$ 在 $(0,+\infty)$ 上单调递增；

② 当 $a>0$ 时，令 $f'(x)=\dfrac{-2ax^2+x+1}{x}=0$，则 $-2ax^2+x+1=0$，易知 $\Delta>0$ 恒成立.

设方程的两根分别为 x_1，x_2 $(x_1<x_2)$，则 $x_1x_2=-\dfrac{1}{2a}<0$，$\therefore x_1<0<x_2$，

$\therefore f'(x)=\dfrac{-2ax^2+x+1}{x}=\dfrac{-2a(x-x_1)(x-x_2)}{x}\ (x>0).$

由 $f'(x)>0$ 得 $x\in(0,x_2)$，由 $f'(x)<0$ 得 $x\in(x_2,+\infty)$，其中 $x_2=\dfrac{1+\sqrt{8a+1}}{4a}$，

$\therefore$ 函数 $f(x)$ 在 $\left(0,\dfrac{1+\sqrt{8a+1}}{4a}\right)$ 上单调递增，在 $\left(\dfrac{1+\sqrt{8a+1}}{4a},+\infty\right)$ 上单调递减.

（3） 函数 $f(x)$ 有两个零点，等价于方程 $a=\dfrac{\ln x+x}{x^2}$ 有两解.

令 $g(x)=\dfrac{\ln x+x}{x^2}\ (x>0)$，则 $g'(x)=\dfrac{1-2\ln x-x}{x^3}.$

由 $g'(x)=\dfrac{1-2\ln x-x}{x^3}>0$，得 $2\ln x+x<1$，解得 $0<x<1$，

$\therefore g(x)$ 在 $(0,1)$ 单调递增，在 $(1,+\infty)$ 单调递减，

又 $\because$ 当 $x\geqslant 1$ 时，$g(x)>0$，当 $x\to 0$ 时，$g(x)\to-\infty$，当 $x\to+\infty$ 时，$g(x)\to 0$，

$\therefore$ 作出函数 $g(x)$ 的大致图像，见图 $10-7$，结合函数值的变化趋势猜想：当 $a\in(0,1)$ 时符合题意.

下面给出证明：

当 $a\geqslant 1$ 时，$a\geqslant g(x)_{\max}$，方程至多一解，不符合题意；

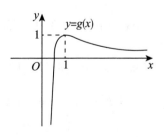

图 $10-7$

当 $a \leq 0$ 时，方程至多一解，不符合题意；

当 $a \in (0, 1)$ 时，$g\left(\dfrac{1}{e}\right) < 0$，$\therefore g\left(\dfrac{1}{e}\right) - a < 0$，

$g\left(\dfrac{2}{a}\right) = \dfrac{a^2}{4}\left(\ln\dfrac{2}{a} + \dfrac{2}{a}\right) < \dfrac{a^2}{4}\left(\dfrac{2}{a} + \dfrac{2}{a}\right) = a$，

$\therefore g\left(\dfrac{2}{a}\right) - a < 0$.

$\therefore$ 方程在 $\left(\dfrac{1}{e}, 1\right)$ 与 $\left(1, \dfrac{1}{a}\right)$ 上各有一个根，

$\therefore$ 若 $f(x)$ 有两个零点，a 的取值范围为 $(0, 1)$.

4. （2017 年全国 I 卷）已知函数 $f(x) = ae^{2x} + (a-2)e^x - x$.

（1）讨论 $f(x)$ 的单调性；

（2）若 $f(x)$ 有两个零点，求 a 的取值范围.

解：（1）$f(x)$ 的定义域为 $(-\infty, +\infty)$，

$f'(x) = 2ae^{2x} + (a-2)e^x - 1 = (ae^x - 1)(2e^x + 1)$.

若 $a \leq 0$，则 $f'(x) < 0$，所以 $f(x)$ 在 $(-\infty, +\infty)$ 上单调递减.

若 $a > 0$，则由 $f'(x) = 0$ 得 $x = -\ln a$：当 $x \in (-\infty, -\ln a)$ 时，$f'(x) < 0$；当 $x \in (-\ln a, +\infty)$ 时，$f'(x) > 0$.

所以 $f(x)$ 在 $(-\infty, -\ln a)$ 上单调递减，在 $(-\ln a, +\infty)$ 上单调递增.

（2）若 $a \leq 0$，由（1）知：$f(x)$ 至多有一个零点.

若 $a > 0$，由（1）知：当 $x = -\ln a$ 时，$f(x)$ 取得最小值，最小值为 $f(-\ln a) = 1 - \dfrac{1}{a} + \ln a$. 当 $a = 1$ 时，由于 $f(-\ln a) = 0$，故 $f(x)$ 只有一个零点；

当 $a \in (1, +\infty)$ 时，由于 $1 - \dfrac{1}{a} + \ln a > 0$，即 $f(-\ln a) > 0$，故 $f(x)$ 没有零点；当 $a \in (0, 1)$ 时，$1 - \dfrac{1}{a} + \ln a < 0$，即 $f(-\ln a) < 0$.

又 $f(-2) = ae^{-4} + (a-2)e^{-2} + 2 > -2e^{-2} + 2 > 0$，

故 $f(x)$ 在 $(-\infty, -\ln a)$ 上有一个零点.

设正整数 n_0 满足 $n_0 > \ln\left(\dfrac{3}{a} - 1\right)$，则 $f(n_0) = e^{n_0}(ae^{n_0} + a - 2) - n_0 > e^{n_0} - n_0 > 2^{n_0} - n_0 > 0$.

由于 $\ln\left(\dfrac{3}{a}-1\right)>-\ln a$,

因此 $f(x)$ 在 $(-\ln a,\ +\infty)$ 上有一个零点,

即 $a\in(0,\ 1)$ 时,$f(x)$ 有两个零点.

综上,a 的取值范围为 $(0,\ 1)$.

微专题4 不等式恒（能）
成立和不等式证明问题

核心知识归纳

1. 利用导数解决单函数不等式恒成立问题的"两种"常用方法

（1）分离参数法：将原不等式分离参数，转化为不含参数的函数的最值问题，利用导数求该函数的最值，根据要求得出所求范围.

①$f(x) \geq a$ 恒成立 $\Leftrightarrow f(x)_{\min} \geq a$.

②$f(x) \leq a$ 恒成立 $\Leftrightarrow f(x)_{\max} \leq a$.

（2）函数分析法：将不等式转化为某含待求参数的函数的最值问题，利用导数求该函数的极值（最值），然后构建不等式求解.

2. 利用导数解决单函数不等式能成立问题解决方法

$a \geq f(x)$ 在 $x \in \mathbf{D}$ 上能成立 $\Leftrightarrow a \geq f(x)_{\min}$；

$a \leq f(x)$ 在 $x \in \mathbf{D}$ 上能成立 $\Leftrightarrow a \leq f(x)_{\max}$.

3. 利用导数解决双函数不等式的"恒成立"与"存在性"问题

（1）$f(x) > g(x)$ 对一切 $x \in \mathbf{I}$ 恒成立 $\Leftrightarrow [f(x) - g(x)]_{\min} > 0 \ (x \in \mathbf{I})$.

（2）$\exists x \in \mathbf{I}$，使 $f(x) > g(x)$ 成立 $\Leftrightarrow [f(x) - g(x)]_{\max} > 0 \ (x \in \mathbf{I})$.

（3）对 $\forall x_1, x_2 \in \mathbf{I}$ 使得 $f(x_1) \leq g(x_2) \Leftrightarrow f(x)_{\max} \leq g(x)_{\min}$.

（4）对 $\forall x_1 \in \mathbf{I}$，$\exists x_2 \in \mathbf{I}$ 使得 $f(x_1) \geq g(x_2) \Leftrightarrow f(x)_{\min} \geq g(x)_{\min}$.

4. 证明不等式的基本方法

（1）利用单调性：若 $f(x)$ 在 $[a, b]$ 上是增函数，则：

① $\forall x \in [a, b]$，有 $f(a) \leq f(x) \leq f(b)$，

② $\forall x_1, x_2 \in [a, b]$，且 $x_1 < x_2$，有 $f(x_1) < f(x_2)$.

对于减函数有类似结论.

（2）利用最值：若 $f(x)$ 在某个范围 D 内有最大值 M（或最小值 m），则 $\forall x \in D$，有 $f(x) \leqslant M$ 或 $f(x) \geqslant m.$ 证明双函数不等式 $f(x) > g(x)$：

① 可构造函数 $F(x) = f(x) - g(x)$，证明 $F(x) > 0.$ 先通过化简、变形，再移项构造不等式可减少运算量，使得问题顺利解决.

② 利用"若 $f(x)_{\min} > g(x)_{\max}$，则 $f(x) > g(x)$"证明不等式.

考点题型剖析

考点一：等式恒成立求参数

【例1】已知函数 $f(x) = \dfrac{\sin x}{x}$（$x \neq 0$）.

（1）判断函数 $f(x)$ 在区间 $\left(0, \dfrac{\pi}{2}\right)$ 上的单调性；

（2）若 $f(x) < a$ 在区间 $\left(0, \dfrac{\pi}{2}\right)$ 上恒成立，求实数 a 的最小值.

解：（1）$f'(x) = \dfrac{x\cos x - \sin x}{x^2}$，

令 $g(x) = x\cos x - \sin x$，$x \in \left(0, \dfrac{\pi}{2}\right)$，则 $g'(x) = -x\sin x$，

显然，当 $x \in \left(0, \dfrac{\pi}{2}\right)$ 时，$g'(x) = -x\sin x < 0$，即函数 $g(x)$ 在区间 $\left(0, \dfrac{\pi}{2}\right)$ 上单调递减，且 $g(0) = 0.$

从而 $g(x)$ 在区间 $\left(0, \dfrac{\pi}{2}\right)$ 上恒小于零，

所以 $f'(x)$ 在区间 $\left(0, \dfrac{\pi}{2}\right)$ 上恒小于零，

所以函数 $f(x)$ 在区间 $\left(0, \dfrac{\pi}{2}\right)$ 上单调递减.

（2）不等式 $f(x) < a$，$x \in \left(0, \dfrac{\pi}{2}\right)$ 恒成立，即 $\sin x - ax < 0$ 恒成立.

令 $\varphi(x) = \sin x - ax$，$x \in \left(0, \dfrac{\pi}{2}\right)$，

则 $\varphi'(x) = \cos x - a$，且 $\varphi(0) = 0$.

当 $a \geqslant 1$ 时，在区间 $\left(0, \dfrac{\pi}{2}\right)$ 上 $\varphi'(x) < 0$，即函数 $\varphi(x)$ 单调递减，

所以 $\varphi(x) < \varphi(0) = 0$，故 $\sin x - ax < 0$ 恒成立.

当 $0 < a < 1$ 时，$\varphi'(x) = \cos x - a = 0$ 在区间 $\left(0, \dfrac{\pi}{2}\right)$ 上存在唯一解 x_0，

当 $x \in (0, x_0)$ 时，$\varphi'(x) > 0$，故 $\varphi(x)$ 在区间 $(0, x_0)$ 上单调递增，且 $\varphi(0) = 0$，

从而 $\varphi(x)$ 在区间 $(0, x_0)$ 上大于零，这与 $\sin x - ax < 0$ 恒成立相矛盾.

当 $a \leqslant 0$ 时，在区间 $\left(0, \dfrac{\pi}{2}\right)$ 上 $\varphi'(x) > 0$，即函数 $\varphi(x)$ 单调递增，且 $\varphi(0) = 0$，得 $\sin x - ax > 0$ 恒成立，这与 $\sin x - ax < 0$ 恒成立相矛盾.

故实数 a 的最小值为 1.

【跟踪训练】（2018 年贵州适应性考试）已知函数 $f(x) = ax - e^x$ $(a \in \mathbf{R})$，$g(x) = \dfrac{\ln x}{x}$.

（1）求函数 $f(x)$ 的单调区间；

（2）$\exists x \in (0, +\infty)$，使不等式 $f(x) \leqslant g(x) - e^x$ 成立，求 a 的取值范围.

解：（1）因为 $f'(x) = a - e^x$，$x \in \mathbf{R}$.

当 $a \leqslant 0$ 时，$f'(x) < 0$，$f(x)$ 在 $\mathbf{R}$ 上单调递减；

当 $a > 0$ 时，令 $f'(x) = 0$，得 $x = \ln a$.

由 $f'(x) > 0$，得 $f(x)$ 的单调递增区间为 $(-\infty, \ln a)$；

由 $f'(x) < 0$，得 $f(x)$ 的单调递减区间为 $(\ln a, +\infty)$.

综上所述，当 $a \leqslant 0$ 时，$f(x)$ 的单调递减区间为 $(-\infty, +\infty)$，无单调递增区间；

当 $a > 0$ 时，$f(x)$ 的单调递增区间为 $(-\infty, \ln a)$，单调递减区间为 $(\ln a, +\infty)$.

（2）因为 $\exists x \in (0, +\infty)$，使不等式 $f(x) \leqslant g(x) - e^x$，

则 $ax \leqslant \dfrac{\ln x}{x}$，即 $a \leqslant \dfrac{\ln x}{x^2}$.

设 $h(x) = \dfrac{\ln x}{x^2}$，则问题转化为 $a \leqslant \left(\dfrac{\ln x}{x^2}\right)_{\max}$，

由 $h'(x) = \dfrac{1-2\ln x}{x^3}$，令 $h'(x)=0$，得 $x=\sqrt{e}$.

当 x 在区间 $(0, +\infty)$ 内变化时，$h'(x)$，$h(x)$ 随 x 的变化情况见表 10-5：

表 10-5

x	$(0, \sqrt{e})$	$\sqrt{e}$	$(\sqrt{e}, +\infty)$
$h'(x)$	$+$	0	$-$
$h(x)$	单增↗	极大值$\dfrac{1}{2e}$	单减

由上表可知，当 $x=\sqrt{e}$ 时，函数 $h(x)$ 有极大值，即最大值为 $\dfrac{1}{2e}$，所以 $a \leqslant \dfrac{1}{2e}$.

故 a 的取值范围是 $\left(-\infty, \dfrac{1}{2e}\right]$.

考点二：不等式能成立求参数的取值范围

【例2】已知函数 $f(x) = x^2 - (2a+1)x + a\ln x \ (a \in \mathbf{R})$.

(1) 若 $f(x)$ 在区间 $[1, 2]$ 上是单调函数，求实数 a 的取值范围；

(2) 函数 $g(x) = (1-a)x$，若 $\exists x_0 \in [1, e]$ 使得 $f(x_0) \geqslant g(x_0)$ 成立，求实数 a 的取值范围.

解：(1) $f'(x) = \dfrac{(2x-1)(x-a)}{x}$，当导函数 $f'(x)$ 的零点 $x=a$ 落在区间 $(1, 2)$ 内时，函数 $f(x)$ 在区间 $[1, 2]$ 上就不是单调函数，即 $a \notin (1, 2)$，

所以实数 a 的取值范围是 $(-\infty, 1] \cup [2, +\infty)$.

(2) 由题意知，不等式 $f(x) \geqslant g(x)$ 在区间 $[1, e]$ 上有解，

即 $x^2 - 2x + a(\ln x - x) \geqslant 0$ 在区间 $[1, e]$ 上有解.

因为当 $x \in [1, e]$ 时，$\ln x \leqslant 1 \leqslant x$（不同时取等号），$x - \ln x > 0$，

所以 $a \leqslant \dfrac{x^2 - 2x}{x - \ln x}$ 在区间 $[1, e]$ 上有解.

令 $h(x) = \dfrac{x^2 - 2x}{x - \ln x}$，则 $h'(x) = \dfrac{(x-1)(x+2-2\ln x)}{(x-\ln x)^2}$.

因为 $x \in [1, e]$，所以 $x + 2 > 2 \geqslant 2\ln x$，

所以 $h'(x) \geqslant 0$，$h(x)$ 在 $[1, e]$ 上单调递增，

所以 $x \in [1, e]$ 时，$h(x)_{max} = h(e) = \dfrac{e(e-2)}{e-1}$，

所以 $a \leqslant \dfrac{e(e-2)}{e-1}$，

所以实数 a 的取值范围是 $\left(-\infty, \dfrac{e(e-2)}{e-1} \right]$.

【跟踪训练】已知 $f(x) = \ln x - \dfrac{x}{4} + \dfrac{3}{4x}$，$g(x) = -x^2 - 2ax + 4$，若对任意的 $x_1 \in (0, 2]$，存在 $x_2 \in [1, 2]$，使得 $f(x_1) \geqslant g(x_2)$ 成立，则 a 的取值范围是（　　）

A. $\left[\dfrac{5}{4}, +\infty \right)$ 　　　　　　　　B. $\left[-\dfrac{1}{8}, +\infty \right)$

C. $\left[-\dfrac{1}{8}, \dfrac{5}{4} \right]$ 　　　　　　　　D. $\left(-\infty, -\dfrac{5}{4} \right]$

解：因为 $f'(x) = \dfrac{1}{x} - \dfrac{1}{4} - \dfrac{3}{4x^2} = \dfrac{-x^2 + 4x - 3}{4x^2} = -\dfrac{(x-1)(x-3)}{4x^2}$，

易知，当 $x \in (0, 1)$ 时，$f'(x) < 0$；

当 $x \in (1, 2]$ 时，$f'(x) > 0$，

所以 $f(x)$ 在 $(0, 1)$ 上单调递减，在 $(1, 2]$ 上单调递增，

故 $f(x)_{min} = f(1) = \dfrac{1}{2}$.

对于二次函数 $g(x) = -x^2 - 2ax + 4$，易知该函数的图像开口向下，所以其在区间 $[1, 2]$ 上的最小值在端点处取得，

即 $g(x)_{min} = \min \{ g(1), g(2) \}$.

要使对任意的 $x_1 \in (0, 2]$，存在 $x_2 \in [1, 2]$，

使得 $f(x_1) \geqslant g(x_2)$ 成立，只需 $f(x)_{min} \geqslant g(x)_{min}$，

即 $\dfrac{1}{2} \geqslant g(1)$ 且 $\dfrac{1}{2} \geqslant g(2)$，

所以 $\dfrac{1}{2} \geqslant -1 - 2a + 4$ 且 $\dfrac{1}{2} \geqslant -4 - 4a + 4$，

解得 $a \geqslant \dfrac{5}{4}$.

故答案为 A.

考点三：不等式证明

【例3】 设函数 $f(x) = \ln x - x + 1$.

（1）讨论 $f(x)$ 的单调性.

（2）证明当 $x \in (1, +\infty)$ 时，$1 < \dfrac{x-1}{\ln x} < x$.

解：（1）由题设知，$f(x)$ 的定义域为 $(0, +\infty)$，

$f'(x) = \dfrac{1}{x} - 1$，令 $f'(x) = 0$，解得 $x = 1$.

当 $0 < x < 1$ 时，$f'(x) > 0$，$f(x)$ 单调递增；当 $x > 1$ 时，$f'(x) < 0$，$f(x)$ 单调递减.

证明：（2）由（1）知，$f(x)$ 在 $x = 1$ 处取得极大值也为最大值，最大值为 $f(1) = 0$.

所以当 $x \neq 1$ 时，$\ln x < x - 1$.

故当 $x \in (1, +\infty)$ 时，$\ln x < x - 1$，$\ln \dfrac{1}{x} < \dfrac{1}{x} - 1$，

即 $1 < \dfrac{x-1}{\ln x} < x$.

【跟踪训练】 已知函数 $f(x) = x \ln x - ax$.

（1）当 $a = -1$ 时，求函数 $f(x)$ 在 $(0, +\infty)$ 上的最值.

（2）证明：对一切 $x \in (0, +\infty)$，都有 $\ln x + 1 > \dfrac{1}{e^{x+1}} - \dfrac{2}{e^2 x}$ 成立.

解：（1）函数 $f(x) = x \ln x - ax$ 的定义域为 $(0, +\infty)$.

当 $a = -1$ 时，$f(x) = x \ln x + x$，$f'(x) = \ln x + 2$.

由 $f'(x) = 0$，得 $x = \dfrac{1}{e^2}$.

当 $x \in \left(0, \dfrac{1}{e^2}\right)$ 时，$f'(x) < 0$；当 $x > \dfrac{1}{e^2}$ 时，$f'(x) > 0$.

所以 $f(x)$ 在 $\left(0, \dfrac{1}{e^2}\right)$ 上单调递减，在 $\left(\dfrac{1}{e^2}, +\infty\right)$ 上单调递增.

因此 $f(x)$ 在 $x = \dfrac{1}{e^2}$ 处取得最小值，即 $f(x)_{\min} = f\left(\dfrac{1}{e^2}\right) = -\dfrac{1}{e^2}$，但 $f(x)$ 在 $(0, +\infty)$ 上无最大值.

证明：（2）当 $x > 0$ 时，$\ln x + 1 > \dfrac{1}{e^{x+1}} - \dfrac{2}{e^2 x}$ 等价于 $x(\ln x + 1) > \dfrac{x}{e^{x+1}} - \dfrac{2}{e^2}$.

由 (1) 知 $a = -1$ 时, $f(x) = x\ln x + x$ 的最小值是 $-\dfrac{1}{e^2}$, 当且仅当 $x = \dfrac{1}{e^2}$ 时取到.

设 $G(x) = \dfrac{x}{e^{x+1}} - \dfrac{2}{e^2}$, $x \in (0, +\infty)$,

则 $G'(x) = \dfrac{1-x}{e^{x+1}}$, 易知 $G(x)_{\max} = G(1) = -\dfrac{1}{e^2}$,

当且仅当 $x = 1$ 时取到, 从而可知对一切 $x \in (0, +\infty)$, 都有 $f(x) > G(x)$,

即 $\ln x + 1 > \dfrac{1}{e^{x+1}} - \dfrac{2}{xe^2}$.

课后目标检测

1. 已知函数 $f(x) = \begin{cases} -|x^3 - 2x^2 + x|, & x < 1, \\ \ln x, & x \geqslant 1, \end{cases}$ 若对于 $t \in \mathbf{R}$, $f(t) \leqslant kt$ 恒成立, 求实数 k 的取值范围.

解: 当 $t \geqslant 1$ 时, $\ln t \leqslant kt$ 恒成立, 所以 $k \geqslant \dfrac{\ln t}{t}$, $t \in [1, +\infty)$. 令 $g(t) = \dfrac{\ln t}{t}$, 则 $g'(t) = \dfrac{1 - \ln t}{t^2}$, 当 $t \in (1, e)$ 时, $g'(t) > 0$, 则 $g(t) = \dfrac{\ln t}{t}$ 在 $t \in (1, e)$ 时为增函数; 当 $t \in (e, +\infty)$ 时, $g'(t) < 0$, 则 $g(t) = \dfrac{\ln t}{t}$ 在 $t \in (e, +\infty)$ 时为减函数. 所以 $g(t)_{\max} = g(e) = \dfrac{1}{e}$, 所以 $k \geqslant \dfrac{1}{e}$.

当 $0 < t < 1$ 时, $f(t) = -t(t-1)^2$, 即 $-t(t-1)^2 \leqslant kt$ 对于 $t \in (0, 1)$ 恒成立, 所以 $k \geqslant -(t-1)^2$, $t \in (0, 1)$, 所以 $k \geqslant 0$.

当 $t < 0$ 时, $f(t) = t(t-1)^2$, 即 $t(t-1)^2 \leqslant kt$ 对于 $t \in (-\infty, 0]$ 恒成立, 所以 $k \leqslant (t-1)^2$, $t \in (-\infty, 0]$, 所以 $k \leqslant 1$,

当 $t = 0$ 时, $k \in \mathbf{R}$.

综上, $\dfrac{1}{e} \leqslant k \leqslant 1$.

2. (2019 年武汉示范高中联考）已知函数 $f(x) = 4\ln x - mx^2 + 1$ $(m \in \mathbf{R})$.

（1）若函数 $f(x)$ 在点 $(1, f(1))$ 处的切线与直线 $2x - y - 1 = 0$ 平行，求实数 m 的值；

（2）若对于任意 $x \in [1, e]$，$f(x) \leqslant 0$ 恒成立，求实数 m 的取值范围.

解：（1）$\because f(x) = 4\ln x - mx^2 + 1$，$\therefore f'(x) = \dfrac{4}{x} - 2mx$，$\therefore f'(1) = 4 - 2m$.

$\because$ 函数 $f(x)$ 在 $(1, f(1))$ 处的切线与直线 $2x - y - 1 = 0$ 平行，

$\therefore f'(1) = 4 - 2m = 2$，$\therefore m = 1$.

（2）$\because$ 对于任意 $x \in [1, e]$，$f(x) \leqslant 0$ 恒成立，

$\therefore 4\ln x - mx^2 + 1 \leqslant 0$，在 $x \in [1, e]$ 上恒成立，

即对于任意 $x \in [1, e]$，$m \geqslant \dfrac{4\ln x + 1}{x^2}$ 恒成立，

令 $g(x) = \dfrac{4\ln x + 1}{x^2}$，$x \in [1, e]$，$g'(x) = \dfrac{2(1 - 4\ln x)}{x^3}$，

令 $g'(x) > 0$，得 $1 < x < e^{\frac{1}{4}}$，令 $g'(x) < 0$，得 $e^{\frac{1}{4}} < x < e$，

当 x 变化时，$g'(x)$，$g(x)$ 的变化见表 10 - 6：

表 10 - 6

x	$(1, e^{\frac{1}{4}})$	$e^{\frac{1}{4}}$	$(e^{\frac{1}{4}}, e)$
$g'(x)$	+	0	−
$g(x)$	单增	极大值	单减

$\therefore$ 函数 $g(x)$ 在区间 $[1, e]$ 上的最大值 $g(x)_{\max} = g(e^{\frac{1}{4}}) = \dfrac{4\ln e^{\frac{1}{4}} + 1}{(e^{\frac{1}{4}})^2} = $

$\dfrac{2\sqrt{e}}{e}$，$\therefore m \geqslant \dfrac{2\sqrt{e}}{e}$，

即实数 m 的取值范围是 $\left[\dfrac{2\sqrt{e}}{e}, +\infty\right)$.

3. 设函数 $f(x) = (x + 1)\ln(x + 1)$，若对任意 $x \in [0, +\infty)$ 都有 $f(x) \geqslant ax$ 恒成立，求实数 a 的取值范围.

解（函数分析法）：构造 $g(x) = (x + 1)\ln(x + 1) - ax$，问题转化为 $g(x) \geqslant 0$ 对任意 $x \in [0, +\infty)$ 恒成立，只需分析 $g(x) = (x + 1)\ln(x + 1) - ax$ 的最小值.

$g'(x) = \ln(x+1) + 1 - a,$

① 当 $1-a \geq 0$ 即 $a \leq 1$ 时,$g'(x) = \ln(x+1) + 1 - a \geq 0$ 在 $x \in [0, +\infty)$ 恒成立,$\therefore g(x)$ 在 $[0, +\infty)$ 单调递增 $\therefore g(x) \geq g(0) = 0$,$a \leq 1$.

② 当 $1-a < 0$ 即 $a > 1$ 时,$g(x)$ 在 $[0, e^{a-1}-1)$ 单调递减,在 $(e^{a-1}-1, +\infty)$ 单调递增.

$\because g(0) = 0$,$\therefore g(e^{a-1}-1) < g(0) = 0$,不合题意,舍去.

综上,$a \leq 1$.

解(分离参数法):当 $x = 0$ 时,$0 \geq 0$ 恒成立,$\therefore a \in \mathbf{R}$.

当 $x > 0$ 时,原不等式等价于 $a \leq \dfrac{(x+1)\ln(x+1)}{x}$.

令 $g(x) = \dfrac{(x+1)\ln(x+1)}{x}$,则 $g'(x) = \dfrac{x - \ln(x+1)}{x^2}$.

令 $h(x) = x - \ln(x+1)$,$h'(x) = 1 - \dfrac{1}{x+1} > 0$ 在 $(0, +\infty)$ 恒成立.

$\therefore h(x)$ 在 $(0, +\infty)$ 单调递增 $\therefore h(x) = x - \ln(x+1) > h(0) = 0$.

$\therefore g'(x) = \dfrac{x - \ln(x+1)}{x^2} \geq 0$,$\therefore g(x)$ 在 $(0, +\infty)$ 单调递增.

由洛必达法则知 $\lim\limits_{x \to 0^+} g(x) = \lim\limits_{x \to 0^+} \dfrac{(x+1)\ln(x+1)}{x} = \lim\limits_{x \to 0^+} \dfrac{\ln(x+1)+1}{1} = 1$.

$\therefore g(x) > 1$,所以 $a \leq 1$.

4. 已知函数 $f(x) = (x-1)e^x$.

(1) 求 $f(x)$ 的极值.

(2) 当 $m \geq \dfrac{1}{2}$ 时,求证:$\forall x > 0$,$f(x) > \ln x - m$.

解:(1) 因为 $f'(x) = xe^x$,

当 $x > 0$ 时,$f'(x) > 0$,$f(x)$ 递增;当 $x < 0$ 时,$f'(x) < 0$,$f(x)$ 递减,

所以 $f(x)$ 在 $x = 0$ 时取极小值,极小值为 $f(0) = -1$,无极大值.

证明:(2) 因为 $m \geq \dfrac{1}{2}$,所以只需证明 $(x-1)e^x - \ln x + \dfrac{1}{2} > 0$.

设 $g(x) = (x-1)e^x - \ln x + \dfrac{1}{2}$($x > 0$),

则 $g'(x) = xe^x - \dfrac{1}{x}$,$g''(x) = (x+1)e^x + \dfrac{1}{x^2} > 0$.

所以 $g'(x) = x\mathrm{e}^x - \dfrac{1}{x}$ 递增,

又 $g'(x) = \mathrm{e} - 1 > 0$, $g'\left(\dfrac{2}{3}\right) = \dfrac{2}{3}\mathrm{e}^{\frac{2}{3}} - \dfrac{3}{2} = \dfrac{2}{3}\left[\mathrm{e}^{\frac{2}{3}} - \left(\dfrac{27}{8}\right)^{\frac{2}{3}}\right] < 0$,

所以 $g'(x) = 0$ 有且只有一个根,记为 x_0,所以 $\dfrac{2}{3} < x_0 < 1$.

$g(x)$ 在 $(0, x_0)$ 递减,在 $(x_0, +\infty)$ 递增,所以 $g(x) \geqslant g(x_0)$.

因为 $\mathrm{e}^{x_0} = \dfrac{1}{x_0^2}$,所以 $x_0 = -2\ln x_0$,

所以 $g(x_0) = \dfrac{1}{x_0^2}(x_0 - 1) + \dfrac{x_0}{2} + \dfrac{1}{2} = \dfrac{x_0^3 + x_0^2 + 2x_0 - 2}{2x_0^2}$,

设 $\varphi(x) = x^3 + x^2 + 2x - 2$,

因为 $\varphi'(x_0) = 3x_0^2 + 2x_0 + 2 > 0$,所以 $\varphi(x_0)$ 递增.

$\varphi(x_0) > \varphi\left(\dfrac{2}{3}\right) = \dfrac{2}{27} > 0$,

所以 $g(x_0) > 0$,所以 $g(x) > 0$,故结论成立.